# 完形諮商與心理治療技術

Skills in Gestalt Counselling

& Psychotherapy

Phil Joyce、Charlotte Sills 著

張莉莉　譯

# Skills in Gestalt Counselling & Psychotherapy

Phil Joyce & Charlotte Sills

English language edition published by Sage Publications of London, Los Angeles, New Delhi and Singapore, © Phil Joyce & Charlotte Sills, 2001
Complex Chinese Edition Copyright © 2010 by Psychological Publishing Co., Ltd.

# 作者簡介

## ▓ *Phil Joyce* ▓

Phil Joyce 為私人執業的治療師與督導，並擔任倫敦 Metanoia 機構完形心理治療課程碩士班的導師。

## ▓ *Charlotte Sills* ▓

Charlotte Sills 亦為 Metanoia 機構的治療師、督導與訓練師，同時是一些諮商與心理治療著作的作者，與 Fish、Lapworth 等人在 1995 年出版了《完形諮商》（*Gestalt Counselling*）一書。

# 譯者簡介

▓ 張莉莉 ▓

**現任** 心旅心理諮商所所長

國立屏東大學教育心理與輔導學系退休副教授

**學歷** 國立臺灣師範大學教育心理與輔導研究所博士

**證照** 諮商心理師證照

社會工作師證照

諮商心理師督導

美國心理劇、社會計量與團體心理治療考試委員會（The American Board of Examiners in Psychodrama, Sociometry and Group Psychotherapy）認證之「心理劇導演」（Clinical Practitioner）與「訓練師」（Trainer, Educator and Practitioner）

**專長** 心理劇、完形治療等經驗性治療

**專書** 《靈性呼喚：十位心理治療師的追尋之路》（2017，合著）

**譯著** 《創傷後壓力障礙症的經驗性治療》（2004，合譯）

《易術：傳統中醫、心理劇與創造性藝術之整合》（2007，合譯）

# 前言

　　作為完形治療的訓練者與督導，我們意識到有關完形哲學與理論的經典著作汗牛充棟，但真正關於完形臨床實務的著作卻是鳳毛麟角，即使有一些對技術及技巧的論述，也零星散落在不同的著作間，不能為有興趣的實務工作者提供有系統之全面性報告。無論新學員或老學員，常常表示在臨床實務中應用完形治療感到困惑難解，尤其在面臨困境之時更是如此（就如我們所有人一樣）。他們往往無法確認具有成效之完形治療的基本要領為何，例如，如何進行初次會談、如何對有自殘傾向之當事人做出危機評估、如何形成過程診斷、如何進行身體工作、如何處理倫理的兩難處境等。我們的目的就在於論述達成這些任務所需要的特定技術，與作為完形諮商師所需要的一般技巧。

　　當然，我們也意識到僅僅強調技術本位的治療所具有的危險性。公眾與某些專業領域往往對完形治療存有刻板印象，認為它只不過是一些技術的拼湊，或甚至認為僅僅只有兩項技術（擊打墊子及對空椅子講話）！因此，我們格外強調我們的觀點，首先，完形諮商與心理治療實際建立在生活與實踐之整體性的哲學上。其次，完形心理治療擁有自己特定的治療技術和技巧。此外，我們還想強調，提供特別型態的關係接觸是完形治療的核心與靈魂，也是完形治療需要的最基本的「技能」。

　　我們根據治療歷程的不同階段來編排本書，從初次的會談與關係建立，經過治療工作的展開，一直到治療結束。我們假設讀者已經閱讀或學過完形理論的基本內容，對此，我們不打算再加以詳述。我們會盡可能少描述理論，只求足以了解所描述之內容即可，在每一章節

結尾都建議了一些推薦書目以供參考。

對本書所用的稱謂，我們將做些說明，我們在書中會交替地使用「他」、「她」或「他們」，在舉例說明時，我們通常選擇讓諮商師與當事人具有不同性別，這僅僅是為了表達上的清晰。我們還在諮商／心理治療與諮商師／心理治療師兩個術語中交替使用，原因在於我們認為，我們描述的技巧在治療實務上對這兩者都能適用。

為了提供技巧與技術，我們採納了許多優秀完形治療師多年的訓練與指導經驗，其中有一部分治療師將在後續的章節中提及。在編排書的過程中（正如完形治療一貫主張之良好接觸的同化原理），我們毫不猶豫地吸收與融合各種意見觀點。因此，我們有時會引用源於某一完形治療師的技術與觀點，為了怕因難免的疏忽而忘了提及這些頗具影響力的治療師，在此想要預先表達歉意。我們也希望向激勵完形治療發展的所有人表示誠摯的感謝。在這裡，我要特別感謝：Hunter Beaumont、Petruska Clarkson、Richard Erskine、Lynne Jacobs、Jim Kepner、Jenny Mackewn、Malcolm Parlett、Peter Philippson、Erv 和 Miriam Polster、Tali Levine Bar-Yoseph、Bob Resnick、Gary Yontef，以及 Joseph Zinker（依姓氏字母順序排列）。

此外，我還要特別感謝叢書編輯、Sage 出版社的 Francesca Inskipp 及 Alison Poyner，謝謝他們的鼓勵與耐心，並堅信「技巧」的重要性與廣泛的定義。我們還要對具有豐富完形知識的校閱者 Caro Kelly 表示由衷的感謝，她對初期的草稿給予相當深思熟慮而有價值的回饋；以及 Jenifer Elton-Wilson，她清晰的思維與圓融，幫助我們對本書進行刪減而保留住最重要的部分。

最後，當然，我們要感謝我們的受訓者、受督導者與當事人，正是透過他們的挑戰、他們慷慨地自我分享，以及他們的努力奮鬥，才使我們的學習如此豐盛。

# 譯序

　　學習完形治療已超過十年歲月，由見山是山、見山不是山的階段，漸漸進入見山又是山的層次。博士班時期有幸隨著金樹人老師研讀完形治療相關著作，課堂之餘，另就教於由加拿大來台授課的 Tony Key 與 Rose Nojia，經驗兩年完形治療體驗性團體課程，完形團體內的真實與自我挑戰迄今仍深留腦海之中。隨後，雖然每天生活如常地繁忙，但偶爾特意的定格，發現生活中能迎入更多的覺察、感受與體驗，進而在覺醒中呼吸到完形在自己生活中漸漸成形的特殊味道，完形的觀點已不知不覺地融入自我追尋與整合的旅程之中。

　　這幾年因著大專院校任教的機緣，除了在團體實務中連結心理劇治療與完形治療之外，個別諮商歷程中，更常出現完形治療理念或實務技巧著力的痕跡。另為了教學需要，更不停地激發腦力而創造不少有趣、提高學生覺察能力的實驗。這一切的挑戰與隨之而來的豐盛，正如春日陽光下的大樹，結實纍纍。

　　翻譯本書的動機，緣於在碩士班教授完形治療的需求，完形治療相關書籍不少，而能綜觀完形治療歷程全豹，同時又能深入淺出地解說完形實務技術操作玄妙之專書甚為罕見，Joyce 與 Sills 兩位臨床實務工作者多年經驗所孕育出的本書，正是個中翹楚。如此見樹又見林的結構對學習完形治療的新手學生而言，是最好的學習架構之一。

　　各章中對臨床的許多實務操作手法有著深入淺出的說明，並運用許多實例佐證，豐富的舉例使學生理論與實務得以串連，學生學習的完形觀點有一個落腳之處，了解如何在人與人的治療關係中進行完形之旅，不至於迷失在完形治療抽象的概念、字眼之中。如今中文版的誕生，再進一步破除文字障礙，使完形治療難以掌握的概念能清清楚楚划入學生的專業學習之中。

閱讀建議上，建議新手由第一章到第十五章全部按照書中結構順序閱讀，第一章到第八章及第十五章是從治療的第一次會談之準備到治療結束的一系列敘述與引導。對身為其他治療學派的讀者而言，若自認在完形治療上是新手，則仍建議由第一章開始閱讀，可見識到完形治療初次會談以特殊形式進行探測適配性的技術；若對完形治療已有一些學習與心得，則可以按照自己的專業需求，按圖索驥。期待在治療診斷上更精進者，可直接參閱第五章診斷的整體觀，接著進入第九章到第十二章診斷與介入的各種模式等篇幅加以詳讀，這些章節將兩位作者臨床上治療精華呈現無疑。第十三章著眼於完形諮商與心理治療在各種治療主題的實務操作，舉凡身體工作、夢的工作、危機處理與短期治療等等的介入手法與實例，無不詳細一一舉證分析，呈現出完形治療在這些主題上的特色與實際操作方式，極具參考價值。

書中各章都有覺察活動之建議，幫助讀者由自我覺察開始體驗，這符合完形治療的基本精神與焦點，期許除了催化當事人的改變之外，治療師自己先成為一位深具高度覺察的臨床工作者。

能有機會翻譯這本好書，是我的榮幸，也是多人的祝福與協助才得以完成。

兩度因意外致使進度不得不延遲，在此感謝心理出版社的林敬堯總編輯、林汝穎編輯及同仁的大力支持與寬容。同時在翻譯過程中，感謝好友淑芬、燕珠在譯稿上的協助、助理安容協助打字、修習我完形課程之碩士班學生對草稿的讀後回饋，使我得以了解如何增加譯筆的適切度。最後，感謝爸爸、媽媽與家人一路相隨、鼓勵，並提供具體支持的身影。

翻譯是一項專業，筆者在翻譯領域中仍屬新人，疏漏在所難免，敬請各位先進不吝賜教、指正。

張莉莉

於屏教大　迎曦湖畔

2010 年 1 月 25 日

# 目錄

# ● 表次 ●

# ● 圖次 ●

第**①**章

# 治療旅程的準備

我們認為，有效的完形治療具備以下四項特徵：

◆ 聚焦於此時此刻浮現的經驗（藉由覺察、現象學與改變的矛盾原則）。

◆ 提供一種對話式關係（dialogical relationship）。

◆ 場地論與整體論觀點。

◆ 對生活和治療歷程之創造性與實驗性態度。

在整本書中，我們將探索完形治療這四個面向，然而，我們決定先以任何諮商約定前的一些議題作為開始。這一章主要針對那些受訓中的諮商師或治療師，涵蓋下列幾個方面的內容：

◆ 治療室的準備與治療師的自我準備。

◆ 初次會見當事人。

◆ 記錄初次會談內容。

◆ 解釋完形治療工作。

◆ 簽訂治療契約。

◆ 確定不適合接受你治療的當事人。

◆ 保留會談紀錄。

◆ 使用備忘錄。

治療室的準備與治療師的自我準備

你布置、安排治療室的方式，會向當事人傳遞重要訊息，同樣地，你的服飾風格與穿著之正式程度，也影響當事人對你與諮商的印象。所有這些細節都向當事人傳遞你是怎樣一位治療師，以及你打算如何對待當事人。本書持續強調的是，治療性經驗是共同建構的——你與當事人同在的方式，將影響當事人與你同在的方式（你對待當事人方式），反之亦然。

> **建議** 想像你是剛步入治療室的當事人，設想抵達治療室門前所經驗的景象與聲音。走進治療室，好像你就是當事人，注意你所看到與得到的印象。想像自己作為治療師，正在接待像自己這樣的當事人，你感覺如何？你會想些什麼？你有哪些反應？

然而，有一個相當重要的因素是，你處在此時此刻的程度，以及你對當事人真正開放與傾聽的程度。許多治療師都曾有這樣的經驗，在會談中因心事重重與充滿憂慮，而阻礙了對當事人全然的同在。儘管有些反應顯然與治療密切相關，但有些卻需要被「懸擱」（bracket）——放置一旁，將這些反應當作與治療毫不相關。因此，諮商師在當事人來之前，訓練自己來一次「覺察定心」練習（grounding exercise），將是有所幫助的。

**建議** 體會一下自己坐在椅子上的重量與腳踏地面的感覺，覺察自己呼吸，注意是急促還是徐緩的？留意你身體的鬆緊，你的能量是否能自由流動，還是好像卡在對過去的煩憂，或者纏繞在未來的期盼之中。你通常能感覺、體會或思考嗎？辨認出自己有哪些關切或擔憂是與即將到來的會談無關，並設法將之擱置一旁。然後，嘗試將自己內在發生的經驗命名，而後放下它。專注你周圍環境中的景象與聲音，以及對自己的感受，全然地來到這獨特的片刻之中。

現在：

◆ 察看上次會談紀錄，回憶任何一個進行中的主題。

◆ 回憶任何你需要切記的事情，例如，當事人是否過於緊張，或是當事人與你之間的人際關係類型。

◆ 切記此次會談的焦點或目的。

◆ 釐清心中所有的考慮事項，再次回到此時此刻，充分準備與當事人會談。

## 初次會見當事人

作為一諮商師，你需要完成許多重要任務，首要任務是與當事人建立融洽的關係。我們將在第四章探討這個核心任務，因而，在這裡我們只對初次會談的其他任務做一概述。

首先，須考慮到，自當事人進到治療室的那一刻，到坐定的這段時間裡的所見所聞，想想他們懷抱的期望。你可能在當事人電話預約時，彼此交談過，你們對彼此已經形成某些印象。

　　為了使雙方都能為治療是否對當事人有所幫助做出判斷，我們認為，對當事人強調初次會談是**互相**評估之過程的觀點，是相當實用的。初次會談常始於徵詢當事人同意，以便簡短摘記自傳性的詳細資料，例如，年齡、家庭成員等等。有一種觀點認為，蒐集當事人的過去經歷，違反了完形實務工作者的工作原則，真正的完形是僅僅針對「是什麼」（what is）進行探究。這種爭論將在隨後章節中詳細探討。然而，我們認為，對一個實務工作者至關重要的是，了解如何評估當事人當前的問題，並考量自己提供的治療是否有效，或有其他特定治療方法對當事人更為有利。你可能還需要評估使用有效或療效不穩定的技術對當事人造成的影響，了解當事人的過去經歷是做出這類評估的基本步驟。

　　下頁呈現的是初次會談表格的範例，表 1-1 與表 1-2 包含了我們建議你在決定接受為當事人進行治療之前，所須詢問的大部分問題。它們指出諮商師需要蒐集哪些重要層面的資料，來引導你記錄當事人的過去歷史，包括個人的詳細資料、他們重要生活事件的回顧、精神病史等等。

　　切記，應將當事人姓名、地址和聯絡電話，與記錄的主要內容分開記錄。

　　你需要決定初次會談的結構程度，確保當事人有時間敘述自己的故事，並與你建立連結。此外，還要確保雙方有足夠時間對是否持續治療做出判斷，並且對當事人解釋保密的條件、倫理守則，與取消治療的處理原則等等。對許多當事人而言，當他們來尋找協助時，向他們提供一些會談的結構，能創造出安全感與被包容的感受。你可以這樣向當事人解釋：「在這次會談中，我想請你談談個人的一些基本資料與個人經歷，然後我想聽聽你前來治療的原因。最後，在這次會談結束前十分鐘，我們能做個總結並訂定下一步計畫，你覺得好嗎？」

### 表 1-1　當事人初次會談 1

姓名：

地址：　　　　　　　　　　　　電話：（住家）
　　　　　　　　　　　　　　　　　　（公司）

出生日期：　　　　　　　　　　年齡：

開業醫生：　　　　　　　　　　地址／電話：

初次會談日期：

轉介人：

（此表必須與案例紀錄分開保存）

## ◀ 表 1-2 當事人初次會談 2

| | |
|---|---|
| 名字或編號： | 開始治療日期： |

職業：　　　　　　　　　　　　種族／文化：

婚姻狀態：　　　　　　　　　　子女：

父母：

兄弟姊妹：

疾病史／精神病史：

酗酒／吸毒／自殺企圖／自殘史：

目前功能水準與壓力程度：

先前的治療／諮商：

當前的議題／問題：

對治療的期待與預期結果：

治療契約、治療頻率與治療期限：　　　費用：

檢核當事人是否已同意：
1. 保密性原則不適用於(1)督導；(2)當事人對自身或他人產生威脅的情況下。
2. 治療結束前提早通知當事人。
3. 治療師取消會談及當事人爽約的處理原則。
4. 為了治療的專業用途，允許對治療會談歷程進行錄音與筆錄。

　　在會談期間，除了能獲得當事人的一般印象外，你還需要試著評估完形治療是否適合這個當事人。我們通常提供一些實驗，來觀察當事人對這一特定治療方法的適合程度，例如：

◆ 我注意到你的呼吸非常急促。

◆ 當你告訴我這些痛苦的經歷時，你的感受是？（當你向我描述這些痛苦……）

◆ 你認為自己在那種情況下扮演了什麼角色？

◆ 當我聆聽你過去的經歷時，我感到很難過／很感動。

　　我們期待了解這個方法是否使當事人感興趣，是否適合這個當事人。實驗性的介入能使我們了解當事人是否會因我們的建議，而提高自己的覺察能力、承擔起對生活的責任，或對我們的自我揭露做出良好回應。一個明顯的抗拒反應（例如，「我對被偷竊的**感受**真的這麼重要嗎？我只想忘記它，快樂起來。」）往往是治療陷入僵局（impasse）的最初跡象，同時，也有效地引出一場討論——你為何認為治療對當事人有所幫助。

 ## 解釋完形治療工作

　　許多當事人抱著不切實際的期望和需求來尋求心理治療。大多數人期待你能治癒，或至少告訴他們該怎麼做；有些人則認為你是專家，而把自己完全託付在你手中，自己卻採取一種被動的態度。治療師不但有責任向當事人澄清對治療的期望，此外，許多當事人也急著想了解完形治療的實質內容。對完形治療要言簡意賅地說明可能並不容易，你不妨為自己準備一份簡短的說明，能總結出你認為符合自己治療風格的一些基本原理。

> **建議** 想像你的當事人剛剛問了你：「那麼，完形治療是什麼？它是如何發揮作用的？」你將如何回答？為什麼你這樣回答？

下面有一些說明完形治療的範例，有助於啟發你的思維：

◆ 完形治療師認為，人們具有解決他們自身問題或面臨困難時須具備的所有潛能。然而，有時人會膠著在困境中，而需要一些外來的協助。作為一個治療師，我的任務是幫助你認清你的處境，找出你參與其中的部分，並試著找到解決問題的新方法與途徑。

◆ 完形屬於人文主義／存在主義治療，它認為人生而擁有資源和能力，來與他人建立互惠的關係，能創造滿意的生活。然而，常在兒童期及隨後的歲月中，發生了某些事，阻斷這個能力與潛能發展的過程，個人膠著在不利於自己的固定模式或信念之中。完形目的是探究與揭露這些固定模式如何持續影響個人目前的生活。我希望支持你去發現一個新而更有創意的方法，解決你所面臨的問題與危機。

聽了上述說明之後，有些當事人變得大失所望，甚至灰心喪氣，他們習於放棄，全然不知道自己有其他的選擇與機會。對大多數人而言，心理治療常是他們有生以來第一次真正被人不加評斷或苛求地聆聽，這使他們暫得安慰，但瞬間即逝！當發現自我的最初興奮感消失時，那些尚未準備好要承擔痛苦膠著時刻的當事人會變得灰心喪志。因此，在第一次解釋治療過程時，十分重要的是，預先向當事人指出整個治療旅程將可能需要當事人的努力與付出，有時可能還會出現痛苦暫時升高的現象。

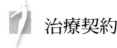 治療契約

　　儘管完形治療常常是航向未知的療程，但是一般當事人在遭遇心理痛苦時仍會尋求幫助，並明確地希望得到某種特定的協助或新的啟發。因此，雙方對治療方向達成共識是相當有益的，特別重要的是，因共識而形成的契約能提供評斷治療效果的基礎。這樣的治療契約有時稱為「軟性」（soft）契約，而不是「硬性」（hard）契約，內容是關於治療過程與治療計畫等部分，而非界定明確的治療結果與目的。例如，吉姆在初次會談中協議，希望能釐清自己和女人的相處為何老是以自己被拒絕來結束關係，這意味著吉姆想改善自己的人際關係。

　　當然，治療方向與目的毫無疑問地隨著新素材的浮現而做調整，由此可見，治療契約是一動態過程（有時甚至在同一次會談中都是動態的），「你想如何運用今天的會談時間？」或「此刻，什麼對你是最重要的？」此外，應該定期回顧治療契約，例如，每三個月一次，檢核當事人目標完成的狀況。例如，「從我們初次見面至今已有十週了，你說你想要了解為何你的人際關係總是失敗，你現在對這個問題更清楚了嗎？」

## 管理契約

　　你還需要一份管理契約（administrative contract）。這份契約指的是實務工作者與當事人之間，就治療時間、地點、頻率、收費（如果有的話）、治療取消的原則，及保密原則等等行業細節所簽訂的合同。多數諮商師與治療師會選擇給當事人書面的管理契約，以便雙方對治療相關細節更為明確，並避免那些初次會談的當事人可能因過分

焦慮，而未能理解治療師給予的資訊。特別是身為培訓中的治療師，你可能更需要一份當事人簽字的書面契約，這份契約允許你對會談過程進行錄音，在督導中進行案例討論，並可能運用這些材料作為書面案例研究的報告。表 1-3 是一個管理契約的範本。

　　有些地方，例如，初級保健機構，其會談次數有明確規定，提供當事人一份可能是限定六次、十二次或二十次會談的契約。若是治療療程次數不限的話，我們建議最初進行短期治療是較有助益的，例如，四次完形治療會談能使當事人對完形治療有一概略的了解，並且對於完形治療是否能幫助自己有一個總體印象。最初的短期療程使治療師有機會對當事人的情況有更深了解，並對當事人需要的治療時間做出預測。

　　總之，治療契約能幫助治療師與當事人在治療方向上取得共識，並為確保雙方緊密合作提供引導。契約不僅僅為開始治療工作奠定基礎，它還明確澄清你作為治療師的界限與限制，使當事人了解何時可以尋求治療師？治療師可以提供什麼和**不能**提供什麼？最後，契約還能為你提供評斷治療結果的衡量標準。

## 對治療收費的一些說明

　　如果你是在私人診所，或是在要求諮商師向當事人收費的機構中工作，那麼，你就需要明確地與當事人就其如何付費問題達成協議。通常，諮商師會發現與當事人談到付費問題很困難。他們發現很難將自己的付出以金錢來衡量，因此請教同事以找出合乎專業水準的諮商收費結構是很有幫助的。此外，還須切記，收取費用是諮商關係的重要部分。當事人在這買賣契約中支付費用，以換取治療師的關注、責任與技術。若無此種關係，當事人可能會覺得有必要順應或照顧治療師的需求（就如普通朋友關係）。事實上，如果你在一個不收費的

◀ 表 1-3　治療契約範本

諮商師姓名：　　　　　　　資格證明：

地址：

電話號碼：　　　　　　　日期：

◆ 我的收費標準是每次會談五十分鐘_____元，這項收費標準每年審查一次。
◆ 如果需要取消會談，希望你提前_____天通知我。如果你通知取消治療的時間少於這個天數，我仍會盡力在一週內找出雙方都適合的時間來補上這次治療。然而，要是做不到的話，你仍然需對這次缺席的治療付費。
◆ 在會談期間，我會做一些簡單記錄，這些紀錄將不記名，也會妥善保存。
◆ 我可能會徵得你的同意後，對會談進行錄音，錄音的目的是協助我回顧會談內容。如果你同意錄音，日後你仍可以在任何時刻改變主意，我會立即銷毀錄音內容。
◆ 我會遵守倫理守則_____（例如，英國心理治療協會頒布的倫理守則），如果你需要了解倫理守則，我會提供你影印本。
◆ 整個治療過程將完全保密，但是，以下三種情況例外：
    1. 有時，我將與臨床督導討論我的治療歷程，這是一種標準的實務流程，有助於我更有效能地幫助你。我的督導與我一樣須遵守倫理守則與保密性原則。
    2. 如果我認為你有傷害自己或他人的危險時，為了避免造成傷害，我有權力打破保密原則。當然，這樣做常是基於極不尋常的情況下，並且我會在採取任何行動之前，盡量先與你進行磋商。
    3. 如果法庭傳喚作證時（例如，在刑事審理中）。
◆ 為了接受進一步審核與專業的持續發展，我可能需要遞交一些會談的書面或錄音資料以供評估。這些資料將隱藏你的真實身分，並且只會由同樣遵守保密原則的臨床工作者進行審核。
◆ 如果治療持續八週以上，我建議至少在結束治療之前，預留三週以便適切地進行結束治療的任務。

機構中工作，我們認為相當重要的是，向當事人強調她將需要在治療時付出心力，且須承諾在過程中努力。

在初次的電話聯絡或會談中，你就應向當事人說明你的一般收費標準。如果你打算提供浮動收費或低廉收費，你可以這樣說：「如果這樣的費用對你有困難，我願意與你商量，我們可以在見面時討論」、「我可能在＿＿＿＿元與＿＿＿＿元之間浮動收費」，或「我的一般收費是＿＿＿＿元，但我也有降低收費的情況，大約為＿＿＿＿元」。當你需要與當事人討論降低收費時，你需要對費用優待的程度有一個標準，以避免自己隨後後悔。

對許多諮商師而言，**提高**收費往往是一件難以啟齒的事。你可能因為通貨膨脹或執業資格晉升，而希望提高收費標準。在向當事人提出增加收費要求時，需要謹慎行事，但無須愧疚難安。我們建議你須提早幾個月通知當事人，並關心當事人的任何反應。「在開始治療前，我想要事先通知你，從一月一日起，我的治療費用將增加為＿＿＿＿元，這對你的影響是？」對那些正在接受治療，而在支付目前治療費用上已經竭盡所能的當事人，諮商師要做好協商收費的心理準備。金錢的議題在治療中，正如其他任何議題一般，能為治療性探索帶出極具效益的可能性。

## 休假

當你將開始休假而須中斷治療時，盡可能提早告知當事人。如果你們簽訂的是一份並無會談次數約定的契約，那麼很可能沒有精確的療程時間安排。治療師需要告訴當事人，你可能會安排休假，並會提早在數週前告知。當休假臨近時，應詢問當事人此刻的分離是否對她造成任何困難。治療師的休假期間對長期當事人而言，可能是一段極其艱難的時期，尤其對那些正處於非常脆弱階段而依賴治療師的當事

人。雖然有些當事人表面上若無其事，治療師最好將那些潛在的反應弄得水落石出。當事人常見的議題往往是被遺棄及遺忘的感覺，擔心你是否回來，或是對你優先考慮自己生活而感到憤怒。我們將在第四章再次談論這些議題。

##  確認不適合接受你治療的當事人

稱職治療師的特徵之一是，了解自己本身能力的限度，非常重要的是，要能清晰地意識到自己的專業能力、經驗與訓練不足以為哪些人提供服務。這些人可能包括精神疾病患者（目前處於急性發作或復發狀態），自殺、自殘的當事人，或有特定困難的當事人，例如，飲食障礙者或藥酒癮患者。這也正是在會談早期為何要盡早蒐集當事人個人經歷詳情的原因之一。你可能也不願意接受那些與自己有相似議題的當事人，例如，你最近剛經歷喪親之痛，或目前正處理個人本身早期的受虐事件，在自己這些問題疏通之前，你最好不要接受有相似議題的當事人。此外，界限議題對治療師而言也是相當重要。如果你想避免界限衝突，及角色或利益衝突，你就不能接受自己的親朋好友，甚至是朋友的朋友作為你的當事人（這也包括目前正進行諮商之當事人的親戚或好友）。請設想一下，在日常生活中，你很可能碰見當事人或當事人家庭中的任何一位成員，在治療室外遇見當事人或當事人生活圈裡的成員，可能意味著你將會得知一些在治療中她從未告知的事，她可能也會覺得受到侵犯或毫無隱私。如果你斷定在治療室外（例如，市場、教堂或學術研討會）遇到當事人之風險不大而尚可控制，那麼，你可以先和當事人討論雙方如何處理不期而遇時的狀況。

## 回絕當事人

在初次評估會談期間，你可能就不想接受這個當事人。對大多數諮商師而言，這都是一個棘手的問題，諮商師承認自己不能隨時都具備能力或資源去協助每一位當事人，這並不符合一般諮商師的自我意象。然而，我們當然需要超越自己無所不能的強烈願望，而以考慮當事人與我們自身最佳利益為前提。這也使初次評估會談（或初次電話會談）更加凸顯出試探性的功效。你可以向當事人解釋，初次會談為當事人與諮商師雙方提供一個機會，去決定當事人需要的協助種類，以及諮商師本身是否為提供協助的最佳人選。我建議你可以這樣解釋：

> 「我建議我們先安排一次會談，好讓我們雙方有機會去了解，我們是否能一起決定你需要從治療中得到什麼？以及我是否就是那位適當的協助人選。」

我們不僅難以承認自身的有限，特別是那些先前已經擔心自己問題過於嚴重、自己缺乏吸引力與過於焦慮的當事人，他們對於要被回絕更是難以承受。因此，需要小心謹慎地選擇適當措辭回絕當事人，我們通常會以下面的話當作開場白：

> 「我想，我對你的問題已有清楚的了解，也看出它對你的重要性，諮商可能對你有所幫助，但我認為，我並不是提供這項協助的最適當人選。」

接著，我們可能會繼續告訴她，她需要擅長處理這些特定議題的

諮商師來提供協助，或者有時解釋為：我們彼此之間存在一些私人或界限的問題，那意味著我們並不適合作為她的諮商師（通常，此次會談取消收費）。

例如：

> 「我認為，目前諮商對你所經驗的痛苦使不上力，我建議你先去找開業醫師，聽取他或她的建議後，再轉診到專科醫師那兒。」

或者：

> 「你所提到的議題中，有一項深深地觸動我，去年我也失去我的孩子（父母親／伴侶等等），到現在我的心仍隱隱作痛。我很高興與你見面，但重要的是，你需要一位能全然與你同在的諮商師，她不會被自己的議題所困擾。我認為，將你轉介給我的同事可能對你更為適宜。」

依照慣例，我們為當事人尋找更為合適的諮商師。往往對當事人最有利的是提供轉介機會，而非單單將其拒之門外。這就要求諮商師有責任留意周圍有哪些可用資源，包括擅長某特定議題之同業或診所、醫療或精神醫療機構，以及收費低廉的診所等等。

> 💚建議　要幫助當事人對被轉介感到自在的話，關鍵之一是諮商師本身要對轉介一事感到舒適與自信。想像一下，因你的諮商師覺得對你無能為力而將你拒之門外，你會有何感想和反應？諮商師做些什麼才能幫助你接受這個決定？

保留會談紀錄

　　雖然對會談紀錄的種類並無規則可循，但就倫理與專業需要而言，諮商師有必要對治療會談進行記錄。重要的是，紀錄應對你有所助益。有些諮商師認為，最好使用兩份有所區別的紀錄，一份紀錄（正式的）可以記載會談內容、主題、缺席狀況、付費情形等等，事實上，紀錄上所有細節是當事人完全知情且不足為奇的。如果需要在法庭上提供證據，當然，這種情形並不常見，而這些紀錄就可作為治療歷程的真實報告。另一份紀錄（非正式或私人的）則包括你的個人思維與印象、反移情（counter-transference）等等。這可能是一閃即逝的印象、診斷性的推測，或你認為自己可能犯下的過錯，也可能是你自己想要請教督導的問題。這是你私人的札記，任何人不得閱讀（雖然理論上，法庭可要求審閱任何與案件有關的紀錄），一旦治療結束，正式文件被安全保存之後，你就應該將這些非正式紀錄銷毀。

 想像你的當事人要求在下一次會談裡察看會談紀錄，你是否能保證這些紀錄給他們看不會有問題？

## ◀ 表 1-4　備忘錄（正式）

當事人的開場白或浮現的圖像：

會談內容之議題：

主題：

未來焦點與回顧的共識：

費用：　　　　　　　　　　　　　休假或取消治療的註記：

---

## ◀ 表 1-5　備忘錄（私人札記）

診斷性思考：

調整／僵局：

主要治療策略，例如，實驗、教育或自我揭露：

治療的總體效果：

移情／反移情議題：

你會做哪些與這次作法不同的介入：

下次會談前需要採取哪些行動：

需要接受督導的議題：

下次會談注意事項：

---

　　這份備忘錄可以裝訂在你的個案紀錄文件夾內，在每次治療結束時，你可以瀏覽一下標題，提醒自己需要思考的一些問題。你的正式紀錄需要保存在安全保密的地方，且只能以代碼或當事人名字顯示。當事人的全名、地址與電話號碼需要分別保存在另一個地方。在當事人結束治療後，為了法律程序之考量，及以備當事人再行求助之用，個案紀錄需要保存六年。之後，個案紀錄才可被銷毀。此外，你應該安排一位同事作為你的遺囑執行人，以防意外的疾病或死亡，對你的工作造成干擾。你必須讓這位遺囑執行人了解你的個案紀錄存放之處，以便她能銷毀過期檔案，並對仍在進行諮商的當事人進行轉介。

 ## 總結

　　這一章主要回顧了完形諮商師在治療前需要做的一些準備工作。我們談到了治療契約，評估當事人狀況的重要性，以幫助彼此能一起計畫治療工作。在第五章及第六章中，我們會再回到這一主題，同時，我們將開始著重完形治療的核心基礎──現象學、場地論、覺察與對話。

 ## 推薦書目

Bowman, C. (1998) 'Definitions of Gestalt therapy', *Gestalt Review*, 2 (2): 97–107.

Dryden, W. (1993) *Questions and Answers in Counselling in Action.* London: Sage.

Jenkins, P. (1997) *Counselling, Psychotherapy and the Law.* London: Sage.

Mackewn, J. (1997) *Developing Gestalt Counselling.* (**see Chapter 1**) London: Sage.

Melnick, J. (1978) 'Starting therapy – assumptions and expectations', *The Gestalt Journal*, 1 (1): 74–82.

McMahon, G. (1994) *Setting up your own private practice.* Cambridge: NEC Ltd.

Sills, C. (ed.) (1997) *Contracts in Counselling.* London: Sage.

Traynor, B. and Clarkson, P. (1992) 'What happens if a psychotherapist dies?', *Counselling*, 3 (1): 23–4.

# 第2章

# 現象學與場地論

場　景：在一家餐廳裡，幾位作者自寫作空檔中抽暇休息。

夏洛特：現象學真是一個特別令人鼓舞的概念，而要描述這
　　　　個概念讓人感覺到沉悶無趣，你怎樣才能使這個概
　　　　念生動有趣呢？

菲　爾：嗯，此刻你發生了什麼事？你經驗到什麼？

夏洛特：（環顧房間四周）我注意到那邊有一根白色的蠟
　　　　燭，燭光映照背後的一幅畫，看起來讓人以為蠟燭
　　　　是圖畫的一部分。

菲　爾：那你覺得如何？

夏洛特：既好奇又快樂！

菲　爾：所以，你正在環顧周圍一切，因發現周圍每一樣東
　　　　西都非常和諧，而感到愉悅。

夏洛特：（微笑著）那確實是我──我喜歡看到和諧。

菲　爾：當我看那蠟燭時，我注意到那些燭油不斷地滴在桌
　　　　面上，心中琢磨著我能做些什麼？所以，你此刻的

現象學是看到周圍的和諧，而我的現象學則是注意
我能否處理問題。順便提一下，你襯衫上有麵包屑。

 ## 現象學探索方法

現象學方法（phenomenological approach）是指盡可能地關注當
事人此時此刻的體驗，協助當事人探索自己如何感知這個世界，而不
是去**解釋**（interpreting）當事人的行為。換言之，現象學方法幫助當
事人了解「自己是誰，與如何成為自己」（who he is and how he is）。
事實上，現象學方法與其說是一種技術，倒不如說是一種思維方法，
包含治療師以開放的態度與真誠的好奇心接近當事人，全心關注當事
人的體驗，如此一來，當事人對自己個人的心理過程與所做選擇之覺
察被放大，而變得清晰。

現象學方法最早由 Husserl（1931）提出，當作一種研究存在本
質（nature of existence）的調查方法。在心理治療的情境中，心理治
療師使用現象學方法來探索當事人的主觀意義，與其對外在世界的自
我體驗。現象學方法有三種主要的部分：第一種是**懸擱**（bracket-
ing），即諮商師將當前個人的信念、假設及判斷暫時擱置一旁，以
使自己能以「恍若初識」的態度來看任何現象與情況。第二部分是**描
述**（description），諮商師僅僅對那些直接而明顯被感知的現象進行
描述。第三部分是**水平化**（horizontalism），即對現象的任何一個層
面都賦予同等程度的重視。此外，我們增加了第四個部分——**強烈的
好奇心**（active curiosity），我們認為強烈的好奇心賦予上述三個部分
（懸擱、描述與水平化）活力。

# 懸擱

懸擱是指努力辨識和確認那些被諮商師不可避免地帶入治療關係中的預設、判斷與態度。在懸擱的時候，諮商師盡可能將所有先入為主的觀念擱置一旁，以一種開放態度面對這特定時刻之獨特的當事人。或許你曾有過以一種完全不同的角度（可能在久別之後）看待同一個人的經驗，雖是熟識，卻像是第一次看到他一般，這種體驗常伴隨著新鮮感、欣賞，並且對先前自以為瞭如指掌的那個人充滿好奇心。在實務中，僅僅以這種方式，就試圖一次將所有先入為主觀念懸擱，當然是不太可能；另一方面，若諮商師沒有自己的假設觀點，也無法開展治療工作。人們常常憑想像揣摩事物，若不由經驗中學習，引出結論，做出判斷，並形成態度看法，我們無法有意義地生活。然而，人類也因此變得過度刻板僵化——他們只看得見所期待的事物，因而對新的感覺和新的可能性失去感知能力，譬如，對膚色、種族、國籍與心理疾病所產生的刻板偏見，即是明顯實例。其實，懸擱並不是要求我們完全擺脫預想、觀念或反應，而是要我們對此時此刻的事物予以密切關注，並避免對每個當事人的獨特經驗做出倉促或不成熟的主觀判斷。

> **建議**　請思考以下陳述：
>
> 1. 吉姆的母親剛因癌症過世。
> 2. 凱瑟琳升遷到一個更高薪的職位。
> 3. 邁爾斯告訴你，他打了七歲大的女兒。
> 4. 凱蔻宣稱自己將與一位她從未謀面的男人結婚。

想像你正在聆聽當事人的這些陳述。你的第一個反應、感受及判斷是什麼？即使在如此少的訊息中，你可能也會發覺自己是如何迅速地形成個人觀點。人們對於同一件事情卻能形成完全不同觀點的現象，這點往往讓我們很訝異。失去親人可能意味著解脫或是憤怒，而不是哀傷；一件看似快樂的事情，或許對當事人反而帶來心中的焦慮；虐待行為在某些文化中，可能被認為是必要的選擇。這些端視不同文化對這些情況的解讀。

要描述**如何**運用懸擱相當困難，但是，若由審慎的態度著手，可能有所幫助。把自己的意見或判斷擱置一旁，在得到任何結論之前耐心等待，至少你能覺察到自己的成見，你能克制自己的一意孤行，在新的證據揭露之時，隨時準備做出調整與改變。你可能發現隨後章節提到的覺察定心練習與簡單的覺察力練習，也將對你運用懸擱有所助益。

## 實例

詹姆斯：最近，我的朋友珍妮告訴我，她已經懷孕了。（諮商師的反應：她立刻覺得喜悅起來，因為她相信做父母親是一件快樂的事情。）

諮商師：你覺得如何？（她懸擱自己的價值觀與反應，並希望獲得詹姆斯對這個事件態度的訊息。）

詹姆斯：我不太知道，當然，我為她感到高興。

諮商師：你聽起來有點不太肯定？

詹姆斯：是啊！我好像是如此。孩子的出生意味著新生活的開始。（諮商師的反應：開始察覺到當事人似乎有

些負向情緒。）

諮商師：對珍妮懷孕的事情，你有些什麼看法？（懸擱自己
　　　　的判斷，而進一步澄清當事人可能有哪些未曾表達
　　　　的感受。）

詹姆斯：沒什麼，但我擔心她沒有能力獨自扶養這個孩子。

從某個程度上來說，懸擱的態度相似於探索一個神祕的事物，你
試著去了解一個獨特情境、提出問題，及找出答案。「你對這件事情
的感受如何？」「這件事對你意味著什麼？」「你如何理解這件
事？」「事情是怎麼發生的？」**但你不要期待自己能發現什麼答案**
（起碼在最初時），你要試著讓事件的內涵與意義逐漸浮現出來，通
常懸擱的態度與開放的心是開始的最佳良方。

建議　想像一位已會談過幾次的當事人，由一些向度來描述
　　　　他。例如，他的職業、性別、社經地位、人格類型、他
如何來訪的、他應做哪些努力來解決自己的難題等等（花一分鐘
時間來進行描述）。現在，讓我們想像自己坐在他的面前，不帶
任何偏見，也不企圖進行詮釋，那麼，你在他身上會注意到什
麼？他的坐姿如何？他有哪些身體動作？他的髮型、膚色、呼吸
如何？他臉上出現了什麼表情？你有什麼想像與感受？

## 描述

現象學探索的第二項技術是描述，這包括停留在那些直接、明顯
的感知覺察中，並對其進行描述。一方面，諮商師懸擱自己的假設及

價值觀；另一方面，她要求自己去描述所知覺到的一些現象（看到、聽到及感覺到等等），描述她覺得當事人將要說些什麼或做些什麼，以及當前她自己內在的一些體驗（無須對此予以解釋）。

典型的措辭可能是：

我注意到……（你的呼吸變得急促）

你好像……（想說這件事對你相當重要）

你看起來……（情緒愁苦）

我發覺……（你遲到了十分鐘）

諮商師需要密切關注那些直接而明顯的現象、當事人的接觸功能（參見第 41 頁），與身體反應的一些訊息；當諮商師這樣做時，一些有趣的圖像就會逐漸浮現出來——當事人的身體姿勢、聲調、呼吸頻率，以及重複的主題。諮商師同時還要關注自己身上的現象學，可能是自己的情緒反應、身體的緊張度，或興趣的消退等等。藉由這些方式，諮商師描述了（有時大聲說出，有時沒有）當事人正在浮現的圖像與主題。諮商師的這些行為被稱為「追蹤」（tracking），也就是對現象學過程在時間向度上之演變趨勢，進行追蹤觀察。

### ❦ 實例 ❦

　　凱絲來晚了，她慢慢地坐下，眼睛注視著地板，身體幾乎一動也不動，一句話也不說。當諮商師告知凱絲，她的身

體多麼僵硬、她的靜默不語如此沉重，這時她開始慢慢抬起
頭看著諮商師，訴說自己沉重的哀傷情緒。諮商師告訴凱
絲，他已經注意到她那微微顫抖的雙手，凱絲便更加主動地
開始表達出自己的悲傷。後來，諮商師注意到凱絲的聲音逐
漸減弱，身體又漸漸僵硬了，他把這些觀察告訴凱絲，凱絲
說她擔心自己變得過度悲傷。

　　描述技術在幫助當事人接觸自己的體驗，以及揭露受阻的內在體
驗時，具有神奇功效。描述技術使正在浮現的圖像得到關注、支持與
興趣，否則這些圖像將被輕忽於外。諮商師一方面協助當事人呈現她
個人的解釋、信念與所賦予的意義；另一方面，也要協助當事人全然
關注自己的感受與體驗。

　　需要警惕的是，治療師關注的事物常常是超越當事人意識的現象
與反應。有些當事人對被人注意其身體動作、緊張感、聲音語調以及
措辭等等，往往覺得暴露，甚至覺得羞恥。因此，治療師的說明需要
善解人意，並要注意描述內容的關聯性，不能讓當事人感受到自己正
被放在顯微鏡下審視。在後續章節中，我們將繼續討論這一技術。

 ## 水平化或同等化

　　每一件發生的事都可能同等重要（水平化），或如其他事一樣重
要，諮商師不能對事情隨意做出重要性的等級評定。當事人的身體動
作的訊息，可能與他目前正在談論的內容具有同等重要的意義。當
然，水平化或同等化（equalization）是一項微妙精巧的技術。若諮商
師為了引導當事人的注意力到另一個主題，而草率地打斷當事人的思
路，這是非常不妥的。無論如何，我們需要切記 Perls 的提醒，他認

為完形是一種「對明顯現象的治療」（therapy of the obvious），並以場地論作為基本原理。如果我們能夠成功地運用懸擱，並將我們的介入限定在對「是什麼」（what is）的描述上，我們就會自然地取得最大程度的水平化。藉由這種方式，我們信任自己的高度感知能力，去關注與確認可能存在的連結與不尋常現象。當然，背景中呈現或缺少的部分，都可能具備同等的重要性。例如，在一個案例中，當事人正以平淡的語氣談論著自己即將面對的離婚事件。

## 實例

> 諮商師：我注意到當你談論你妻子的時候，你一直朝著窗外看。
>
> 當事人：是嗎？是的，也許我是這樣！但我不認為這有相關。我能看到一棵大樹的樹梢，這棵樹離這裡很遠，而不知道是何緣故，那讓我覺得舒服。
>
> 諮商師：這怎樣使你覺得舒服了？
>
> 當事人：我並不想談論我的婚姻，我也不想說給你聽，我的婚姻很快要破滅了，這是真的，而你充滿同情地看著我。我覺得──哦！我知道這聽起來很可笑──但我有些氣你，你一直想要我談論它，你想讓我面對現實，但我不想。
>
> 諮商師：所以，你覺得我好像在逼你談論它，因為我有權這麼做！而你覺得對我生氣，所以就將注意力飛到外頭的樹梢上了。
>
> 當事人：對極了！這就好像你不能讓我振作起來，沒有人能促使我做任何事！

諮商師：你以前有過這樣的感受嗎？

在這個案例中，諮商師對當事人注視窗外的行為與當事人口語表達的內容，都予以相同程度的重視，而出人意外地使當事人更深層的內心意義逐漸浮現出來。

 強烈的好奇心

> 諮商師進行治療工作的最基本要求之一，是能對病人充滿強烈的興趣。（Polster, 1985: 9）

儘管強烈的好奇心並非正式屬於現象學方法的組成部分，但是我們認為，它是完形治療中諮商師想要了解當事人主觀世界一個基本要素，你必須滿懷興趣地推敲產生情景的緣由，當事人對此做何解釋，「此景」與「彼景」有何關聯，在更大的場地中，這些景所呈現的意義為何。藉此，你能協助當事人探索釐清他或她自己的想法，你需要對當事人的種種體驗保持單純的好奇心。

你的好奇心會促使你提出許多問題。提問的最佳原則是確信這些問題是現象學**探索**（enquiry）的部分，而非抽離現象的**質問**（inquiry）。相當重要的是，諮商師要盡量避免使當事人感覺像是被古代宗教審判（Spanish inquisition）無端降臨身上般地接受一連串審問，或讓當事人感覺你在耍伎倆，隱藏問題的正確答案。你應避免提出限制回答範圍，或只能參照標準的封閉式問題，例如：「這很難嗎？」「你睡得好嗎？」「你覺得悲傷嗎？」這類提問有其他選擇，像是：「你如何看待此事？」「你睡眠情況如何？」「你感覺如何？」同樣，還要留意「為什麼」式的提問，這類提問往往使我們所建議的好

奇心受到壓制。通常，這種「為什麼」的提問，會引出當事人理智或合理化的反應，並常常隱含著批評，例如，「為什麼這次會談你遲到了？」提一些開放式問題可能更為有利，例如，「遲到怎麼發生的？」「你怎麼會遲到的？」詢問當事人關於**過程**（process）的問題，而不是關於內容（content）的問題。

另一種同樣有效的現象學方法，被稱為「微觀過程之探究」（micro-process investigation）。為了讓當事人能夠覺察對某些事的複雜反應，諮商師邀請當事人花一點時間專注自己在幾秒內的體驗，不要在意自己「為什麼」或甚至「怎麼會有」這些體驗，而是專注於「**此時此刻**所發生的體驗」或「**剛剛那一刻**所發生的體驗」。

## ～◎ **實例** ◎～

諮商師：（對團體中的一名成員）剛剛發生了什麼事？裘迪
　　　　對你說的話做出了回應，而你卻低著頭盯著地板，
　　　　看起來像是心中感慨萬千。然後，你開始彬彬有禮
　　　　地詢問裘迪，他指的是什麼意思？在這短短的一剎
　　　　那間發生了什麼？

瑞　格：哦！他問了我許多問題，我一下子反應不過來，因
　　　　此，剛剛第一個反應是有點不知所措！

諮商師：然後發生了什麼？

瑞　格：我開始覺得自己很笨。

諮商師：接著呢？

瑞　格：然後我開始對裘迪感到生氣，我覺得他好像在批評
　　　　我——說我無能。

諮商師：然後呢？

瑞　　格：我告訴自己裘迪是個不錯的傢伙……他想要幫我
　　　　　忙，所以我試著與他交談，但是我突然覺得我的胃
　　　　　一陣痙攣，然後我有點不知該怎麼辦，就低下頭盯
　　　　　著地板了。

　　當你探詢發生什麼之時，當事人突然顧左右而言他或推說「不知道」時，這種一層一層探問的「架構探究法」（frame investigation），對於展開那一瞬間的過程非常有效。建議當事人「倒回去，並且對那特定的一刻分分秒秒地詳述」，通常這會揭露一些因發生太快，以至於當時並不能被當事人覺察的重要歷程。

　　另一個重要的忠告是，除非當事人已經接受過良好的「當事人技能」訓練，否則不能奢望他們能不經解釋就能理解諮商師的所作所為。不能僅僅簡單地說：「你的腳在表達些什麼？」而應該說：「我發覺當你講話時，你的腳一直不停地抖動，我想知道這是不是你有些不安或緊張，現在注意你的雙腳，你覺察到的是？」這樣才能幫助初診的當事人提高對自己身體的覺察。這不僅解釋了你將如何進行介入，也引導當事人進入覺察歷程，並且使自己能與當事人正在談論的事保持連結，而能避開發生超前，或者跟不上當事人的風險。

 ## 臨床應用

　　現象學方法具有多重效用。首先，當事人常常發現他們經驗到被別人以不加批判的態度聆聽著，這可能是他們有生以來的第一次經驗。特別是對大多數自我批評、自責的當事人而言，這種體驗本身可能即具有深切的治癒效果。其次，現象學方法的示範，協助當事人覺察能力的提升。它鼓勵當事人停留在此時此刻，貼近自己的體驗，並

對任何新的可能性保持開放態度。第三，現象學方法不僅幫助治療師，更重要的是，協助當事人找到理解自身存在的意義，和面對自己議題的特定方式，這使得當事人發現、並重新評估自己在形成個人問題裡須承擔的責任。第四，現象學方法向當事人展示諮商過程將是一個共同探索的歷程。

場　景：稍後，在餐廳裡……

夏洛特：那麼，我們將如何描述現象學探索到注意模式（noticing pattern）的轉換過程呢？

菲　爾：請繼續現象學探索，此刻你的體驗是？

夏洛特：好的，我注意到火與畫——我真的很喜歡那幅畫，這是一幅 Nelson 在船上的蝕刻古畫，畫中還有一條可愛小狗……並且在這裡享受著與你的聊聊天、品品酒、享用美食，我感到很快樂……但是，我發現自己隱約對沒有邀請喬和我們一起而感到有些內疚，我希望這不會破壞我的好感覺。

菲　爾：看來你正享受你在此時此刻的美好經驗，然後，對過去與未來的憂慮阻斷了你的愉快體驗。這是你的模式嗎？

夏洛特：是的……我想是的。但是，我以為是我的注意力在那一刻被潛藏的內疚感所打斷。

菲　爾：假設你帶著內疚感停留在此時此刻，會怎樣？

夏洛特：我猜，那種感覺意味著在這一瞬間我是幸福的，但下一刻會發生什麼呢？好景不常，樂極生悲啊！

菲　爾：所以，你並不是關注發生在不可預知之現存世界中

　　的事物，而是選擇去憂慮自己過去所做之事，這是
　　不是你常有的模式呢？

夏洛特：確實言之有理，你該開動了！

　　學員經常詢問他們應該對當事人現象學的哪些層面予以關注，或保持好奇心。他們真正應該觀察哪些內容 —— 身體動作、浮現的主題、信念或情緒感受？很重要的是，允許給自己實驗的機會。雖然隨著經驗的累積，觀察效果的回饋，都將使自己的觀察更加精練，但是，絕大的程度上，你所觀察的內容還是根據自己的興趣而定。此外，若建議你不要把注意力放在治療師角色或彼此間的治療契約上，那就太不專業了，你將自然地對那些與當事人目前問題相關的現象及欠缺的部分感到興趣。無論如何，你都會優先關注那些「鄰近體驗」的現象（"experience near" phenomena，即那些顯而易見或能體驗到的現象），而不是「遠離體驗」的現象（"experience far" phenomena，當事人所談論的事或一些報告）。

　　有些時候，你可能需要累積足夠的資料或訊息，才能對當事人特別浮現的圖像性質、議題、問題，與可能有效的治療策略形成假設。此刻你的理解將基於你的直接體驗，而不是理論或推測，並且經過與當事人接觸，而得到檢驗與證實。為了催化整個過程，那時你可能選擇由現象學方法轉而向當事人提供建議或直接進行介入，尤其當事人似乎處在膠著之時。

　　對諮商師而言，向當事人提出建議或直接介入是一個微妙而重要的議題，在某個程度上，也是完形諮商的關鍵問題。在當事人逐漸展開的過程中，哪一點我需要介入？這個問題並沒有現成答案，諮商師需要由經驗與實驗中學習，並不斷地回到基本的現象學方法中，檢核自己介入的成效與結果。

## 場地論

場地論（field theory）的觀點為上述現象學方法提供了扎實的理論基礎（見推薦書目）。現象學探究的三個領域包括：當事人的內在世界、外在世界或環境（包含諮商師），以及他們兩人之間持續變動的關係，這三個領域稱為全面背景（overall context）或場地（field）。從這個角度而言，個體從來都不是獨立或疏離的（雖然他們可能自以為是獨立的），但是，實際上，所有事物之間都是相互依存與連結的。在臨床實務中，當事人通常被認為是**在特定背景下**，綜合生理與心理因素的一個綜合體。因此，在治療中所浮現的每一個圖像都充分表現出背景中包含的意義。例如，想想下列情況，你的門鈴響了，當你正在(1)等候你的朋友；(2)等候你的當事人；(3)等候披薩送來；(4)凌晨三點時，這時，門鈴響對你的不同意義為何？

理論上，「場地」這個概念意味著**所有事物**——在這個（已知的）宇宙中的每一個物體、情景和關係。在臨床實務上，「場地」的含意較為侷限，其範疇取決於你與當事人對每一個情景中什麼才是重要場地影響（field influence）之理解。臨床實務中，主要關注兩種類型的場地：第一種是「體驗場地」（experiential field），指當事人能意識的場地，它常常是指我們組織經驗的方式，這是當事人獨特理解的「現實」（reality）或現象場。第二種是真實的場地或「大場地」（larger field），也就是當事人生存其間的大情境，包含個體的物質世界；此外，大場地還包括當事人意識之外的世界，以及他們逐漸演變之自我表現的潛在可能性。所有這些對諮商師意味著挑戰。諮商師需要發展對當事人情況保持彈性聚焦的習慣，在體驗場地與大場地中輪流切換。這意味著她的注意力需要由當事人現在的圖像，到圖像的

背景，到當事人的體驗場地，直到大場地之間來回穿梭——對上述各因素間之連結與影響，持續保持開放態度。

> **建議**　準備一張大紙，在紙中間寫上你自己的名字（或是一位你正努力想了解之當事人的名字）。然後圍繞這個核心人物，畫出三到四個逐漸增大的同心圓。在第一個圈內畫出形狀、顏色或標記，來呈現你（或當事人）的家庭，包括目前的家庭或過去的家庭。接著，在稍外的第二個大圈內，用同樣方法寫上你的朋友、同事及其他重要人物、主要的活動與興趣。第三個圈內，則呈現出文化、種族與宗教。最外圍的圈中，則是國家、環境或全球性背景。現在，回頭呈現你認為重要的其他影響因素，然後再看著這張圖，注意你如何解讀你所畫的場地散發出的影響力。如果你挑選一位當事人做練習，請注意你的圖是根據當事人對自己生活的認定，還是你依據自己認為重要的影響因素所繪製而成的。這幅圖只是你此刻瞬間認為重要的一些場地組合，它會隨著時間而變化，當然，它並不能代表那些潛在或在意識之外的場地影響力。

　　從場地論的觀點而言，當事人常常根據自己目前需求、早年或過去場地中的事物安排、過去固著的完形（fixed gestalt）與未竟事務（unfinished business），積極主動地組織場地。諮商師需要理解當事人如何進行組織的過程，以及他這樣做代表的意義，他在接觸時運用了哪些固著或彈性的模式，他對大場地中哪些影響因素與可能性缺乏覺察。在治療的初始階段，工作重點通常是讓當事人逐漸意識到自己一直在組織、理解場地的這一事實，從而使諮商師有效地與當事人共同建構他的體驗。當然，這意味著當事人能以**不同方式組織或解釋他**

的體驗（在適當的支持下）。

# 總結

現象學方法與對當事人主觀世界的探究，是每一次治療會談的主要部分，它可以用來解決任何新的議題，也是增加覺察、加深體驗，理解當事人如何建構其世界、探索意義、選擇與影響的最重要技術。現象學方法不僅可用以理解當事人，並可邀請當事人深入此時此刻當中。

# 有關現象學的推薦書目

Clarkson, P. and Mackewn, J. (1993) *Key Figures in Counselling and Psychotherapy: Fritz Perls*. London: Sage. (**see pp. 92–95**)

Langer, M. (1989) *Merleau-Ponty's Phenomenology of Perception: A Guide*. London: Macmillan Press.

Spinelli, E. (1989) *The Interpreted World: An Introduction to Phenomenological Psychology*. London: Sage. (**see Chapter 6**)

Yontef, G. (1993) *Awareness, Dialogue and Process: Essays on Gestalt Therapy*. (**see Chapter 6**) Highland, NY: Gestalt Journal Press Inc.

# 有關場地論的推薦書目

Lee, R.G. (1995) 'Gestalt and shame: The foundation for a clearer understanding of field dynamics', *British Gestalt Journal*, 4 (1): 14–22.

Meara, A. (1999) 'The butterfly effect in therapy', *Gestalt Review*, 3 (3): 205–25.

Parlett, M. (1997) 'The unified field in practice', *Gestalt Review*, 1 (1): 16–33.

# 第3章

# 覺察

> 覺察（awareness）如同煤炭發出的光，它來自其自身的燃燒；同樣，內省映照所產生的光輝，如同閃電般地投照在物體上，折射出耀眼的光芒。（Perls et al., 1989 [1951]:75）

促進與激發充分而自由流動的覺察是完形治療的基石。然而，對「覺察」有許多不同的理解，它有時被消極地用來指「自我意識」（self-conscious）（處於尷尬處境時），或者指內省（introspection）（在過多的自我分析時）。事實上，這樣的理解並不符合完形的基本原理，因為在完形治療中，覺察不涉及思考、反思與自我審視。

> 覺察是一種體驗的形式，可以被廣泛定義為：一個人對自身存在及對世界是*什麼*有所察覺……一個有覺察的人知道自己在做什麼？應怎麼做？也了解自己有選擇的自由，並*選擇成為他自己*。（Yontef, 1993: 144-5，斜體字為原作者強調）

更進一步說，覺察是一種對此時此刻正在發生的事情所產生之非

語言的感知與會意。它是所有健康生活所須具備的基本條件與積極的品質。覺察是在接觸界限（contact boundary）上同化與成長的力量，也是自我了解、選擇與創造的能量。了解覺察的方法之一是將其當作一個連續譜，連續譜的一端是處於沉睡狀態，你的身體呼吸、調節有機體維持生命所必需的生理機能，並隨時準備對威脅做出反應。此處，覺察是最低程度，僅限於有機體的自動化反應。連續譜的另一端是完全的自我覺察〔有時也稱為完全的接觸（full contact）或高峰經驗（peak experience）〕。此刻，你感覺自己充滿活力，敏銳覺察到自己存在的片刻，感到連結、自發與自由自在。日復一日、時時刻刻，在這連續譜上的體驗，隨著時間的推移而變換不停──有時體驗到平淡無奇，有時體驗到新鮮與挑戰。

　　年幼的兒童似乎經常生活在一個充滿無限覺察與熱情的世界裡，他們渾身充滿活力與自發，而這些特質往往到了成人期即逐漸消失殆盡。這種「新鮮感」的喪失，大多數要歸咎於那些限制覺察能力的固著完形、過去思想與記憶之干擾，以及對未來的期許。如果我全然地沉浸在某種事物與思想之中，而渾然不覺自己的存在，那麼，我就失去與環境及與自我的接觸。反之，如果我變得更為覺察自我，即使我持續著原本的思路，情況已然產生微妙的改變。我覺察到現在我思考著的已是過去的片刻。覺察可以說是此時、此刻、在此身內，我對自己存在之意識。完形原理認為作為一個成人，我們能夠重新捕捉這種直接的感受，透過許多途徑增強或提高覺察，常常是完形諮商與治療的首要任務。

　　重要的是，我們始終要牢記覺察既是會意（knowing）、又是存在其中（being）。如果我建議一位當事人關注他的呼吸，我的意思是，他既要「知道」自己正在呼吸，又能時時刻刻地「體驗」自己正在呼吸。在諮商中，正是持續不斷的覺察經驗帶來巨大的療癒作用。

諮商師的任務是標示或辨識出當事人阻斷、限制其覺察的方式，或是當事人在自我功能重要層面失去覺察的情形。這種對覺察的限制與阻斷，在當事人身上常以缺乏能量與活力，或反應僵化來呈現。當這種行為或態度能夠被直接覺察，並再次體驗時，健康的自我修復過程即接踵而至了。

> 更進一步說，覺察是保持自我更新持續的途徑，它是一個不斷發展的過程，隨時都有可能發生，而不是個人獨有或偶爾發生的啟示──如同洞察一般，只在特別的時刻或特別的情境中才會出現。覺察像地下的一股泉水，是一個恢復更新、充滿活力的體驗，當需要時即噴湧而出。而且，聚焦於個人的覺察，使人能全神貫注在此時此刻的情景之中，提高治療經驗的效應，並使當事人的生活發生更多、更廣的體驗。（Polster & Polster, 1974: 211）

完形治療師最重要的任務之一，是提高當事人的覺察──覺察自己有哪些感受與想法、如何行為、自己身體上正在發生什麼，以及身體感知的訊息為何。當事人覺察自己如何進行接觸──他與別人的關係、他對周遭環境的影響，以及環境對他自身的衝擊。

## 探索覺察

當事人對一個全神貫注傾聽的人敘述自己的故事，這也許看似簡單，卻可能是成為提高當事人覺察最有效與最自然的方法。當你有意識地聚焦在自己的覺察時，你就是在「注意」（paying attention），這種引導性的覺察正是完形諮商師核心的治療活動，注意力能夠精確

地引向個體身上某個特定的機能（例如，呼吸，或是身體的緊張部位），或是被廣泛地引向某個整體的觀點（例如，關注連結的方式）。諮商師應認真地關注當事人的想法與情緒感受，同時也邀請當事人關注自己。藉著向當事人回應我們聆聽的內容、詢問他的感受、與他一起探索他的信念系統等等途徑，我們可以讓他也聆聽自己，充分覺察自己的體驗與其理解世界的方式。藉由保持「水平化」與關注整個現象場，我們可以幫助當事人獲得對自己各個層面的覺察，包括習慣性忽略或被遺漏的部分。

一般狀況下，諮商師試圖鼓勵當事人提高覺察的方式是：

◆ 停留在此時此刻。

◆ 提高並擴展對不斷發展之體驗的覺察。

◆ 將「覺察」導向或聚焦在那些被忽視或迴避的部分。

考慮下列諮商師的介入策略：

> 把注意力集中在你的呼吸上……

> 你能感覺到你此刻的感受嗎……

> 你能覺察到現在在想什麼嗎……

> 身體哪一部分，你覺察不到呢？

> 我注意到你的身體似乎有些僵硬，你的呼吸變得急促起來。

　　這些介入策略之目的是為使當事人更能覺察到原本意識不到的體驗。這並不意味著要改變當事人的體驗，而是去修復或加強當事人對此時此刻整體的覺察。另外，也很重要的是，如果諮商師本身對覺察沒有**發自內心**的興趣，那麼介入策略將會機械化而呆板。本質上，介入策略需要建立在積極而持續的好奇心基礎上。

## 實例

> 班：我不確定這個禮拜要談些什麼。（看起來侷促不安）
>
> 治療師：那就先花點時間想想，當你和我坐在這兒時，你覺察到什麼？
>
> 班：我沒有覺察到什麼。
>
> 治療師：你此刻感受如何？
>
> 班：空虛感。（沉默）
>
> 治療師：你能描述一下你的「空虛感」給我聽嗎？
>
> 班：我好像很緊張，不知道要做些什麼？
>
> 治療師：你怎麼知道自己很緊張？
>
> 班：我的肩膀周圍緊繃，我覺得尷尬。
>
> 治療師：尷尬？
>
> 班：是的。（沉默）
>
> 治療師：我很好奇，你是怎樣感到尷尬的？
>
> 班：我覺得有點害羞。
>
> 治療師：然後呢？
>
> 班：我擔心你會批評我。

藉由這種方式，班開始把注意力集中在自己的身體過程，並開始覺察與治療師之間關係的緊張，並發現自己因怕被治療師批評之擔憂阻礙了關係接觸。

 ## 覺察區域

現在，我們來了解 Perls（1969）所定義之覺察的三個區域，分別是內界（Inner Zone）、外界（Outer Zone）及中界（Middle Zone）。這個概念的缺點在於它可能留給人一個錯誤印象，使人誤以為內在體驗與外在體驗可以全然劃分。事實上，覺察常常是整體的。不過，以區域來劃分的比喻非常實用，它不僅可作為治療師評估的工具，也可以幫助當事人對自己每一個層面進行覺察。為探索這三個覺察區域的重要意義，我們將一一敘述。

### 內界

覺察的內界是指當事人的內在世界，常常是諮商師感受不到的部分。它包括一些主觀現象，例如，內臟感覺（visceral sensation）、肌肉的緊張或放鬆、心跳、呼吸，同時還包括身體—情感狀態（bodily-affective states），即身體知覺與情感的連結。此外，我們也將情感列入內界的範疇中（雖然，按理它也可歸為中界的一部分）。

提高當事人對內界的覺察，最有效的方法是把當事人的注意力引到自己身體的感覺與知覺上。我們可藉由詢問一些問題來達到這個目的——「你現在覺得如何？」「你現在的體驗是？」或者告訴當事人我們觀察到的一些現象，例如，「我注意到你的呼吸變得急促」、「我發覺你的雙腳緊繃」。

如果當事人看起來無法接觸自己的內界，你可以藉助下列練習加以引導：

想像你的覺察像一盞探照燈，它能在你的掌控下慢慢地探照你的全身。花點時間，慢慢集中注意力在你的一隻腳上，然後另一隻腳（注意，諮商師暫停五到十秒）……雙腿（諮商師再暫停五到十秒）……背……肩膀……生殖器……腹部……胸部……手臂……手腕……雙手……脖子……頭……眼睛……臉……嘴……注意緊張與鬆弛的部分。注意你在身體上所體會到的其他感受。你注意到自己的情緒基調與感受為何嗎？它位於身體的哪個部位？如果你什麼也感受不到，或者只有一點點感受，那麼保持這點覺察，逐漸加深，然後再次重複剛才的探索歷程。

## 外界

外界是與外在世界接觸的覺察，它包括我們所有的行為、語言與動作，以及我們所謂的**接觸功能**（contact functions，視、聽、說、嚐、觸、聞與行動）。這些是我們所有感受與接觸世界的方式。如果我們能關注自己的接觸功能，我們對此時此刻的覺察，以及對顏色、形狀、聲音、質地等等的感知，將變得更敏銳，這種覺察能夠轉變我們的體驗，使周遭世界變為更加豐富與充滿活力。不過，聚焦於外界還有一個原因，就是能使我們透過覺察自己的選擇，並改變行為，從而使別人對我們產生新的回應方式。我們必須覺察到自己正在做些什麼、我們的行為帶給別人或我們自己什麼影響。我們需要對周遭的變化變得更敏銳。同樣，提高當事人對外界覺察，最簡單的方法是將她的注意力引到具體情境中的反應、動作或行為，以及關注外在世界的

刺激上：「覺察你周圍的世界，你注意到什麼？」「你聽到什麼？」
「你想知道我如何看待彼此的關係嗎？」等等。

> ♥建議　你可以藉由以下練習來引導當事人，把你覺察的探照燈打向你身體的外在區域。慢慢地移動，你能看到、聽到、聞到什麼？在與周遭世界接觸時，你能感覺到什麼？你所坐的椅子、穿在身上的衣服等等。環顧四周，看看你能認出多少顏色與形狀？你能聽見什麼聲音？注意你與我的距離，在我身上，你注意到什麼？（諸如此類）

## 中界

　　中界由我們的思維、記憶、幻想與期望所組成，它包括我們所有對內部刺激與外部刺激詮釋的方式。簡言之，中界在內界、外界之間扮演斡旋者或協調者的角色。它的主要功能之一是組織我們的體驗，而達到某程度的認知與情感性的理解；另一項功能是預測、計畫、想像、創造與做出選擇。中界包括信念與記憶，也包含我們自我設限的信念、對世界固著的理解方式、身處此刻卻滿腦子戀棧過去與緬懷未來的思想模式，它不可避免地成為我們問題或痛苦的主要緣由。在我們的中界裡，我們也標定自己的體驗，不可避免地決定我們怎樣感受這些體驗。

　　增加中界的覺察或許相當難以掌握。重要的是，不要對當事人可能正在思考或想像的內容加以推測，從而，我們可以詢問——「對於已經發生的事，你如何解釋？」「你如何理解那件事情？」「如果那是真的，那對你意味著什麼？」「你對那件事有何想法、想像、幻想或期盼？」等等，或我們可以說：「聽起來好像你的意思是最好不要

這樣做？」

> **建議**　現在你可以要求當事人回顧先前的覺察練習（或者你以前使用過的任何介入策略）。你認為這些練習怎麼樣？當你被要求去覺察你的環境時，你做了什麼？你還有哪些反應？現在開始慎重地在這三界之間來回穿梭，細細品味，讓自己能夠真正覺察到自己的所感、所思、所見、所想等等。再次關注此刻的身體體驗──你覺察到什麼？你怎樣覺察到的？你認為那可能意味著什麼？你注意到周遭有什麼──你如何回應呢？

　　實際上，一個健康之人的覺察，每天都在不同區域之間來回穿梭往返，當覺察過於專注在某一個特定區域時，其結果是功能失衡，有時甚至導致嚴重的後果。

## 實例

　　茉莉過度關注外在世界及其他人對她的看法，卻對自己的感受與判斷不敏感。在治療中，她說她從不知道自己該做什麼，甚至不知道自己想要什麼？她依賴別人幫她做決定（外界占優勢）。哈瑞對生活總感到憂慮與牽掛（中界占優勢）。戴安娜則強烈地關注自己的身體─情感狀態，以至於幾乎對其他事情可以不聞不問，因此，她常常陷入一種讓自己束手無策的莫名恐慌之中（內界占優勢）。

## 關係之覺察

治療師與當事人彼此連結的方式，也可能變成探索三個覺察區域的有力工具。當事人對治療師持續不斷的回應，呈現了當事人**如何覺察與缺乏覺察的方式**。治療師最重要的工具就是她自己——她對當事人的回應，及她對此時此刻的覺察。她可以運用自己的臨在（presence）與觀察的技巧來服務當事人，而無須嘗試解釋或說明。對於當事人在治療室中呈現的情況、他的身體過程、他看來忽略遺漏或矛盾之處，例如，在言語談吐與身體表達兩類訊息間之落差與矛盾，治療師可以用個人的反應來加以評論。治療師開放地探索當事人的反應（及投射），且始終以幫助當事人加強對自己身體的覺察作為治療目的。

此外，實務工作者也需要善於審視與辨識自己的介入策略與臨在對當事人的影響。例如，要分清楚當事人臉紅是因為焦慮不安呢？還是因為興奮激動所致？提高覺察的行動常常在探索的過程中造成身體的喚起（及隨後的放鬆），這種喚起擴展了身體動作、能量的改變、提高反應的靈活性，並使注意力與自我表達更加活躍。諮商師需要試著對這些徵象保持警覺，以便能敏銳地追蹤當事人覺察過程的潮起潮落。當然，作為諮商師，我們不能期待自己是無所不能的，在任何時候，**詢問當事人一下總是很好的**！

 ## 體驗循環

理解意識流（flow of awareness）的傳統方法是藉由一種「體驗循環」（cycle of experience）的隱喻，也稱為覺察循環、接觸循環，

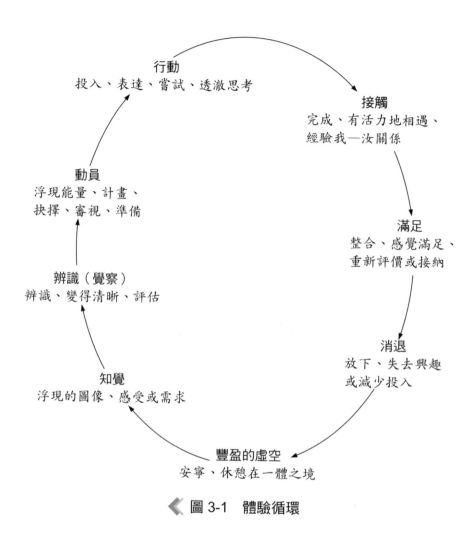

行動
投入、表達、嘗試、透澈思考

接觸
完成、有活力地相遇、
經驗我—汝關係

動員
浮現能量、計畫、
抉擇、審視、準備

滿足
整合、感覺滿足、
重新評價或接納

辨識（覺察）
辨識、變得清晰、評估

消退
放下、失去興趣
或減少投入

知覺
浮現的圖像、感受或需求

豐盈的虛空
安寧、休憩在一體之境

◀ 圖 3-1　體驗循環

以及有機體與環境互相依存的循環。它是追蹤所浮現圖像之形成、阻斷，以及圖像結束過程的一種簡單而有效的工具。體驗循環可分為不同階段，從體驗到某種知覺開始、辨識並命名這種知覺、理解這種知覺，並決定如何回應、採取行動、對情境接觸保持充分的覺察，然後完成與收回能量，準備面對下一個循環（如圖 3-1）。

體驗循環既是簡單的、又是複雜的。例如，治療師發現會談已接近尾聲，便會集中精力引導當事人注意會談即將結束，然後兩人互道再見；當事人離去後，治療師回顧整個會談歷程，逐漸轉移這份注意力，準備接待下一個當事人。在更複雜的循環中，一個社會工作者覺察到自己對心理諮商越來越感興趣，她尋找受培育的機會，並選擇了完形治療課程。多年以後，她完成許多必修學分，最後終於得到文憑。她很滿足之後，停止了學習課程，而轉往印度，安憩在一處靈修之地。

然而，利用體驗循環作為治療工具的困難在於，人類的體驗往往是如此錯綜複雜，以致難以以一個簡單模型來概括。因為，當有彼此競爭的幾個圖像（或循環）出現時，我們常常無法用單一模型在如此錯綜複雜的現象裡做出選擇。另一方面，模型是治療師追蹤當事人簡單的單一體驗或圖像的絕佳工具，也是使治療師找出當事人覺察體驗過程中可能膠著或偏離現象的有效指引。這種探索方式特別適用於那些慣於在體驗循環中同一環節出現阻斷的當事人。一個終日惶惶、焦慮不安的當事人，可被視為是在動員（mobilization）與行動（action）兩個階段間習慣性地被阻斷；或一個成功的工作狂，可看作在接觸與滿足兩個階段間被阻斷。因此，治療師可捫心自問：體驗循環的哪一個環節被阻斷或改變了？這裡有一些可能的情況：

◆ 一個曾遭遇創傷或虐待的當事人，可能與自己身體—情感**知覺**的內界無法連結（知覺之前的阻斷）。

◆ 飲食障礙患者可能在情緒的**辨識**階段被阻斷，錯誤地以為自己的知覺是飢餓引起，而不是一種情感需要（知覺與辨識之間的阻斷）。

◆ 一個焦慮而激動的當事人，**動員**了過多精力，但卻不能採取有效的**行動**（動員與行動之間的阻斷）。

◆ 一個性濫交的當事人持續地更換性伴侶的**行動**，卻無法與人有實質性的關係**接觸**（行動與接觸之間的阻斷）。

◆ 一個工作狂有能力**接觸**並完成工作，但是，他無法得到**滿足感**，總是隨即又投入另一項新的工作計畫（接觸與滿足之間的阻斷）。

◆ 一個焦慮的當事人整天提心弔膽、懼怕死亡，儘管疲倦不堪，卻難以入眠，他無法停止憂思、**消退**、遁入睡夢裡（滿足與消退之間的阻斷）。

◆ 一名目標導向的商人總是在尋求下一個的機會，他害怕**虛空**的不確定感，而無法沉思或安憩在靜謐之中（滿足與虛空之間的阻斷）。

上述所有實例說明了我們對體驗循環的觀點，如果當事人能夠設法覺察被阻斷的能量，進而完成體驗循環，那麼他就會恢復健康。但是，事情並非總是如此簡單，理解體驗循環中不同階段間的銜接，是當事人能覺察他的需要（和選擇），及與諮商師的直覺這兩者結合的產物。事實上，只有**當事人**本身能真正了解完成體驗循環的意義，以及所需要的時間長短。有時一次會談單元即能完成體驗循環，有些時候卻需要費時多年；還有些時候，則因為當事人改變目標而放棄或調整體驗的完成。

在我們結束體驗循環的話題之前，要再次討論體驗循環的最後一個環節——這是文獻上經常被忽略的一部分，發生在消退與知覺之間的階段。就在個人完成一個體驗循環之後，又在知覺尚未被下一個生動的圖像捕捉之前，這個階段有時被稱為「豐盈的虛空」（fertile void），如此命名是為了強調單純地「臨在此刻」（being there）的重要性，在世界上全然體驗自我的境界。對諮商師而言，這是一種對當事人保持創造性漠然（creative indifference）之處，無須警戒或做

什麼，隨時準備好以迎接浮現出的新圖像，這是一個沒有引導、承認未知的時刻，既接受有機體自我調節的主宰，同時也臣服於人類靈性向度的指引。

 ## 現實存在的向度（existential dimension）

> 人類不能承受太多的現實。（T. S. Eliot, *Murder in the Cathedral*）

人類盡其所能地選擇舒適生活，而對存在性現實置若罔聞，例如，死亡、孤獨、疏離、不確定感、時代的精神典範、自由與責任。事實上，許多固著的完形是因應這些現實存在所產生的創造性調適。例如，一個失去母親的兒童，為了避免再次體驗失去親人的恐懼與痛苦，他決定往後再也不要冒險與任何人親近，長大後，他繼續持守這不與人親近的決定；一名婦女為了迴避衰老與死亡的現實，不斷進行外科整型手術；一位男士因為無法做到十全十美而決定對任何事都不再努力。責任感是一種存在的現實，最為完形治療所強調。當覺察增加時，認識程度也增加，雖然我們不用為所有發生在我們身上的事負責，但我們的確要為自己如何感受這些事、如何賦予其意義、如何應對，承擔起我們應有的責任。更直接地說，我們**選擇**了自己的體驗——即使我們感覺不是如此。擁有並承擔我們對自己體驗的責任感，以及對社會的責任感，是個體成熟與全然接觸生活、體會生活的標誌。

當我們充分覺察到存在於這個世界的現實時，往往伴隨著焦慮，存在主義學者認為這是人類存在的普遍狀態（Cohn, 1997）。這顯示出在開始進行當事人覺察深層存在的議題之前，保證當事人具有足夠

的支持資源是非常重要的（見第七章自我支持的論述）。這也指出了區別神經性焦慮與存在性焦慮的重要性，前者是一種對此時此刻功能的干擾，而後者代表著興奮的另一面——儘管存在性焦慮意味者不幸與痛苦，但同時，它又是充滿活力、豐富的現實生活中不可避免的附加產品。

 ## 改變的矛盾理論

我們現在轉向完形治療的另一個核心概念：改變的矛盾理論（paradoxical theory of change）。在許多方面，它是前面所提到之概念的延伸。由 Beisser（1970）提出的改變的矛盾理論，與其說是一種**理論**，還不如說是一種**原理**，更為貼切。這個原理主張：「改變往往發生在個體想成為他自己的時候，而不是他想要成為另一個人的時候。」（p. 77）改變的矛盾理論基於這種觀點，即所有當事人如果能聽任有機體自然的自我調節過程，那麼，他們都會擁有成長與改變的資源。

當事人前來尋求治療時，往往相信自己能依照治療師的預定計畫改變，或希望能消除特定的不快感受、想法或態度。他們希望在治療師協助下，自己能達到理想的情況，或變得脫胎換骨（例如，「徹底擺脫焦慮」、「變得人見人愛」）。改變的矛盾理論主張，當事人與其改變自己，不如盡可能地充分覺察自己各方面的體驗。一旦如此做，加上信任自己的有機體自然調節的歷程，改變自然會水到渠成。這個原理也可以理解為，當我們發現一個當事人具備了深刻地自我接納態度時，事實上，那一刻他對自己一貫的態度也正產生徹底的改變。這個觀點是 Perls（1969）在區分「自我實現」（self-actualization）與「自我意象實現」（self-image actualization）時所提出的。

在某種意義上，這個基本觀點是矛盾的，它指出為了改變，當事人必須放棄「**試圖**」改變的願望，它明確地表明，成長與改變是經由持續不斷的覺察、接觸與同化所產生的自然過程。在足夠的自我支持下，當事人（與諮商師）需要做好準備，信任有機體的自我調節能力，放下自己的願望與企圖，從而使自己的生活變得更充實、更真誠。

#  創造性漠然

諮商師用來催化覺察歷程的最有效態度是創造性漠然（creative indifference）。這一觀點源自東方靈修，相似於佛學中的捨（equanimity），與 Castaneda（1975）所謂「完美無缺的勇士」（impeccable warrior）的態度，有異曲同工之處。這並非指諮商師採取一種漠不關心的態度（事實上，恰與字面上意義相反），創造性漠然根據的觀點是，諮商師對於任何特定的結果並無任何執著。這是面對存在未知中之不確定性的另一種方式——但這絕非易事。這包括諮商師要對整個治療過程保持真誠的興趣，同時又要避免**特意策劃**任何特定的結果。諮商師要樂於接受任何「存在與變化」（is and becomes）現象。在完形理論中，這種靈性影響力的觀點相似於佛教禪宗思想，它提倡接納與順其自然是靈性成長的關鍵因素。

這種成長模式在自然界中隨處可見，如同一位園丁提供適宜的光線、溫度和水，清除雜草，並防止病蟲害，如此，花卉自然生長並逐漸成熟，直到開花結果。園丁並未強加自己的意願於花卉，更沒有去「造花」，而是一切順其自然。諮商與治療同樣涉及要信任當事人的過程，不執著於任何特定結果。這意味著諮商師要全神貫注於當事人的自由選擇，當然，這也是場地論與現象學的核心——接納當事人存

在性的選擇。創造性漠然即是信任有機體存在著健康的自我調節模式，也信任存在所有人類的深層智慧。最重要的是，如果諮商師能提供適宜的條件，在治療過程中，當事人將能選擇適合他自身正確的成長方向。

因此，清楚的是，創造性漠然並非指任何特定的技巧或技術，它是指培養一種所有完形技巧所需的核心態度，全然地處在此時此刻之中，不帶任何先入為主的觀念來與另一個人相會，這既令人驚懼，也令人振奮。因為每當面對未知，必感到忐忑不安，然後，我們感受到強烈的衝動，想要以計畫或預測來控制一切。作為完形諮商師，我們必須抵制這種衝動，敢於停留在這種不確定之中。

改變的矛盾觀點與其他治療模式形成鮮明的對比，其他治療模式更注重行為結果，它們盡量消除各種症狀，並將阻抗視為需要排除的部分。在完形諮商中，尤其在當事人缺乏足夠的自我支持情況下，各種症狀與阻抗常常被視為當事人對環境做出創造性調適的表現，試圖克服或消除阻抗就相當於剝奪或壓制個體的重要部分。當當事人的問題或困境被接納、覺察被修復時，當事人所有不同的層面與部分，都可能成為他自然成長和改變的資源。

## 實例

（摘自本書作者之一的治療紀錄）尚・路克前來尋求諮商，乃是因為一連串失敗的關係使他覺得自憐，並且對新的社交環境心生畏懼。他說他想再次感到快樂，但不願再回首往事，因為在早先的諮商經驗中，他曾經覺得這樣做是浪費時間。在評估性會談中，他要我直接告訴他，他該怎麼做會感覺好些，並希望我能給他一些答案。他認為，他的社會缺

陷（如他自己描述的）源自於社交上的不當行為。當我們為
前六次會談訂定會談契約時，我向他解釋，我不太贊同他所
建議的治療作法，並提供另一種選擇：我們可以試著在得出
任何有關他需要什麼的結論之前，先了解他的故事。尚·路
克對我的提議半信半疑，但勉強同意嘗試一下，因為他覺得
已走到窮途末路了，並覺得對我傾訴似乎能使痛苦稍微減
輕。在接下來的幾個月中，他詳細地對我訴說他的境遇，並
越來越少徵詢我的觀點或建議（我也減少一些治療性反應，
滿足地聚焦於現象學，並提供對話式互動關係）。

　　在回顧我們六個月來的治療時，尚·路克簡直不敢相信
——他似乎更加熱愛生活，對自己境遇更充滿希望，並且開
始一份全新的關係，到目前為止，這份關係並沒有重複先前
的交往模式。他對此改變感到疑惑不解，我和他都沒有「試
圖」刻意地做出改變。

　　大多數的完形治療師都有這樣的經驗，改變的矛盾原理往往只能
意會，當事人知道諮商有幫助，但就是不能明確地說清楚改變的來
源。然而，我們認為人類的境況往往非常錯綜複雜，我們相信要面對
刻意、深思熟慮或期望的變化，往往需要決心與勇氣。譬如，你可能
決定要從事諮商師這個行業，持續地通過學習的艱難關卡，最後終於
達到夢寐以求的目標。一個內射的、迫於文化或社會壓力而想與眾不
同的願望，與一個充分覺察的人自由選擇下的真實願望或意向之間，
往往存在微妙的差異。我們希望本書隨後章節中，向大家闡述如何設
計既能考慮改變的矛盾原理，又能尊重當事人自主選擇目標與意願的
治療旅程。

總結

　　本書持續地強調覺察的重要性。覺察是治療評估的重要部分，是現象學與對話式關係的核心，又是實驗的主要功能，它還是改變的矛盾原理背後的動力基礎，本章主要聚焦於覺察本身、覺察的意義與內在價值。但是，最後再次強調以治療師本身的覺察作為治療工具的重要意義。作為治療師，你與自己、當事人和特定的場地保持充分接觸之覺察，不僅能成為當事人的榜樣，還能持續地邀請當事人同樣進行覺察的歷程。

 推薦書目

Beisser, A.R. (1970) 'The paradoxical theory of change', in J. Fagan and I. Shepherd (eds), *Gestalt Therapy Now*. Palo Alto, CA: Science and Behaviour pp. 77–80.

Fodor, I. (1998) 'Awareness and meaning-making: the dance of experience', *Gestalt Review*, 2 (1): 50–71.

Nevis, E.C. (1992) *Gestalt Therapy. Perspectives and Applications.* (**see Chapter One**) NY: G.I.C. Press.

Perls, F., Hefferline, R. and Goodman, P. (1989 [1951]) *Gestalt Therapy: Excitement and Growth in the Human Personality.* (**see Part One**) London: Pelican Books.

Philippson, P. (1990) 'Awareness: the contact boundary and field', *Gestalt Journal*, 13 (2): 73–84.

Sills, C., Fish, S. and Lapworth, P. (1995) *Gestalt Counselling.* (**see Chapter 4**) Oxon: Winslow Press.

Yontef, G. (1993) *Awareness, Dialogue and Process.* (**see Chapter 8**) Highland, NY: Gestalt Journal Press.

# 第 4 章

# 治療關係的建立

完形治療中的治療關係取決於互相依存的三個元素：

◆ 安全容器（safe container）的提供。

◆ 工作同盟的建構。

◆ 對話式關係的提供。

第一章描述了治療關係的第一步，即建構一個安全容器。治療師需要建構一個安全、令人愉快的物理環境，並表達出自己對當事人的興趣、勝任有餘的專業能力。這一章我們將探討另外兩個因素。

 **工作同盟**

工作同盟始於治療師提供協助、支持與保證。在當事人同意接受初次會談中所議定的條件（例如，定期治療、費用等等），並有意願參與改變過程，治療師才提供諮商。一旦你和你的當事人承諾要一起工作，你就已經開始發展工作同盟（有時稱為治療同盟或工作關係）。這個同盟包括積極的夥伴關係、你與當事人之間的相互信任，即雙方對一起工作與工作目標有一致的了解（Bordin, 1994）。

這也意味著雙方同意互相配合是奠立在對各自良好意圖的信任

上。即使當事人覺得與你相處困難，或覺得你具有威脅感，但仍堅信你的初衷是以對他最大利益來作為考量。治療師相信，基本上，當事人會盡其所能地在這冒險之旅中努力幫助自己。當當事人一時認為你是一個糟透了的治療師，或你覺得當事人對治療並不努力參與時，正是這種工作同盟才使治療得以持續下去。就治療師而言，若想獲得這樣的信任，須樂意認真看待當事人提供的一切信息，即使治療陷入困境，仍然同理、尊重當事人，與之同在。

工作同盟的建立常需要花費時間，有時也會出現波折，特別是在當事人感到被治療師疏忽或批評時。這時，你可能需要探索導致雙方信任感降低的行為，或自己疏忽少做的部分，承擔自己須負責的部分（例如，一次錯誤的介入策略、一次不應該的缺席），進而重新加強雙方的同盟。為了當事人的利益，治療師也必須樂意地公開對抗自己的失誤，這使當事人相信你是全心想維護工作同盟。這也示範了一種以開放、探究精神，而非自我批評或迴避的態度來面對困境的承諾。

增進與加強工作同盟最重要的方法之一，是不斷監控你們雙方是否往同一方向努力。你們將需要一起定期回顧治療關係是否互相關聯、有助進步與具有成效。這包括一致性目標進展的監控、詢問你的介入策略中有所助益與徒勞無功的部分，並調整你的關係或策略性思考。當事人需要覺得他在會談中是一位積極、有影響力的夥伴，而治療師也需要調整對當事人的支持或面質程度，來培養這份夥伴關係。另外，治療師還要細心觀察介入的效果，以便能由當事人反應中得知自己是否與當事人同步，或是否超前或落後。

要形成穩固的工作同盟，其強度與速度建立在幾個因素上——當事人的人格型態、他們以往對關係的信任度、他們的自我負責程度、治療師呈現穩定一致的理解與支持的能力。在短期治療中，需要快速地建立工作同盟。在長期治療中，特別是處理虐待或遺棄的議題時，

建立工作同盟可能常常是一個緩慢的過程，事實上，有時這可能成為長期諮商的主要焦點。

為了檢測你們是否已經建立工作同盟，可問以下三個問題：

◆ 當事人是否具備最基本的信任感，認為你大多數時間都試圖給予他有益或建設性的幫助？

◆ 對於你們需要共同努力的部分是否已經明確、達成共識，並議定各自不同的責任？

◆ 你們是否承諾即使在困難或痛苦時候，都能維持彼此關係？

> **建議** 花點時間想想與自己治療有關的這三個問題，何時工作同盟最穩固？何時最脆弱不穩？造成此差異的原因何在？你曾經質疑過治療師的好意或治療師的承諾嗎？現在想想你曾經費心治療過的一個當事人，並問自己這三個同樣的問題。想像你的當事人會怎樣回答？

工作同盟是發展治療關係的必要起點。近幾年，完形治療日益強調治療關係是完形治療中最重要的治療性因素（許多心理治療的結果研究都如此強調，見 Orlinsky et al., 1994）。這表明完形治療從舊有傳統的觀點產生顯著的轉變，傳統完形治療強調個人主義、面質，與強烈地關注自我效能感，這些論點迄今猶存，但卻是一種老套僵化的模式。完形治療被視為具有超凡魅力的專門技術，它透過讓當事人「對空椅大叫」或「做自己的事」，來鼓勵當事人優先重視自己的個人需求，而使當事人更為堅強、獨立。然而，大多數現代的完形治療師將治療關係視為完形治療的核心，當作兩個人生動接觸的焦點，也作為人類間彼此真誠相遇的治療性連結。治療性關係能加強當事人對自己的覺察，從而進一步認識自己在生活中與其他人建立關係的方式。

對話式關係

> 人的心靈都渴望接觸——尤其渴望真摯的對話，我們每個人都暗暗、極度地渴望被「了解」——自己的獨特性、自己的整體性與脆弱能被認可。（Hycner & Jacobs, 1995: 9）

完形理論提出一份特殊形式的治療關係，稱為**對話式關係**（dia-logic relationship），這個概念源自哲學家 Martin Buber（1958/1984）的思想，被描述為：

> 真誠地將他人當作一個人（而不是一個物體或部分物體），真誠地體會／感覺／體驗他人的一種態度，毫無偏見地「聆聽」他人體驗的一種意願；而且，有意願去「聽出」沒有說出的話語，去「看」沒有呈現的情景。（Hycner & Jacobs, 1995: xi，斜體字為原作者強調）

治療師要提供對話式關係，需要全心投入地臨在、理解、認可當事人，與當事人真誠相待。當然，這是非常高的標準，事實上，我們大多數人只能對此望洋興嘆。然而，最重要的是，這是一種**意圖**（intention），這也是完形治療與其他心理治療有所區別之處，別的治療可能認為詮釋、有技巧的介入或行為重塑是治療成功的關鍵因素。許多治療師忽視了治療師本身臨在或參與的價值，忽視與當事人的關係，而這正是完形對話的基本部分。對話式關係包含四個元素：臨在（presence）、肯定（confirmation）、融入（inclusion），以及開放式溝通的意願（willingness for open communication）。

# 臨在

簡言之，臨在意味著諮商師對當事人全心全意地投入。她盡可能處在此時此刻，整個人投入在治療當中，並有意願與當事人真誠相待。這樣做時，可以讓自己被當事人的影響所接觸、感動。這是成為一名完形治療師的重要層面，我們將會一次又一次地重複這一話題。現在，看看你是否能立刻進入臨在狀態，有很多方法可以幫助你，這裡我們提供一種習之已久的完形練習。

建議　請開始在覺察的三個區域（見第三章）之間來回穿梭，將注意力集中在你的呼吸上、坐在椅子上的身體重量，並試著感受你身體的哪些部位緊繃、哪些部位放鬆。不必變換姿勢或移動身體，只要讓你覺察到你所感覺到的。注意你可能有的感受或身體感覺，你感到溫暖還是寒冷？平靜還是不安？快樂還是哀傷……（內界的身體感覺及感受）。

現在轉到你的視、聽、嗅、味、觸等感覺機能，讓你自己輪流體會每一種感覺，並對周圍環境產生強烈印象（外界的周遭環境）。

最後，注意自己正如何評論自己感覺到或體驗到的，例如，「我不喜歡胃部緊張的感覺」或「我很驚訝當我真正環顧房間的時候，竟能看到這麼多東西」，這也像是你正在對過去做出連結，或對未來充滿疑惑（中界的思維與幻想）。

在覺察的三個區域中來回穿梭，觀察自己的能量或注意力主要集中在哪裡，觀察自己在何處感到順暢，何處感到僵化或受阻。現在，你就可以在較好的狀態上選擇臨在此時此刻之中。在

你所處的房間裡選一個物體，看看你是否能「臨在」這個物體中。

　　當然，諮商師必須巧妙地臨在當事人及與當事人的關係之中。為了做到臨在，治療師將其所有的感覺與覺察用來承接當事人，使自己全心投入與當事人的相遇之中。某種程度上，臨在是一種質地，當你放下（或懸擱）所有的關切、努力，而允許自己就在那兒時，臨在就浮現了。這與扮演一個角色，或試圖給人特定的印象恰巧相反。新手治療師會問到「完形治療師應該怎麼做？」，好像完形治療師應該扮演特定行為或角色。就某種程度而言，要更好地達到臨在的狀態，只能為臨在營造出現的空間，任其發展。這也就是說要**真實**（being real），即意味著當你分心時，就不要假裝你有興趣，當你感到煩惱時，就不要假裝自己是支持的。當然，展露「真實自我」（true self）（Yontef, 1993: 222）是相當複雜的。而且，對所有人而言，清楚地釐清我們自己身上哪些是真實的、哪些不是真實的，是終其一生的任務。

> **建議** 自我知識（self-knowledge）在臨在中有著很大的作用，看看你是否能辨識什麼最容易影響你對當事人的臨在？你是否總要考慮應該做什麼？對自己的介入策略加以批評？或試圖使當事人改變他無益的信念！如果你能找到自己的問題所在，那麼，基本上你已經準備就緒了。

肯定

> 當我們體驗到我這個人完全被接納時，我們最深層、最
> 深邃的自我疼惜、自我珍愛與自我認識之觸動會顯露無遺。
> （Zinker, 1975: 60）

對許多人而言，與諮商師或治療師一起，是他們有生以來第一次體驗到被人真正地聆聽、重視與理解，他們的想法、感受與需求第一次被認真地看待，這本身就極具治療作用。我們可以將此形容為被另一個人「完全接納」。一些幸運的兒童由他們的母親、父親或主要照顧者身上得到這種經驗，另一些人則由關愛的祖父母或親戚中得到這種感覺。大多數發展心理學家視這種形式的關係與體驗，是形成自我安全感與復原力的最重要基礎。這並不是說，完美無缺的父母就是無止盡地關懷、支持孩子任何的所作所為。簡單地說，這是一種被無條件接納的感覺，是無論你的行為有多麼糟糕、無論你有多麼麻煩，你仍然被愛而有價值。

 回想過去或現在一個完全接納你的人（或可能是一隻寵物狗，或一隻寵物鼠），他為你的生活帶來什麼不同？若沒有他，將對你的生活造成什麼影響？

肯定並不意味著你贊同或默許當事人告訴你的每一件事，有些時候，你會不同意他的價值觀，或不喜歡你所聽到的一些行為。例如，治療師也許對種族議題、暴力與虐待等議題有自己強烈的看法，有時需要對當事人承認自己的立場，我們在這一章節後面會探討自我揭露。

　　完形治療師試圖接受或把握的，不僅僅是當事人可以理解的部分，也包括當事人疏離、偏離或覺察以外的部分。這包括當事人的潛能──他們可能成為怎樣的人。在這一點上，肯定更多意味著融入，而甚於「接納」。例如，一個只感受到自我批評的當事人經常無法感受到自我讚賞，而諮商師需要確認這兩面的品質。這概念微妙之處難以傳達，但你可能曾有過這樣的經驗，相同的評論，對某一個人似是一種激勵，對另一個人卻像是羞辱、譴責。與許多難能可貴的特質一樣，肯定是可遇而不可求的。有時候，一些當事人難以獲得肯定，尤其當治療師處在反移情時（見第十一章）。然而，如果我們將當事人想像成與我們一樣脆弱的人，在困境中竭盡全力地掙扎，這樣將有益於我們的肯定之情油然而生。

 # 融入

　　融入是指諮商師試圖將當事人的體驗納入自己理解的範圍內。「治療師必須感受到另一面，治療關係中病人的那一面，就像透過身體的觸摸而了解病人如何感受一樣。」（Buber, 1967: 173）

　　融入是同理的延伸或擴展。在同理中，諮商師試著理解當事人的主觀世界，像當事人那樣去看世界，不帶任何判斷與意見。融入還包括諮商師對自己感受、反應與體驗的覺察。她試圖全然擁抱當事人的世界──以化身（embodiment）的姿態，體驗當事人的整個感受與想法。這樣做時，諮商師確認了自己的這些體驗，然後協助當事人也確認他們自身的體驗。她不會完全沉浸在當事人的故事或體驗中而迷失自己，相反地，她總是能覺察自己的存在與臨在，但她選擇與對方調和共融，並允許自己受到影響。融入涉及當事人的所有現象──身體語言、情緒、內容的混合，並且還涵蓋諮商師自己的創造性想像。然

而，因為很多人際溝通交流往往以隱晦方式、超出意識之外地進行著，我們鼓勵你能聆聽你所體驗的想像、感覺或感受，這也許會帶給你有關當事人世界的訊息。

　　融入包括三方面：第一，是當事人方面，這包含普通的同理心；第二，是你自己方面，你將覺察到自己的現象、你的反應與應對，一些會與治療會談有關，有些則與治療會談無關；第三，治療關係方面，這是連結兩者之間的部分，是雙方共同創造的，是兩個參與者之間的微妙舞步，你們彼此互相影響對方，也受對方影響。例如，如果對方沒有付出的話，你也許會感到關係冷淡、疏遠。

---

**建議**　回顧最近的一次治療會談，有位當事人告訴你一個問題，根據腦海中當事人的形象，問自己以下幾個問題：

◆ 他透過語言、身體姿勢、情感、精神狀態等等，告訴你些什麼？

◆ 你認為經由他個人史的啟示，例如，他的童年或自我概念，可否使這問題顯露出特殊含意？

◆ 假如你是這位當事人，那麼想像一下，他對這個問題有怎樣的體驗？

現在回頭問自己：

◆ 如果**你**自己遇到這個問題，你會如何感受與思考？

◆ 你希望立即由治療師那邊獲得何種回應？

現在辨識：

◆ 當你聆聽當事人時，你個人的反應、思想與感受。

◆ 你對共同創造之關係的感受或品質覺得如何。

　　經過前面幾個步驟，怎樣才能將你的了解盡可能傳遞給當事人？

你也許注意到有不同方式進行同理，也許對當事人立即的、明顯呈現的，或體驗的東西產生共鳴。或是，你可以提供另一種同理（有時稱為高層次同理），即你對當事人可能有的體驗之想像與直覺。高層次同理可能來自於你對當事人先前的理解，或由於你感受到他意識之外的部分。例如，一個當事人對於要結束一段重要關係不以為意，而你卻能憑直覺捕捉其未曾覺察的深層感受。

有些體驗是普遍的，我們都知道焦慮的感覺、失落後哀傷的感覺、憤怒與憤慨的感覺。我們將運用這些體驗來同理我們的當事人，雖然我們並不認為，我們的當事人所體驗的正如我們一般，我們努力地探索當事人的世界與感受，向他們顯示我們的理解與想法，真誠地回應他們的體驗。

 ## 溝通中的融入

融入也可以不透過直接表達而傳遞給當事人，藉由態度、姿勢、聲音語調等非語言溝通來呈現融入。融入具有深遠的治療效應，它可以使治療同盟更加穩固，增進信任，並確認當事人的體驗。當然，用語言來溝通你的理解，可以幫助當事人在更深、更有力的層面上，了解自己、接納自己。

最全面的融入包括三個方面（思考或想像、情感及身體過程）。如果你對此運用自如，將會與當事人能量狀態保持協調一致，並自然地表現你的回應。在你試圖與當事人調和一致時，不可避免地會犯些錯誤，這是一個自然而很有幫助的過程。與當事人協調一致的部分好處，在於當事人會感覺到你努力想了解他，並願意承認有時你無法理解他。現在我們來看一些試圖融入的例子。我們援引了 Stern（1985）及 Erskine 等人（1999）的著作，他們將不同模式的融入反應加以區

分。

**認知性融入**（cognitive inclusion）是指與當事人的思想和推理產生共鳴。在回應中，你可以複述在當事人陳述中曾提到的思想與信念：「我可以看出你認為父母與孩子之間不該隱藏著巨大的祕密」，或是「你或許正在想，她從不告訴你哪裡出錯了，這意味著什麼？」其他例子可能像是：「所以，你認為你父親在你還是個孩子的時候，離開了家，都是你的錯，你相信是你的不良行為導致他的離開」，或者你也可以說出自己的想法，例如，「我在想，你也許認為有些事情與你有關。」

**身體性融入**（bodily inclusion）包括關注當事人身體的過程（見第十二章），及你與此相對應的身體過程。例如，你可能體驗到胸部或脖子的緊張感，胃部的不適、疲倦或噁心。你可以用這些線索與當事人反應相調和，有時選擇分享自己感受，例如，「我開始感到顫抖，不知你是否也有同樣感受？」或是「當你告訴我發生的事時，我的身體肌肉緊張起來了。」

**情緒性融入**（emotional inclusion）包括與當事人的情緒或情感產生共鳴，並覺察自己內心因而激起的反應。你可以反映你觀察到的感受、公開表達或影射的言語、面部表情或語調，「我覺察到當我聽你講時，我感到……」、「當你談到父親離家時，你顯得很悲傷」。這些話語有時顯得索然無味，希望諮商師能區分「我看得出你很悲傷」，與告訴當事人自己被這份悲傷之情所**觸動**而深感同悲之差異。這也許只需說「當我聽到你訴說悲傷時，我深深地被打動」，或簡單地只是藉由你的聲調、一個動作、一個眼神、一個手勢，甚至只是一聲輕嘆。加入當事人的情緒或情感中，並呈現出自己相互的回應，這也稱為情感調和（affect attunement），Stern（1985）深入地描述這個概念，他認為情感調和對兒童的健康發展十分重要。

　　當你被當事人的故事深深打動時，表達出你自己的感受，會對一個自認為對別人毫無影響力的當事人，或認為沒有人會關心自己的當事人產生巨大影響。或者，你表達感受恰是當事人不允許自己擁有的，例如，對被虐待的事感到憤怒，這種表達相當重要，它示範了憤怒是對這種事件的正常反應，但運用起來必須慎重。例如，如果你要與當事人同感悲傷，你需要確認自己不會表現得太過火，以至於**超過**當事人的悲傷程度，不然，這會影響他的體驗，使你成為焦點，而讓他可能覺得要對「你的不安」負責。

　　當你試圖融入你的當事人時，你不可避免地會與他難以保持一致，此時你要及時修正，並接受回饋。因此，重要的是，委婉地提供你的介入策略（我想知道……、我在想……、你看起來……），並與當事人一起檢核這些介入的有效性，如果你錯過了什麼，當事人能毫無顧忌地告訴你。融入與臨在非常難以維持，你必須有堅實的自我支持感、專注與彈性，好能在自己的內心世界與當事人的內心世界之間穿梭移動。如果你僅能維持很短時間也不該氣餒，渴望並努力去維持的心才是重要的。

#  開放式溝通的意願

　　開放式溝通是對話式關係中的第四條原則。當事人能毫無保留地與你溝通他所有的體驗是重要的，你願意以誠實的心神開放地將自己的反應與當事人溝通，同樣也很重要。我們已經描述融入的一個重要部分是，向當事人傳遞同理了解，使他的體驗得以被確認。但是你的其他反應又如何呢？你也將它們告訴當事人嗎？還是深埋心中呢？這是一個難以一語帶過的問題。為了這個理由，我們避免將對話定義為「真誠而毫無保留地溝通」，而寧願定義為「開放式溝通的意願」。

我們的指導原則是真誠地與當事人分享或溝通對其有幫助或有益的事情，而有時分享對治療者有幫助或有益的事物，端視治療關係的發展而定。

　　每當有**任何**想法就脫口而出的行為，顯然不具治療性。毫無疑問地，這會分散當事人的注意力，堵住當事人的嘴，或打斷當事人自我發現的過程。一些反應或感受也許來自諮商師自己的生活經歷，或未解決的議題，卻被強加在當事人身上。有著羞愧或自戀議題的當事人，很容易被為時過早的自我揭露所傷害；最糟糕的是，當一個人痛苦，而另一個人扮演助人的角色時，就自然處於力量不均衡的狀態，這也許使當事人的觀點動搖，轉而同意諮商師所認為而實際上在自己身上並不存在的反應。他們也許會決定不再提某些事情，因為這些事情似乎會讓諮商師「不安」。此話題十分複雜，另一方面，開放式溝通提供以下優點：

- ◆ 誠實是真誠關係中的重要部分。
- ◆ 諮商師的感覺（如悲傷或憤怒）也許會幫助當事人辨識或支持他們自己先前偏離或否認的感覺。
- ◆ 這也許表示有其他人也能理解他們的體驗。
- ◆ 可以確認出個人失去健康正常反應的情況，例如，當事人缺乏對受虐應有的憤怒，即可以確認他缺乏健康正常的反應。
- ◆ 諮商師開放地溝通自己的體驗，並非僅是真實相會的部分，更多的是使關係平等化，並避免一些不必要的力量失衡。
- ◆ 由諮商師慎重地提供一種嶄新的視野，也許會轉化當事人對某種情況的看法。

　　我們認為，對治療師而言，最重要的原則是能給出一個很好的理由（如果以後被要求思考的話），如什麼促使她選擇要告訴當事人自己的體驗，此技巧在於揭露什麼、何時揭露、如何揭露，與揭露多少。

#  臨床案例

運用你的反應，當作你們雙方的訊息，可以幫助當事人揭露那些受壓抑或否認的情感。

## 實例

當湯姆說他很樂意更改治療時間以配合治療師的需要，治療師對此有點訝異，因為她知道治療的結構與可預測性對湯姆來說是多麼重要。治療師表達了她的驚訝，而得到湯姆同意，更深入地探索這個問題之後，他明白自己的確對治療師提出的改變有點焦慮，而對治療師有點不滿。

有時作為治療師，你會發現自己感覺到防衛、惱怒或無能為力，並懷疑這是因為你被當事人舊有的連結模式所牽動。在這種狀況下，用一種溫和的方式將自己的感受回饋給當事人，會有助於治療，這種方法也許可以在此時此刻被充分運用，使當事人理解在他的世界裡至少對一個人有影響力。「似乎我說的每一件事都是錯誤的，我覺得在你面前從來沒有對過」，這可以用來強化當事人對以往發生事物之覺察，而且也許會使當事人了解自己的過去，「過去曾經有人對你說過這些嗎？」我們將在第十一章深入探討這一點。

偶爾，你發自內心的真誠，迫使你讓你的當事人知道你並不贊同，甚至反對他的觀點，在這種情形下，你必須努力向當事人傳達你對他並沒有批判，而僅僅是傳達個人不同的行為與價值觀。通常，這有助於當事人確認你只是在表達個人的反應，而不是在宣揚一項「真

理」。例如，注意下面成對的敘述中，對當事人造成的不同影響：

◆ a. 取笑其他種族是不對的。

　 b. 聽到你開其他種族的玩笑我很難接受。

◆ a. 你不該酗酒終生。

　 b. 聽說你想要酗酒終生，我覺得很心痛。

　　有時，當事人的議題恰與你的生活事件吻合，這個時候，與當事人分享你個人的親身經歷也許會有幫助，這可以幫助當事人感到自己的體驗並非那麼奇特，對那些總認為自己體驗有些變態的人或「我有些怪怪」的人而言非常重要。分享體驗的感覺具有很大的支持作用。對當事人說出你自己的故事，有時也是一種表現你理解的方式，或建議一種應對的方式。當事人經常會發現，當他們聽到自己所尊敬的治療師在學校也被欺負，青少年時代也感受到被拒絕，有時自覺無能與無助等等，但最後仍會繼續活下去，這些當事人會打消疑慮，充滿希望。然而，需要注意的是，諸如此類的自我揭露應該維持在最低限度。對一個害怕自己沒有歸屬或無法被理解的人而言，鼓勵他更覺察自己的疏離感，並向能同理的治療師傾訴，可能會更有幫助。在當事人被問到當治療師談到自己的經歷，有怎樣的體驗時，他們往往描述的是常感到被排拒在外。

　　雖然表 4-1 這份指南非常詳細，但你只需要幾秒就可以在心裡瀏覽一遍，而不必打斷你與當事人的談話。一般而言，我們認為最重要的是，你願意與當事人開放式溝通的**意願與態度**，你選擇溝通與否與個體的狀況有關。

　　當當事人詢問治療師個人的生活或經歷時，此時自我揭露的議題尤其要與治療有關。治療師此時須考慮自我想要揭露的內容與理由，你的部分答案與你從事完形治療的個人風格有關。無論你做什麼決定，通常很重要的是切記，當事人提問的時間點總是與治療中發生的

### ◆ 表 4-1　自我揭露的指導原則

◆ 在治療中，自我揭露與治療任務相關嗎？它能表現出理解、增進自我支持、加深治療過程、使圖像清晰而不干擾當事人正在顯露的投射嗎？

◆ 即使自我揭露沒有幫助，但不進行自我揭露會減少你與當事人同在的能力嗎？我們發現暫時轉移注意力，可使我們輕鬆，從而允許自己更投入治療。

◆ 如果治療師的一種感覺、思想或意象持續一段時間，尤其在多次治療中持續出現（而且總是與當事人在一起時出現），你也許就可以假設這可能與當事人提供的某些資料有關，因而適合與當事人分享。然而……

◆ 考慮一下當事人提及的一個議題或話題，是否激起你強烈的反應或看法；如果是的話，對這種反應須持保留態度，並在事後加以反思或接受督導，直到你確信自己能做到不偏不倚。

◆ 檢查一下你希望的自我揭露是否是一種反移情的表現，這種反移情現象也許需要更加好好地了解，並暫時將它加以懸擱。

◆ 當你決定向當事人溝通自己的體驗時，須確認你的介入僅是簡單地包括你的感覺、思想與想像，而不涉及詮釋與評斷。你可以用此時此刻的口吻來進行介入，「我注意到，當我聽你說的時候，我感到悲傷／憤怒／高興」、「當我聽到你被虐待的情形時，我心中感到很不安」；這些要比「這真是一件很糟糕的事」或「他不應該如此對待你」更具有影響力。

◆ 記住，沉默不管是積極方面或消極方面，都是一種有力的溝通。

◆ 在你與當事人分享自己的反應之後，注意當事人的反應，你要注意觀察當事人是否感興趣、是否有參與、是否有回應，並需要有所準備，協助當事人表達他對你的話所生的感受。

---

狀況有關。即使你回答了一個特殊問題，探索當事人提出的問題與你的回答兩者的意涵是有所助益的。當事人問到你是否曾經歷過與他類似的情況時，也許他在表達怕被誤解的擔心，而且，他可能因你的答

案──肯定或否定──而受到激勵或感到洩氣。一般情況下，除非你認為必要，否則不要揭露你的生活**細節**，通常最好這樣說：「這是一個有趣的問題，我需要一點時間想一想」，或者「我想以後再回答這個問題」。

 在對話式關係中工作

當一個治療師做到上述的四種特質：接納、臨在、融入與開放式溝通，她可以說是以一種我與汝（I-Thou）或對話式態度對待當事人。你努力將當事人當作一個獨立個體，不加以分析或企圖操控，而是開放地對待他，並提供協助。當你試著保持這種態度，你不免會發現這很難堅持。大多數人很少能完全臨在，或難以在長時間內一直進行融入。

如果當事人（或任何人）也準備從我與汝的角度中得到回應，在某種程度上，這是人際交往的最高境界，Martin Buber 認為，這是人際對話的終點與最高成就。兩個人能全然臨在於彼此之中，這被稱為「我─汝時刻」（I-Thou Moment，這與「充滿活力的完全接觸」時刻相同）。也許你很幸運地在治療中（或在生活中）有這些特殊的時刻，通常很短暫，與他人形成深刻的連結，無須語言、穿越時空、似乎已超越普通關係的限制。最簡單地說，這是一種忘我的體驗，是充分投入這豐富與充滿活力的片刻，並感到滿足。而最複雜的是，可以將此描繪成「與上帝的對話」（Zinker, 1977: 3）。

作為一名治療師，你還有責任去評估、計畫及思考治療的進程，當你從這個角度展開治療時，這被稱為與當事人保持我─它（I-It）的關係，我─它的關係是一種源自於以往生活經驗的關係，我們看待人與事是根據我們對他們及世界的認識。我們生命中許多時間的運

用，是根據我們如何利用環境、管理環境，而與我們的環境做出連結。有效率的我—它連結包括能預測一個人如何行動、我們如何影響他們，與他們可能如何回應我們。當然，這個連結是一種重要活動，包括協調一份契約、做出評估、安排時間，處理臨床問題，像是突然提出延長治療時間，或協商何時結束治療。

在某種意義上，提供對話式的態度是一個循序漸進的實驗，治療師需要持續地監測，為給當事人提供最好的服務，而有能力地調整自己臨在與真誠溝通的程度。這對那些心理混亂或內在自我脆弱的當事人尤其重要。這裡，負責的我—它態度對維持結構與必要的包容性環境是非常重要的。

一個運用對話式關係的完形治療師，只要情況允許，會在我—汝、我—它這兩種關係中不停地變換。Lynne Jacobs（1989）將完形治療中的對話式關係描繪成在我—汝與我—它兩種模式中不斷地互相作用，或在兩者之間不斷來回變動。當你回顧治療過程中產生治療進步與膠著的時刻，我—它關係在治療初期階段存在的跡象可能更多。接受這一個現狀，你再努力地將我—它關係減至最低限度，將它看作臨時的權宜之計，而盡可能地轉而採取我—汝的態度。

我們不太可能建議治療師為了練習的目的，而去執行我—汝的關係。根據定義，我—汝的關係來自對於出現在你面前的人予以真誠尊重的態度。我們建議你與同事或與當事人在一起的時候，都能真實地實踐這項態度，最重要的是——在這方面不要苛求十全十美，完美主義只會干擾你與他人真實的接觸。有時你會發現你的臨在能力變差，有時你會發現難以真正進入另一個人的體驗之中，有時你會覺察到自己不願表達自己的感受，或是不能——也許因為缺乏信心，覺得難以正確捕捉這種感覺。我們都曾經歷這些。只是簡單地停留在願意真誠面對當事人的意願之中，並信任你們之間所營造的將會是一片利於成

長的沃土。此外，當你體驗到困難時，仍要持續尋求支持。

## 現象學方法與對話

　　現象學方法與對話式關係是否能共存，有時令人心生疑惑，後者倡導全心全意地投入治療，而前者則重視小心地運用技術。尤其在涉及懸擱的現象學方法時，兩者的矛盾更為彰顯。我們認為，兩者的原始形式的確不相容，然而，在治療實務中，現象學方法與對話式關係都擁有非常特別的形式。心理治療中，現象學方法不僅是單純地尋找意義而已，而是研究當事人在與治療師互動關係中的現象學；對話式關係中的治療師需要接受治療情景本身即是一種需要利用懸擱的形式，治療師個人的關注與此並無關聯或僅有些微相關而已。Hycner說：「對話式方法包括治療師轉向當事人，並願意將自身（至少在瞬間片刻中）全心融入在對話式的服務之中。」（1991: 6）在他們的「治療形式」中，現象學方法與對話式關係是互補的，一個確保停留在此時此刻的行為準則，而另一個則提供調和人類接觸的療癒力量。

## 總結

　　本章描述治療關係如何逐步形成，包括建立一個安全環境、對治療任務達成共識、在治療師與當事人之間發展信任關係，然後完形治療師移向對話式關係——她在這份關係中提供臨在、肯定、融入與開放式溝通的意願。當然，可能並未按此順序，例如，對話式關係也許被用來建立信任，或在你確定治療方向前就需要建立。然而，對當事人來說，完形治療最重要的層面是自己感到被了解與接納，不被批判，治療師認真地對待他。在這一點上，現象學方法與對話式關係是

所有完形諮商的基本原則，但誠如 Polster 所說：

> 雖然對治療師而言，真誠是最基本要求，但要真正做到
> 這一點並不容易，患者以自我挫敗的方式做出各種舉動，而
> 治療師需要對這些妨礙接觸的特定模式特別注意。（1995:
> 80）。

這一觀點使我們有必要引入隨後的兩章：評估與治療計畫。

 **推薦書目**

Beaumont, H. (1993) 'Martin Buber's I–Thou and fragile self organisation', *The British Gestalt Journal*, 2 (2): 85–95.

Erskine, R.G., Moursund, J. and Trautmann, R. (1999) *Beyond Empathy*. New York: Brunner Mazel.

Friedman, M. (1990) 'Dialogue, philosophical anthropology and Gestalt therapy', *Gestalt Journal*, 13 (1): 7–40.

Gillie, M. (1999) 'Daniel Stern and Gestalt', *British Gestalt Journal*, 8 (2): 107–118.

Hycner, R.A. and Jacobs, L. (1995) *The Healing Relationship in Gestalt Therapy*. Highland, NY: Gestalt Journal Press.

Kahn, M. (1991) *Between Therapist and Client: The New Relationship*. New York: W.H. Freeman and Company.

Mackewn, J. (1997) *Developing Gestalt Counselling*. (**see Chapter 8**) London: Sage.

Sills, C., Fish, S. and Lapworth, P. (1995) *Gestalt Counselling*. (**see Chapter 10**) Oxon: Winslow Press.

Yontef, G. (1993) *Awareness, Dialogue and Process: Essays on Gestalt Therapy*. (**see Chapter 7**) Highland, NY: Gestalt Journal Press.

Zahm, S. (1998) 'Therapist self disclosure', *The Gestalt Journal*, 23 (2): 21–52.

# 第 5 章

# 評估與診斷

　　評估（assessment）的概念使許多完形治療師處於兩難之境，若治療師採取一種客觀或「專家」立場去評估或診斷當事人，會顯得違背完形治療的許多基本原則。第一，這看似暗示了一種結構——人在某種程度上是固定、靜止的，而且可以間接地被診斷；第二，評估與診斷經常使當事人失去個性，或其獨特性被淡化，並暗暗地支持治療師知識高人一等的權威性；第三，如果你認為覺察、對話與充分接觸本身就有療癒之效的話，評估似乎就沒有必要了。然而，我們又發現評估與診斷具有下述的優勢，從中可以呈現出我—它連結的重要與必要性。

 ## 評估是連結的一部分

　　我們無法不評估。正如我們在第二章所描述的，人類是會賦予意義的生物，我們感知世界的方法可說是一種不斷進行評估與診斷的形式。我們總是在觀察、面對這世界，並隨時努力進行了解。例如，我們對人們辨識、反應與形成對事物的印象。我們與人初次相遇時，不可能不形成一些觀點、印象，有些喜歡，有些不喜歡。通常這些過程

很難進入意識而被覺察，然而它卻是一種持續的關係評估之一部分，如果沒有這些過程，你就不可能遇到老朋友時，會說「我認得你、我喜歡你、我想要跟你在一起」。

同樣的過程發生在諮商室，從與當事人見面的那一刻起，諮商師就有意無意地注意當事人的種種細節與印象、當事人的年齡、走路姿勢、臉部表情、衣著、情緒基調，以及人際關係的風格。促使這些反應的浮現是蒐集重要訊息的開始，並且也是諮商師自然評估不可或缺的一部分。

> **建議** 回憶最近一次你對一位當事人所做的初次評估（或一種社交關係的初次會面）。你的第一印象為何？在你更加了解這個人以前，你有何想法、判斷與感受？你也許會這樣描述：「我有一種直覺……」、「不知何故，我以為自己可以信任他／不信任他……」、「我只是對他有種感覺……」，卻沒有明顯的依據，最後，這種印象有多少被證實是正確的呢？
>
> 令人驚訝的是，第一印象有多麼精確啊（而有時又多麼不精確）！

當然，對這種「意識之外的診斷」事實的接受，在完形治療的許多領域引起爭議或矛盾。一方面，我們努力推崇與尊重每一名當事人在特定環境、關係中的獨特性；另一方面，我們不由自主地形成印象、做出主觀判斷。根據我們的經驗，許多臨床的現象與行為確實可歸屬於某些已可辨認的模式，而具有可預測的行為結果與治療意義。為了有效地幫助當事人，我們需要開放地辨識當事人的重複性模式、固著的完形，及接觸的慣性風格，從而了解他們與外界接觸的模式，而這種接觸模式正是形成他們目前困難的起源。

　　例如，依賴性的當事人傾向於拖延治療結束的時間，而忽視自己成長與改變的需要；憂鬱的當事人處於高自殺危機中；而遭受性侵害之當事人通常對自己身體界限非常敏感與脆弱。諸如此類，如果諮商師能靈活地加以借鏡，有時可以使治療工作更為有效與安全。

建議　花點時間看看，在你的生活中，是否有一些固定或重複的行為模式，例如，你會將自己描繪成害羞還是開朗？你是「思考型」還是「感受型」？你容易與人建立關係，還是有些困難？你有自我評斷或自我設限的想法嗎？用一簡短句子作答——「我是……」，注意給自己貼標籤時的感受，你發現這個對自己的描述有失尊嚴，還是僅僅只是一種描述？你不喜歡哪些對自己的描述？為什麼？

## 初次評估對合格的專業性反應至關重要

　　在一個「理想」的治療情境中，當事人應該了解並能掌握完形治療的原則。他無所顧忌地投入諮商，唯一渴望是了解自己，發揮潛能，並尋找自己創造性發揮的方向。在這種情況下，一個初次診斷並不是非常重要，治療師在治療時可以自如地運用每一片刻、每一次會談，她可以一次又一次地與當事人回顧既往的治療片段，以確保當事人能得其所願。除此之外，他們的時間應是一段真誠探索的旅程。

　　然而，很少當事人以這種開放的態度來尋求治療。通常，當事人帶著某些心理痛苦而來，對他們而言，生活難以應付，不僅因為憂鬱、焦慮，或其他一些內在的混亂而苦，而且日常生活功能也存在問題——他們的人際關係困難、工作出現問題，或生活其他方面也陷入

困境。他們帶著合理的期盼而來，希望以諮商師的專業能力在最短時間協助他們解決問題。在實際工作中，若諮商師與當事人沒有強調下列方向，我們認為治療可能不夠專業：

◆ 確認目前的議題及當事人所要的改變目標。

◆ 了解問題的意義與含意。

◆ 盡可能決定我們是否合適、並有能力協助當事人解決這問題。

◆ 對諮商可以達成的結果取得共識。

◆ 有一些用以評估諮商效能的方法。

當然，在當事人發生改變或往前邁進時，這個過程將與時俱進、不斷更新。

 ## 彈性而協同之診斷有益於治療同盟的建立

如果我們能使診斷具**描述性、現象學與彈性**等特徵，而不是僅僅簡單地定義與套用名稱，那麼，診斷則顯得極其重要。完形診斷試著尋找當事人特有的模式、主題與重複性。它主要是過程性診斷，也就是有關當事人**怎樣**在此時此刻行動的模式，因此是一種活動或完形形式的描述。例如，諮商師描述一個「自戀過程」，而非直接標定當事人為自戀之人或自戀型人格疾患；諮商師會說當事人在「迴射」（retroflecting），而非直接標定當事人屬於迴射型的人。

完形診斷是指當事人生活中一種固著完形（或幾個固著的完形）的動力性描述──已經靜止僵化的過程。這種固著的完形是人們對過往生活情境做出的創造性調適模式，這種模式漸漸成為慣性，而對目前情形已不再適宜。治療就是要鬆開固著的完形，協助當事人由過去靜止僵化的模式，轉移到目前靈活而具有反應的接觸互動中。一個完全健康的人生活的每時每刻都具有創造性，因而不適合任何完形的診斷。

　　我們建議盡可能與當事人協同做出診斷。這當然應該發生在評估性會談結束時，有時也會發生在當你對發生的情形有強烈假設的時候。例如，你也許會告訴當事人：你認為他目前的痛苦也許與未處理的喪親之痛有關，或他身體的緊張也許與他壓抑憤怒有關。這需要諮商師將完形專業術語轉換成當事人可以意會的語言。例如，「你有很多抑制的情感」（迴射）、「你深深地相信，哭是不對的」（內攝或核心信念）、「你似乎未曾從父親逝世的陰影中走出」（未竟事務）。接著，他會同意、不同意，或澄清解釋，然後偕同做出一個更準確的診斷。之後，他會積極主動去了解自己的問題，使他想要更加努力地投入諮商過程。

# 與其他專業人士的聯繫

　　我們認為，如果完形治療想在更廣闊的治療領域中博得尊敬與認可，完形諮商師需要以診斷性術語來描述他的當事人，這樣就可以與其他心理治療取向互相交流。如果你需要將當事人轉介給另一位治療師、開業醫師或心理學家，或他們需要將當事人轉介給你，此時診斷就顯得相當重要了。

建議　　挑選出一位你已經會談過幾次的當事人，為了使他的問題能得到專家的治療，你決定將其轉介（你和當事人都認為這是一個好主意）。想像他的開業醫師要求你寫一份轉介報告。不用完形專業術語，你怎樣描述他的問題、對他的診斷，以及你的工作焦點？

　　你會發現，如果你已熟練掌握《精神疾病診斷與統計手冊》

（DSM-IV）或《國際疾病分類第十版》（ICD 10）正式的診斷方法，這份轉介報告對你而言輕而易舉。同時，還有利於你從其他專業中獲得相關文獻與資料。例如，憂鬱症的不同類型、復癒的可能結果、自殺風險、復發率、相關狀況等等。迄今為止，將其他診斷系統轉化為完形診斷之努力已頗具成果（Tobin 在 1982 年及 Delisle 在 1999 年令人印象深刻地驗證了以完形角度解讀 DSM-IV 人格疾患的有效性）。

# 完形治療的評估與診斷方法

　　許多完形理論的概念就是評估的架構，例如，覺察區域（zones of awareness）、接觸調整模式（modifications to contact）、自我支持程度、神經症的五個層面（Perls, 1969）、接觸風格與關係模式等等。重要的是，你要發展出一種與你自己特定的治療風格與取向相適配的評估模式。

　　完形診斷的藝術在於描繪出你所看到與體驗到的，解讀其間的意義，理解這些部分如何形成當事人目前的困境。你仔細觀察當事人的功能運作情形、他對自己（對世界）的信念是什麼？以及哪些過程缺乏了、哪些過程簡化了、哪些過程是適當的或被誇大了。當你對診斷通盤考慮時，就會發現一些圖像正鮮明或有意義地浮現出來，這些圖像可能與當事人目前的問題有相關，也可能毫無關聯。因此，當時機成熟時，諮商師必須與當事人分享診斷結果，然後當事人會告訴你，你發現的特定跡象對他而言是否重要，或是否相關。

　　我們設計了一個評估模式，用以確定可能聚焦的三個領域：

◆ 過程中的當事人。

◆ 關係中的當事人。

◆ 場地條件（field condition）。

每一個領域都包含著（有很多）激發你思考的問題。

 過程中的當事人

## 自我與環境支持

（完整的解釋見第七章）

◆ 當事人看起來是否穩妥地坐在椅子上？他的呼吸是否放鬆、均勻？他顯得自信、肯定，還是緊張、不自然？或因呼吸不順而顯得拘謹？還是在你面前總是侷促不安？

◆ 他如何對你做出反應？他聆聽，並適當地反應嗎？還是他看起來心不在焉，對你提及的每件事都有意見？或者是毫不猶豫地深表贊同，急於想討你歡心？

◆ 他與周圍環境的關係如何？他有親密的朋友、緊密的家庭連結嗎？他能感受到這些人的支持嗎？還是感到疏離、孤單？

◆ 他如何應對壓力？他用酒精、藥物麻痺自己嗎？還是用更健康的放鬆方式，例如，運動、體育活動、瑜伽或冥想來放鬆自己。

◆ 當他描述自己的生活時，你覺得當事人是具有足夠自我支持或環境支持的人嗎？還是他似乎處在一種孤立無援狀態之中，迫切地需要一些他並不曾擁有的資源來協助呢？他的觀點是「悲觀的」還是「樂觀的」？

## 可觀察到的接觸功能

接觸功能是當事人接觸環境的方式。

◆ **動作**：例如，當事人的一舉一動——僵硬的還是放鬆的？他有很多動作？或保持靜止不動？

◆ **聲音**：響亮或清柔？冷漠或專注？流暢或躊躇？情緒激動或單調乏味？當事人使用哪一種語言？是就事論事，還是富有詩意？包含一些想像嗎？怎樣的想像？言談中時有停頓嗎？何時停頓呢？這個人能貼近自己的經驗說話嗎？例如，「我撞車了」，而不是說「車子撞上來了」。

◆ **注視**：他有目光接觸嗎？他時常凝視或眼神飄忽不定嗎？何時會將視線轉開？轉到何處？

◆ **聆聽**：當事人能輕易理解你的話嗎？他聽得很正確或經常聽錯、有誤解嗎？

◆ **外表**：你注意到當事人的衣著、髮型、膚色與相貌特徵嗎？

下列是過程診斷的四個層面，簡明羅列於下，本書的其他章節對此有詳細說明。

## 體驗循環

（見第三章）

## 接觸調整

（見第九章）

## 未竟事務或固著完形

（見第十章）

## 極性（polarity）

（見第十章）

## 核心信念

　　當事人對自己、他人及世界所持的核心信念是什麼？他的其他一貫立場是什麼？核心信念對當事人「自我感」的形成至關重要，它們往往在當事人童年時期，對反覆出現的關係、經驗做出反應的過程中逐漸形成，並持續到成年期。核心信念有時並不能被當事人所覺察，核心信念的實例有：我不可愛、他人是不可信的、世界是充滿危險的地方（相對地，較健康的人有較多正向信念）。然而，這些核心信念也可能是由當事人自由選擇（例如，一種宗教信仰或一種道德觀）。核心信念經常成為當事人創造性調適與接觸調整背後的基礎與依據。

 # 關係中的當事人

　　當然，當事人與周遭環境的關係也總是處在變化莫測之中。當事人與諮商師的關係不僅僅是當事人治癒與成長的媒介，而且還可以成為當事人深入探索自己如何建構習慣性關係模式之所在。當事人可以觀察到自己建立關係的習慣性模式——他的焦慮與迴避、他的信念、他的彈性與接觸風格。他也可以觀察到自己在不同條件與其他各種可能性的治療關係中，自己的表現是多麼不同，這些機會將大大提高當事人對自身的覺察。

## 你與當事人是如何進行接觸的？

- ◆ 你如何描述當事人與你的互動方式？
- ◆ 你會用什麼隱喻來形容當事人（例如，像一列特快車）？
- ◆ 當事人何時、如何與你中斷關係的接觸？
- ◆ 你覺得當事人是如何看你的？

◆ 當你回應當事人時，你有何感受與想像？

◆ 當事人使你想到誰？

當事人可能很投入、與你有良好接觸，或他可能對你的話心不在焉，或經常打斷你的話。隨著他描述的議題或關係的變化，他與你互動的方式可能隨之突然改變。所有這些都提供給你有關當事人關係模式的重大訊息，你會對這種具有意義或有問題的特定關係模式形成一種印象。在你對當事人形成一些評估之後，重要的是，溫和地與當事人一起探索這是否是他生活中的慣常關係模式，或**這種模式對他而言是否是個問題**？因此，諮商師進行了一項調查，當事人是否覺察到自己正在做什麼？或覺察到自己如何存在此刻？如果是，他總是這樣嗎？如果只是偶然，那麼在什麼情況下出現？只發生在與你一起的時候嗎？他認為這是個問題嗎？這是另一種將當事人納入他自己的自我評估過程中的方法。這並非由外界強加在當事人身上的標籤，而是由當事人協助，與諮商師一起創造出對特定情境中個人圖像的描繪。

## ❧ 實例 ❧

諮商師在與貝佛麗初次會談時，自己越來越感到愉快。看起來自己對貝佛麗的觀察都「準確極了」——貝佛麗似乎認為諮商師的每一項建議都饒富啟發性。不久之後，他決定檢核這個假設，他以友善且幽默的方式說：「你帶給我一個印象，讓我覺得自己所說的每一句話都正確極了，這對我來說當然非常好，但是我想知道，你是否只是在向我表示友善而已。對別人所說的話，你是否總是給予支持與贊同？」不出意料地，貝佛麗回答說：「是的，我的確是這樣的，你真聰明。」這時雙方停頓了一下，他們兩人都意識到她老毛病

又犯了，接著，他們倆都大笑起來。她用相當少見的聲調說：「也不盡然，我知道自己做了什麼，而我知道這可能是問題的一部分。」諮商師的介入有幾個目的，能夠檢驗他的觀察與假設的有效性、調查貝佛麗自我反省的能力、測試她是否能忍受溫和的面質，並探索她對幽默的反應。

你與某位特定當事人的關係，會與其他人的關係有所不同。你創造自己的方式以及兩人間的場地條件，對彼此都是獨特的，你在諮商室施展的「舞步」，將包含與評估相關的訊息。你對當事人**所有**的反應都是重要的，這也許是你的反移情（見第十一章），或是基於你本身自然的好惡，也或許它們是她在生活中對其他人影響的指標。

Hawkins（1991: 103）建議用下列問題協助你確認你與當事人之間的動力關係。假設你與當事人單獨被困在一座孤島上，將會發生什麼？將這個作為一種自我督導的練習。

## 場地條件

◆ 此刻，當事人對生活的總體印象為何？過去一年裡有什麼壓力事件發生嗎？前幾年呢？

◆ 當事人處在哪一個生命階段（單身、家庭經濟負擔者、中年、退休）？

◆ 當事人如何看待或理解他目前的問題及生活情況？他是否認為「全是自己的錯」，或全部歸咎於環境或運氣不佳？

## 文化因素

　　諮商師在諮商中覺察到種族與文化的重要性，對整個諮商過程而言，當然都是重要的，但比不上在評估階段的重要性。諮商師與當事人在各自的結構中，都帶有大量潛藏的價值觀與假設——大多數是在意識之外，其範圍由不同情境中合適的行為舉止，到對個人健康過程的界定等等。這點對來自不同種族的諮商師與當事人尤為明顯，本書的作者之一在接受她所帶領團體中的一名日本成員回饋時，曾感到相當震撼。有一天，這位日本成員提到，他好幾個星期以來一直認為團體領導者很不稱職，因為「當人們哭泣時，你似乎很能接受」，在他的文化中，哭泣被認為是應該要避免的嚴重失控行為，他說哭泣是精神即將崩潰的徵兆。對這位團體領導者而言，這是一個有效的面質，它強調了檢核與澄清假設及規範的重要性。奇怪的是，在英國，偶爾也會有這樣的誤解。表達強烈情感的團體往往被社會邊緣化，這是常見的。不幸的是，大量的非洲、非洲—加勒比海的人被收容在倫敦精神療養院中，因為警察與精神科醫師無法理解在某些文化中，大喊大叫、情緒爆發並非精神疾病的徵兆，而更多的是在有種族歧視的社會中感受到迫害的一種控訴。諮商師如果有可能涉及跨文化或跨種族的諮商，那麼，她就應該盡可能了解自己在社會規範中能接受多大程度的歧異。然而，她還必須記得可能會有無以計數、令人費解的假設迎面而來——尤其在面對不同文化的當事人時。諮商師必須準備妥當，以現象學方法敏感地探索，並且必須經過深思熟慮後再下定論或貼標籤。

　　在理解任何關係上，這些文化上的考慮都是正確的。即使當事人與諮商師表面上來自相同的文化團體，仍會存在很多不同的假設與信念。他們都會受到各自生活中多重文化背景（家庭、他們的學校、朋

友、社團、遊歷、工作性質）的影響，以及少數文化的影響。例如，英格蘭東北部與南部文化的對立。而且，跨文化因素還牽涉到另一層面，就是治療關係。不管諮商師顯得多麼尊重，治療關係中依然存在雙方力量的不平衡。當兩人之中，有一個人因為無法順利應付生活而深感痛苦，前來尋求另一個人的幫助時，這樣的關係怎麼會平衡呢？她把自己放在一個脆弱的位置上，向另一個人表露自己最深層的焦慮與恐懼，而另一個人在這樣的處境中，並不分享自身類似的脆弱。當這兩個人是不同性別、不同年齡時，想像一下額外加諸於其上的動力情形。當你看到前面的案例，我們將當事人貝佛麗描繪成女性時，觀察一下，你有怎樣的感受？

當文化差異變成種族或性別取向的差異時，治療關係還會有很多額外的含意，這比表面的相似性更為重要。如果諮商師來自社會的主流文化，而當事人來自少數民族──暫且不考慮少數民族在歷史上曾被主流文化視為劣等民族，請想像一下關係的意義。

**◀ 表 5-1　檢核表**

在下列領域中，你與當事人有哪些顯著的差異？

| 文化 | 種族 | 國籍 | 年齡 | 體能 |
|------|------|------|------|------|
| 階級 | 性別 | 性取向 | 權力 | 人格類型 |

　　這對當事人、你以及你們的關係可能意味著什麼？你能預見到哪些困難？你將如何處理這些困難？

## 歷史場地

當事人目前的議題通常是源自早年形成的創造性調適模式，這種模式目前卻變成固著的完形。固著的完形大多數超越當事人意識之

外，只能透過對當事人早年的場地條件與反應來加以了解。有些部分在治療過程中會自然浮現，但另一些則否。為了全然了解當事人，諮商師不僅需要調查目前的場地條件，也需要探究當事人的歷史場地（historical field），了解當事人的過去經驗對此時此刻情境而言是次要的，但也有許多益處。

## 實例

　　蕾瑞思因人際關係困難而前來諮商，諮商師以關注「此時此刻」方式，治療了幾個禮拜，有一些成功跡象，但令諮商師不解的是，如果蕾瑞思對這方面的支持有明顯需要的話，何以關係似乎一直不能再深入？只有當諮商師主動探究她過往歷史時，接下來的訊息才浮現出來。蕾瑞思在孩提時候被父母拋棄，曾幾次被領養，她對支持性或穩定一致的關係並沒有任何經驗或期盼。她不曾想過要向諮商師提及此事，之後，她才逐漸明白這對她目前的情況意義重大。

　　下面是一些你可能要詢問的問題清單，這些問題涉及的範圍很廣（記住你在第一章初次會談表上已記錄一些過去歷史）。當然，我們不會建議你立刻詢問當事人所有問題，我們建議你將這些問題保留在你覺察的背景之中，以便你在關係逐漸開展的過程中蒐集訊息：

- ◆ 對於你的家庭生活，你有什麼感覺？
- ◆ 你在家庭裡扮演什麼角色？
- ◆ 你與他人的關係像什麼？小時候，你與他人關係又是如何？
- ◆ 在你家裡，有其他人也遭遇類似困難嗎？
- ◆ 對於你的社區生活，你有什麼感覺？

◆ 當你第一次碰到這個難題時，周遭發生了什麼事？

 **建議**　請當事人拿一張大紙，要他在紙上畫一條橫跨中點的直線（一條「生命線」），請他在這條線上寫下重要的生活事件，例如，第一次上學的經驗、第一任女友／男友、第一份工作，與其他重要的生活事件。這也許要花點時間，當他想起的事情越來越多時，這條生命線可能要重新描繪。然後，他退後幾步，綜覽所有事件，觀察是否有任何模式開始浮現？例如，是否有喪親之痛的主題浮現？有充實的時期與空虛的時期嗎？對他來說，生命線中最重要的部分是？當事人生命事件圖解揭露了許多訊息，你也可以請當事人在同一張紙上，使用不同色筆，將自己對這些生活事件的情緒反應繪製成圖表。

## 檢核評估資料

表 5-2 是一張當事人的評估表，它可以協助你檢核這些問題的答案。你也許希望在初次會談*之後*，使用它來回顧、檢核當事人的問題。此外，當有重要訊息浮現時，你可以不時在這份評估表上增減這些訊息。覺察你觀察到的現象，但不要期待在一次會談中就能對此瞭如指掌，畢竟你也需要全心全意地臨在此時此刻之中。事實上，一位繁忙的諮商師不太可能有時間詳細考慮表格上的所有元素，事實上，特定的幾個層面更具意義，並將形成你的初次診斷。

## ◀ 表 5-2　當事人評估表

---

### 過程中的當事人

　自我與環境支持：

　可觀察到的接觸功能：

　體驗循環：
　　　知覺
　　　辨識
　　　動員
　　　行動
　　　接觸
　　　滿足
　　　消退

　接觸連續譜上的調整：
　　　融合（confluence）——退縮（withdrawal）
　　　內攝（introjection）——拒絕（rejection）
　　　投射（projection）——擁有（ownership）
　　　自我中心（egotism）——自發性（spontaneity）
　　　偏離（deflection）——接受（receptiveness）
　　　低敏感（desensitization）——敏感（sensitivity）
　　　迴射（retroflection）——衝動（impulsiveness）

　未竟事務／固著完形：

　極性：

### 關係中的當事人

　關係接觸的性質：

　你的反應與回饋：

（下頁續）

**場地條件**

　目前的重要環境

　重大的歷史事件

　以往的關係

　文化因素

 總結

　　完形診斷是對當事人認識、接觸自己世界之所有方式的理解或評估。我們認為，與當事人協同做出診斷是最有效、最能表達出對當事人的尊重。當然，你對當事人的評估將是我—它連結的一部分，而不是我—汝連結的一部分。然而，如果是以敏銳與尊重的態度完成評估，那會使當事人全心全意投入治療中。評估的完成可以使諮商師、當事人體驗到被包容、理解的感受。隨著治療的進展，諮商師在治療評估的調整或更新之間移動，或懸擱所有的評估結果，以使彼此對我—汝連結的可能性更加投入與開放。

推薦書目

American Psychiatric Association (1994) *DSM–IV*. Washington: APA.

Delisle, G. (1999) *Personality Disorders: A Gestalt Therapy Perspective*. Cleveland: Gestalt Institute of Cleveland Press.

Korb, M.P. (1984) 'Therapeutic steps and processes in maturation', *The Gestalt Journal,* 7 (2): 43–59.

Melnick, J. and Nevis, S. (1997) 'Gestalt diagnosis and DSM-IV', *British Gestalt Journal,* 6 (2): 97–106.

Nevis, E.C. (1992) *Gestalt Therapy: Perspectives and Applications*. New York: G.I.C. Press. (**see Chapters 2 and 3**)

Sperry, L. (1995) *Handbook of Diagnosis and Treatment of the Personality Disorders*. Levittown: Brunner Mazel.

Swanson, C. and Lichtenberg, P. (1998) 'Diagnosis in Gestalt therapy: a modest beginning', *Gestalt Journal,* 11 (1): 5–18.

Yontef, G. (1993) *Awareness, Dialogue and Process*. (**see Chapters 9 and 13**) Highland, NY: Gestalt Journal Press.

# 第 6 章

# 治療注意事項

我們將這一章分為九個部分：

◆ 治療計畫的實用性。

◆ 評估治療計畫的適宜性。

◆ 診斷的含意。

◆ 當事人的參與。

◆ 治療回顧之建構。

◆ 特定診斷中的注意事項。

◆ 了解診斷要素間的動力關係。

◆ 決定治療的優先順序。

◆ 治療階段。

 ## 治療是一有用的概念嗎？

如同評估與診斷一樣，我們意識到用一個章節對治療注意事項、治療計畫或治療策略（我們交替性地使用這些術語）進行論述，是一個頗具爭議的話題。雖然有越來越多的完形作者使用治療計畫這個概念（例如 Delisle, 1999; Kepner, 1995; Shub, 1992），但對完形治療師

而言，將治療計畫看作具有價值，有些人仍持有不敢苟同的態度。在一些治療模式中，治療計畫就像做出診斷一般，是一個拆卸、疏離的過程，專家對人加以分門別類、貼上標籤，以便實施標準化治療，這種取向中最極端的是在醫院中，精神科醫師根據精神藥物分類來對精神疾患進行治療。這樣，個人在他獨特場地條件中的整體性完全被忽視，病人自身幾乎未曾被諮詢，專家對其最多只不過是一些粗淺的了解。此外，一些完形諮商師認為，治療計畫與對話式關係的體驗及有機體的自我調節機能（在健康接觸中產生的自然進化）之間並不相容。

然而，我們認為，預測在任何治療旅程中都是不可或缺的——對可能產生的需求、結果與困難要有一個總體的評論。這需要考慮每個當事人的獨特環境，盡可能與當事人協商、獲得其同意，並對不斷變化的場地條件做出回應。一個典型的治療計畫可能包括：

◆ 預測任何風險與危險因素。

◆ 考慮向當事人提供最有效的關係模式（例如，適切的臨在程度、同理或支持）。

◆ 參考與目前典型議題相關的臨床經驗或文獻資料。

◆ 覺察任何特定需求的輕重緩急，與解決問題時可能的障礙（例如，解決體驗循環的障礙）。

◆ 了解當事人的文化背景及其對治療的影響，包括在諮商師與當事人文化間的差異性（或相似性）對治療的影響。

◆ 了解當事人年齡、性別、體能、性傾向，與這些對治療關係和當事人生活的影響。

◆ 考慮優先使用的介入策略（例如，使用面質或支持）。

◆ 辨識任何需要反覆進行的系統性介入，特別是關於創造性調適、接觸調整與僵局等現象的介入。

◆ 確認諮商工作有效的一些評估標準。

藉由治療計畫，我們對不斷更新的治療方向有一個彈性靈活、開放的態度，包括整個療程的方向與單次會談中的方向。雖然在任何時刻，治療進程比起當事人需求的重要性都略遜一籌，但是治療進程卻能提醒諮商師，適用於特定當事人需求與風險的方向。就這個意義而言，治療的注意事項是大有助益的，能避免風險，而不僅僅是最佳行動方案之建議而已。

 ## 評估治療計畫的適宜性

治療計畫首要任務是決定完形諮商是否適合這位潛在的當事人，以及對這位當事人而言，你是否是最合適的諮商師。

◆ 你有能力處理目前問題嗎？這是一種專業上判斷，也是一種個人的判斷。也許你缺乏充分的訓練與經驗去應對一位有慢性精神病史、藥物成癮、有暴力傾向或自殺衝動的當事人（見第十三章）。

◆ 你可能因為個人因素不想接待當事人。當事人可能激起你自己的問題，重新喚起你過去未處理的創傷經驗，或者帶來一個你無法產生同理心的議題。你可能不必「喜歡」一個求助的當事人，但至少你應對他產生一些共鳴、興趣與同情。當事人值得你盡最大的努力、能量與付出之承諾，若你不能做出這樣的肯定，最好將之轉介。

◆ 當事人可能想要（或需要）完形之外的治療模式或介入策略。例如，一些當事人僅僅想要消除他們的症狀，或接受專家告知如何處理問題、獲得支持，或因為孤單而想結交一個朋友。

◆ 當事人是否接受完形治療，並對完形取向做出回應？（見第一

章實驗性介入）

◆ 他們是否適合強調治療關係、自我責任與挑戰的治療？

 ## 診斷的含意

在大多數情況中，診斷本身即預示了你將採取的行動方向。在初次會談中，你可能遇到一位恐懼不安而又缺乏支持的當事人，你可能注意到當事人如何對他們的行為不負責任，或是聽到一個最近發生在當事人身上，從未被充分表達的創傷事件。所有這些表達都將直接喚起你立即的治療性反應與意向。對另一位想和別人建立良好關係的當事人，最直接的方式是去探索他與你建立或中斷關係的方式。在此探索過程中，你將不可避免會遇到一些特定的困難，例如，當事人與人相處中產生的內攝與迴射現象，當這些現象浮現時，你要對它們進行介入。藉由這個實例，我們很容易了解，隨著新議題的自然浮現到被處理解決，治療方向也相應隨之做出調整。

某種程度上，治療師對於治療結果或治療方向並無預先的設想，這可能是完形治療工作的理想形式。我們建議良好的完形治療在大多數情況下都該遵循這個原則。然而，本章所提出的更複雜情況，需要深思熟慮的敏感度、特定的治療方法或方向。在這些情形下，我們建議諮商師在整個治療情境中熟記這些治療的注意事項，在將大部分精力關注於此時此刻不斷變換的新情境時，也能不時地回顧這些治療的注意事項，參考這些訊息。隨著情況或診斷的優先順序有所變化時，治療計畫也隨之做出調整與修正。在許多方面，這一觀點正對應了我們在對話式關係那一章（第四章）中所討論的「我—汝」與「我—它」之間有節奏的來回穿梭。

## 當事人的參與

　　在前面的章節中，我們描述了一些用來了解當事人議題之不同角度的診斷方法。在特定時刻應優先使用哪一個角度來做出診斷，取決於多種因素，其中最重要的是當事人自己的觀點。在初次評估會談中，當事人（有時）就可能呈現出最迫切的需求或圖像。隨後，諮商師總結他對問題的理解，與當事人一起討論後續會談中的最佳治療方案（如果有的話）。這種共識可能簡單到只是試圖澄清當事人的問題、看看當事人有哪些選擇？或協助當事人在危機時刻找到足夠支持。即使遇到更複雜情境，例如，回憶起童年創傷經驗或重複性的關係失敗，這時共同商訂治療方向是重要而有效的。這可能包括發展信任關係、詳細地敘說自己的故事經歷、回憶具體情節、尋找過去的未竟事務等等一系列的治療介入（雖然不必然是按順序逐項地進行介入）。當當事人對治療進展與可能性有更深的認識，且對未來可能得到的幫助更有見識之後，這些回顧性的討論通常最具成效。

　　當然，有些時候與當事人分享你對未來治療的想法並非明智之舉，當事人可能並無足夠的自我支持，聆聽你對他過去受虐經驗、理想化他人或人格型態的推斷（和隨後的見解）。與當事人進行探討時，諮商師需要在開放與治療作用之間尋找最好的平衡點。

### 實例

　　凱瑟琳，一位五十幾歲風韻猶存的婦女，由於焦慮前來諮商，在初次會談中，她大部分時間都在哭泣。並向諮商師解釋，她最近被自己的行為嚇到了，她到醫院就診，在候診

時，她大發脾氣，對接待人員大喊大叫；事後她對自己失控的行為極為懊惱，因為她曾發誓自己「再也」不發火了，所以感到心煩意亂。她不知道自己為何發怒，之後，她一直痛苦不安、哭哭啼啼。此外，她整天提心弔膽，唯恐家人與朋友對她不理不睬。諮商師對她的擔心表示理解，在會談結束之前，雙方都認為他們彼此建立良好的諮商關係，並簽訂一份為期六週的治療契約，然後他們一起確認了目前所處的治療階段，並討論對問題的共同了解（失控的情緒、疏離感），並同意用六週時間探索具體情境，聚焦於增加凱瑟琳的自我支持與環境支持（一個協同診斷與治療計畫）。在第六次會談的回顧中，當凱瑟琳開始發現自己在生活中一貫地壓抑自己與憤怒後退縮的人際連結關係模式時，她的情緒也更趨穩定（診斷也隨之做出相應調整），而且非常渴望繼續探索自己。他們一致同意繼續療程，但無設定明確的時間限制（目標是六個月內進行回顧總結）。此時，治療重點是凱瑟琳繼續深入地探索自己，並找到一種處理生活中人際關係的新模式（一個修正後的治療計畫）。

## 治療回顧之建構

在前面章節中，我們已經多次提到與當事人一起進行回顧的觀點。雖然，在某種意義上，儘管你不斷和當事人進行回顧、評估、調整與重新訂定契約（有時都是在一次會談中完成），然而，進行正式的回顧會談也是有所助益的。你可能會建議當事人在回顧性會談的前一週進行思考沉澱。在回顧性會談中，你們可以：

◆ 重溫最初的契約或最近一次的回顧，以及當事人在初次會談時所呈現的渴望與需求。

◆ 檢核當事人與你是否認為目標已經實現，或目標實現的進展程度。

◆ 注意當事人出現什麼新的議題或發生什麼改變。

◆ 詢問當事人，到目前為止與你一起的感受為何？哪一些層面特別對治療有幫助？哪些並無幫助？他們是否希望你在某些部分有所調整？或希望自己有所改變？

◆ 然後，你們可以討論在治療契約或諮商關係中，是否存在任何需要改變的部分。

◆ 你們可以共同協商進一步的短期治療契約，或持續的長期治療契約（或確定治療結束的時間）。

對長期療程的當事人，我們建議大約每三到六個月以這種方式回顧一次，對短期療程的當事人，則在整個療程的中間階段回顧一次。當事人結束治療後，在六個月或一年中，提供一次追蹤式回顧是非常有益的，藉由回顧，使當事人回到原來的基礎點，或評估他們結束治療後的情形。一些諮商師免費提供這種追蹤式的回顧，確使他們能有機會對結案後的療效做出評估。

## 特定診斷中的注意事項

實務中，許多當事人呈現出較低的自我支持、脆弱的自我，或具有使治療師專業知識難以勝任的複雜困境。儘管你用心良苦，然而一旦不能準確掌握當事人具體問題的輪廓時，就可能造成慘痛的後果。例如，一名嚴重自戀型人格的初診當事人，可能要聽取你對她真實的評價；一名符合邊緣性人格診斷的當事人，可能會懇求你在會談時間

之外與他見面；一名遭遇性虐待的當事人，可能請求你在她回憶起創傷記憶時擁抱安慰她一會兒。在這些情況中，是否應該滿足當事人提出的要求，則要根據臨床上這些要求被允許的經驗而酌情考慮——滿足這些需要可能導致的後果。因此，在制定治療計畫時，治療師必須回答的第一個問題是：當事人是否有特殊情況、環境或困難，而需要專門知識的協助或特定的治療方法。如果是這樣，查閱文獻、請教督導或在該領域有專長的同事，都將使你獲益匪淺。

 ## 了解診斷要素間的動力關係

許多診斷要素都是互相關聯系統中的組成部分，或是須加以關注的一個動力系統。例如，一個創造性調適如何被整合到當事人自我組織系統與生活方式的較大完形之中？一個當事人可能採取低敏感或迴射作為功能運作的一般方式，如果這兩種接觸調整模式完全不受約束，或是轉變形式，那麼結果會如何？它能保護當事人免於一些嚴重困擾嗎？許多創造性調適本身就是一種解決策略，能處理困難，甚至控制影響個人穩定或生存的威脅。迴射可能保護當事人免於不可收拾的憤怒，低敏感（desensitization）則使當事人能由難以忍受的痛苦中變得麻木而有所掩護。「消除迴射」的時機可能深具意義，諮商師需要在制定治療策略之前，對不同診斷要素間的連結與潛在的動力形成全面的了解。採取治療行動前，深入的現象學探索可能成為新治療計畫的一部分。

 ## 決定治療的優先順序

在處理以上問題時，你或許已逐漸明白治療優先順序之所以受到

重視的原因。我們認為思考治療的優先順序非常實用，有時甚至是至關重要的。我們已經擬出一份診斷要素的列表（表 5-2「當事人評估表」），你可能需要決定哪些層面要立即給予關注，哪些可以容後考慮。

## 實例

　　珍妮佛前來諮商，希望諮商師協助她結束與伴侶間的關係，脫離被伴侶虐待的情境。她與諮商師都認為，她目前有很多迴射性的憤怒、低自尊，並且缺乏足夠的社會支持。然而，諮商師也清楚地意識到，珍妮佛對諮商過程缺乏信任，對自己在婚姻關係中扮演的角色缺乏覺察，並責怪所有朋友沒有提供足夠的支持與協助。

　　珍妮佛的諮商師認為，她需要建立一個具支持性的工作同盟，促使珍妮佛了解自己與伴侶之間的動力關係，並尋找缺乏社會支持網絡的成因，珍妮佛同意這個治療計畫。經過最初幾週治療後，她對諮商師越來越信任，開始談論她有時如何激怒她的伴侶、如何要求朋友無條件地站在她這邊反對她的伴侶。經過一段較長時間的治療之後，諮商師（在珍妮佛同意下）才認為，她已經準備好去接觸她內在迴射性的憤怒，並以一種不再惡化雙方緊張關係的方式，去面質她的伴侶與朋友。

　　理想狀態下，治療的優先順序應與當事人討論，並達成共識。然而，在許多案例中，尤其是遇到潛在危險的情況。例如，當事人有自殺的危險或患有精神疾病，諮商師應該獨自（或在督導下）決定如何

安排治療的優先順序。對自我脆弱的當事人或性虐待的倖存者來說，這樣做尤其必要。在這些情況中，深入治療之前，治療策略的首要之務是對當事人提供一種同情與支持的關係。關於治療的優先順序，完形治療文獻中有幾個令人印象深刻的案例。Shub（1992）提供一種有效的完形治療之「縱向模式」（longitudinal model），這模式包括初始階段、中間階段與終結階段；Melnick 與 Nevis（1997）提出一種以體驗循環為基礎的診斷與治療系統；Clemmens（1997）提出一種「自我調節模式」（self-modulation model）——成癮症患者長期復原的發展階段與任務；Delisle（1999）描述了處理人格疾患的治療順序；Kepner（1995）則描繪出「治療任務全息圖」（Healing Tasks Hologram），它由四個治療階段組成，涉及四項治療任務，用來指導諮商師處理兒童期的虐待問題。

 ## 治療階段

每個人都有其獨特性，他（她）的治療旅程以及與治療師的關係，都預示著不可能存在著一種普遍適用於所有當事人的治療計畫。然而，我們發現，大多數當事人的治療歷程都具有共同的關注領域，及一些普遍性的需求與成長的任務。下面的指引旨在協助你理清思路，但不能保證治療一路暢通無阻，它可以用來指導你檢核任何可能忽略的領域（本書將反覆討論這些領域的治療方式）。雖然廣義而言，後一階段是更複雜的任務，往往取決於前一階段基礎工作的完成情況，但是，這些階段與聚焦問題出現的先後順序可能不盡相同。當然，許多任務要通過所有階段才能被解決、修復或整合。我們選擇將治療歷程分為五個階段。

## 初始階段

　　對完形治療而言，這一階段包含許多基本任務。完形治療師使用現象學方法來提高覺察、提供對話式關係、增進健康功能，並鼓勵當事人發展自我支持與環境支持。對一些當事人而言，這已經足夠使他們恢復健康，解決目前議題，這對短期治療最為理想。然而，如果當事人有權力選擇繼續治療，那麼，在整個治療歷程中，仍需要根據情形的進展運用特定技巧與技術。

---

**第一階段**

◆ 為治療工作營造一個安全的容器。

◆ 發展工作同盟。

◆ 運用現象學探索方法。

◆ 提高覺察與自我責任。

◆ 提供對話式關係。

◆ 加強自我支持，尤其是對自我脆弱的當事人。

◆ 辨識與澄清當事人需求與浮現之主題。

◆ 決定診斷要素的優先順序。

◆ 考慮在文化或其他方面可能存在的差異。

◆ 為一些特殊情況制定治療計畫（例如，自我傷害、性虐待、人格疾患）。

◆ 協同制定治療計畫。

---

## 釐清背景

　　這個階段將進入更具體明確的治療策略，治療介入也更直接。其前提假設是：具有充分支持的良好治療關係，將允許當事人挑戰與試驗新的觀點與行為模式。這一階段尤其適用於那些具有複雜度或長期問題的當事人，僅完成第一階段的基本任務還不足以解決他們的問題。

第二階段
◆ 探索內攝與接觸調整模式。
◆ 解決未竟事務。
◆ 支持情緒表達或宣洩。
◆ 試驗新行為或擴充選擇。
◆ 使對話式關係不斷深入。

## 存在性衝突

存在性衝突（existential encounter）這一階段中，當事人可能已經解決許多自身的議題，產生一些有益的改變，但同時也可能陷入困境或僵局。在許多方面，這可能是治療歷程中最困難、也最有價值的部分。當事人覺得氣餒喪氣、被拒絕，或面對僵局，引起強烈焦慮與猶豫不決時，這時你可能需要依賴穩固的工作同盟。此時，當事人可能有強烈的情緒，有時甚至是非常原始的情緒。當事人可能會接觸到內在兩極強烈、困擾的極端反應，你需要在督導時及自己個人治療中得到充分的支持，當事人可能要面對感覺上像是威脅生命的情境，或至少是看似無望或充滿絕望的情境。此時，當事人需要做出重大抉擇，決定是否持續治療以修通僵局，還是滿足已經得到的治療結果而結束治療。

第三階段
◆ 面對虛空或未知，相信有機體的自我調節能力。
◆ 重新擁有失去或疏離的部分。
◆ 為未來生活做出具有存在意義的決定。
◆ 有系統並持續地處理當事人內心具破壞性之自我限制的核心信念、負向的生活主題與生命腳本信念。
◆ 選擇勇敢地面對不確定性。
◆ 連結靈性目標（spiritual meaning）。
◆ 體驗一種逐漸修復的關係。

## 整合

　　這個階段的當事人可能已經成功地解決上述危機，進入整合（integration）階段。此時我們要提醒讀者，切記我們在開始時，對於這種線性理論結構的限度所說過的，理想狀態下，當事人會隨著治療的進展逐漸而自然地整合與吸收。然而，有些時候，他們可能需要有意識或刻意地進行整合過程，然後，在吸收同化的過程中，可能會揭露其他一些不得不加以解決的議題或問題。

---

**第四階段**
◆ 根據新的洞察與了解重新建構生活模式。
◆ 聚焦於建立滿意的關係接觸。
◆ 連結更大區域的社區、社會。
◆ 接受伴隨新生事物產生的不確定感與焦慮。
◆ 接受生活責任。

---

## 結束

　　最重要階段——結束階段將在本書的最後一章中深入詳盡地論述。在此我們只是簡單羅列這一階段的主要任務。

---

**第五階段**
◆ 對即將喪失的關係表達哀悼。
◆ 允許議題的重複出現。
◆ 慶祝已經獲得的成就。
◆ 接受尚未完成目標的部分。
◆ 對未來可能出現的危機做出預期，並擬定應對方案。
◆ 放下，並開始新的生活。

---

# 總結

　　對面臨危機卻仍有足夠、良好自我支持的當事人，尋求自我認識或個人發展的當事人，以及那些將諮商當作解決特定生活危機與短期治療的當事人來說，第一階段，或至多第二階段的治療介入通常就已經足夠了；對涉及人際關係問題和喪親之痛的困難，第二階段顯得更為實用；第三階段尤其適合那些有創傷議題、人格重整、靈性危機與存在意義之議題（crises of meaning）的當事人。

　　我們建議諮商師對於診斷的部分應該收放自如，與當事人協同擬定，並常常伺機調整，治療計畫的制定也應如此。Perls 說過：「一旦諮商師清楚地了解精神官能症結構，就應該制定治療計畫，且同時在整個治療歷程之中，保持清醒與靈活的彈性。」（1979: 21）。

# 推薦書目

Benjamin, L. (1996) *Interpersonal Diagnosis and Treatment of Personality Disorders*. (2nd Edn) London: The Guilford Press.

Delisle, G. (1999) *Personality Disorders: A Gestalt Therapy Perspective*. Cleveland: Gestalt Institute of Cleveland Press.

Kepner, J.I. (1995) *Healing Tasks in Psychotherapy*. San Francisco: Jossey-Bass.

Korb, M.P. (1984) 'Therapeutic steps and processes in maturation', *The Gestalt Journal*, 7 (2): 43–59.

Melnick, J. and Nevis, S. (1997) 'Gestalt diagnosis and DSM-IV', *British Gestalt Journal*, 6 (2): 97–106.

Nevis, E.C. (1992) *Gestalt Therapy: Perspectives and Applications*. New York: G.I.C. Press. (**see Chapters 2 and 3**)

Sills, C., Fish, S. and Lapworth, P. (1995) *Gestalt Counselling*. (**see Chapter 8**) Oxon: Winslow Press.

Sperry, L. (1995) *Handbook of Diagnosis and Treatment of the Personality Disorders*. Levittown: Brunner Mazel.

# 第 7 章

# 加強支持

　　這一章我們將關注當事人的支持，同樣重要的是，我們也要關注諮商師自身的支持議題。由完形觀點來看，支持是所有健康機能運作的必要基礎，也是增進滿意之人際接觸的背景。諮商師的部分工作就是幫助當事人辨識生活中各式各樣的支持，以便了解自己缺乏哪些支持，對哪些支持使用過度或使用不足。

　　例如，只有當人們具備強健的骨骼與肌肉、足夠的能量、適切的平衡能力，以及根據地形而能相對應地調整步態的能力，行走這件事才成為可能。上述所說的這些功能都可以稱為人類行走必要的「支持因素」，它們之中若出現任何一種障礙（如頭昏眼花或扭傷的腳踝），都將導致人們喪失有效或舒適的行走能力。同樣情形也發生在心理健康的領域，在個人與環境資源的共同支持下，健康的自我強度、清晰的能量圖像，及滿意的接觸才可能實現。支持的強度取決於個體如何組合與利用這些資源。表 7-1 列出自我支持與環境支持的一些元素。

　　健康支持是一種自我支持與環境支持兩部分**相互依存**狀態，人們在自我支持時，也能發現環境支持對自己的重要性。這個議題不在於個體是依賴自我支持，還是需要環境支持，而在於個體如何具選擇性

## 表 7-1 支持的類型

| 自我支持 | 環境支持 |
| --- | --- |
| 良好的身體健康 | 健康的物理環境 |
| 具支持性的身體姿勢與呼吸 | 充分的資源，例如食物、住所等 |
| 有效的因應策略與創造性調適 | 親密的關係 |
|  | 鍾愛的家人與朋友 |
| 與自然和諧的關係 | 他人的認可 |
| 強烈的認同感 | 宗教或社會網絡 |
| 關於自我與世界的合理信念 | 令人滿意的職業生涯 |
| 靈性（或宗教）活動 | 輕鬆愉快的休閒活動 |

地運用自我支持與環境支持。更進一步地說，在於個體為了互相支持，如何與他的環境或社區建立互相合作，並在滿足自己需求與考慮他人需要之間保持平衡。

 回憶你上次處於危機中的情景，例如，處在人際關係困難、疾病或工作壓力的時候，是什麼幫助你度過難關？在這過程中，你失去了什麼？你從別人那兒獲得了什麼支持，或你希望得到什麼支持？你如何使自己得到最大程度的支持？

 發展自我支持

### 以身體過程進行工作

自我支持最基本的區域也許是身體，當我們疲倦不堪、飢腸轆轆或身體不適時，我們很難感受到被支持。當事人在此時此刻連結他身

體過程的方式，強烈地影響其自我支持的能力。例如，諮商師引導他
觀察自己的呼吸，並注意何種呼吸方式（頻率與深度）對他最具支持
性，並能讓他感到平穩寧靜。他可以注意自己的姿勢——坐臥動靜的
姿勢，並體驗不同姿勢帶來的內心感受，例如，坐姿挺拔而非彎腰駝
背，或是慵懶不振的坐姿下所伴隨的內心感受。

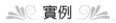 **實例**

　　艾力克斯嚴重地缺乏自我支持與環境支持。他呼吸急
促、身體僵硬緊張。他的環境支持也很差，沒有真正的朋友
或知己。進行一些協商之後，諮商師決定優先聚焦於加強他
的自我支持程度。她建議他在諮商時，可以嘗試使用不同的
呼吸方式與姿勢。不久之後，艾力克斯發現，當他允許自己
更自由地呼吸、更放鬆地坦然而坐時，自己更能自在地表達
自己，和諮商師在一起也更具信心。諮商師注意到，當艾力
克斯失去精力時，他就會變得沉默寡言，諮商師運用這個現
象，提醒他覺察自己有無自我支持的情形。

我們將在第十二章，針對自我支持與身體過程展開更深入的討
論。

## 自我負責（self-responsibility）言詞的使用

　　語言是我們內在心靈體驗重要的外在表達。很多時候，我們使用
的言詞反映出我們對生活悲觀的態度、無力左右自己命運、與無法照
料自己生活的種種想法。當我們年少時，或當我們確實受制於人時，
或當我們的身體受傷和受到脅迫時，我們將這些歸咎於「外界」造

成。但是，有時我們似乎更常表現出永遠無法駕馭自己內心世界。我們常常抱怨「你讓我發脾氣……」，而不是「當你這樣做時，我覺得惱怒……」，前者使我們不用正視自己的個人體驗，為自己憤怒承擔起應有責任。此外，我們也使用一些言詞表達來否認自己對周圍環境的選擇權與影響力。我們會說「事情發生了」、「盤子打破了」，而不是說「我打碎了盤子」；我們也會用「我不能」，來代替「我選擇不……」。我們常常用誇大或貶抑的言詞來助長自己的無力感，例如，「這絕對是場災難」、「如果那件事情發生了，我就完了」等等。

首先，諮商師可邀請當事人覺察自己選擇使用的措辭，以及這些言語表達如何削弱自我支持的力量。然後，諮商師可建議當事人嘗試用自我負責的言詞，注意兩種言詞對自我支持以及對外在環境的影響有何不同。這可不是普通的文字遊戲，事實上，這對於理解與解決問題都有舉足輕重的影響。當一位當事人使用這樣的詞句：「我希望生活變得更有意義」，他把所有責任都推到外在環境。諮商師可邀請他回顧生命中那些**確實**讓他感到有意義的歲月，以及在那段時間中，自己做出的努力。相對地，也有一些當事人會不適地承擔過多的責任：「我不能對朋友說不，她會因此而崩潰」、「求助使我深感內疚，她會變得不堪負荷」。對此，諮商師的任務也許是邀請這類當事人反省：他是否應對他人的脆弱情感負責，或他是否承擔太多責任，「真的有人因為你對他們說不而『崩潰』嗎？」「崩潰」究竟指的是什麼？它意味著什麼？這樣的對質具有異乎尋常的力量。

使用不同形式的言詞之建議是一種**實驗介入**，邀請當事人覺察他的言詞如何影響他對自己的態度，與他對外界的關係。實驗的目的不在於傳遞一種更好的談話技巧。實際上，看到被訓練成很會說「正確的」治療語言，卻沒有改變他們潛在觀點的完形治療迷，這往往相當令人沮喪。

> **建議**　回想在某些程度上讓你心煩意亂的一件事，首先嘗試用消極的語言描述事件經歷（例如，我的朋友又遲到了，我不由自主地對她的不守信用感到無能為力，想到此，心中就不舒服）。然後再次講述這件事，這次注意自己所用的言詞，並為自己體驗負責（例如，我的朋友又遲到了，我突然意識到，面對她的不守信用我感到無能為力，我不喜歡這種感覺）。當你這樣做時，注意體驗自己的「調節機能」（self-agency）與自尊（self-esteem）有何不同，也注意原先以各種方式低估自己感受能力的情形是否也有所不同。

## 認同自身的體驗

　　Resnick（1990）提出，認同你自己的體驗是最好的自我支持，也就是根據你當時的體驗來接受自己。他強調，如果我們不得不將能量投注於否認或逃避自己的體驗，或者用於隱瞞他人，那麼我們內心將動盪不安。例如，如果我們認為自己是愚蠢的，或「不應該」生氣、嫉妒或競爭，因此，我們經常對這些感受置若罔聞，關閉覺察的能力，久而久之，必將喪失對其他資源的覺察能力。

　　當諮商師利用現象學方法，並提供一種對話式關係時，事實上，她同時也在向當事人示範一種關注，接受並認同當前體驗的一種模式。然而，更主動的方法是讓當事人練習接受自己的體驗──甚至建議當事人對自己說：「我很焦慮／嫉妒／受傷等等，而**這是我此刻的真實體驗**。」這樣的練習令人吃驚的是，當事人（以及我們自己）常常使用否認、挑剔、貶抑與偏離的言詞，作為表達自己情感或體驗的開場白。我們常說：「我不應該焦慮／生氣……」、「我實在不應該

對此害怕擔心／心煩意亂……」、「好吧！我希望自己能克服它」、
「我知道這很無聊，但是……」。

## 支持性的自我對話

另一種加強基本的自我支持方式是，幫助當事人辨識自我陳述中
的一些消極暗示，並設計出一些積極肯定的正向詞句來取而代之。藉
由下面這個案例，我們就能清楚說明這一點。

### 實例

艾莉莎意識到，每當她略有小失誤時，她就會對自己
說：「噢！我真是太蠢了，從來沒有把事情做好過。」她發
現這種想法往往伴隨著焦慮感與腹肌緊張。諮商師讓她想想
事情的真實情況，她真的很愚蠢嗎？當然很多情況下不是如
此。事實上，艾莉莎有兩個大學學位，身為一位投資經紀
人，工作也相當出色。她有時能把工作做得很好嗎？是的，
她經常（事實上通常）能夠順利完成自己決定的事。因此，
艾莉莎和諮商師一起構思出一句既實事求是又寬慰人心的話
語，以幫助艾莉莎恢復自我支持的力量。僅僅選擇一句截然
相反的話語，如：「我是天才，任何事都難不倒我」，並不
能產生任何的治療結果。況且，艾莉莎自己也知道這並不是
真的。我們需要的是一句能將艾莉莎帶到此時此刻現實情景
中的話語。艾莉莎選擇的是：「我很聰明，我通常都做得很
好，但有時也會犯些錯誤。」

> **建議**　回想一段你和某人交往一段時間後不歡而散的場景。讓自己在腦海中重溫這段情景，你當時在哪兒？發生了什麼？誰說了什麼？還有其他事發生嗎？最後，當你感覺不好時，你對自己說些什麼？是關於自己、關於別人，還是關於生活的？這是一種熟悉的想法嗎？如果是，從這種情境中出來，真實地反省這一個信念。這可能是一種不切實際的自我限制之信念——或不完全理性的信念。設計出一種更加積極肯定的想法來挑戰自我限制的信念，並確保這一積極肯定的自我陳述與現實相符。例如，如果你對自己說：「我不可能面質那個同事」，那麼，你可以選擇這樣的話語：「有時我要面質那個同事確實很困難，但只要我選擇去做，我就有能力和力量那樣做。」創造出適合你的一個句子，然後，想像自己再次回到那個情景中，並嘗試用此話告訴自己。

## 想像中的同伴

我們在此借用 Stern（1985）描述自我支持策略中的一句至理名言：遇到壓力時，想像一位支持你的人。這種想像中的同伴可以是一位朋友、伴侶、治療師或親屬，也可以是童年記憶中的某個人。這些人之所以被揀選而出，是因為他具備我們需要的特質——愛、同情，或可能是呵護。這個人在當事人需要時能對當事人提供內在支持，這個自我支持的策略最初在會談中，被用來協助當事人發現最具支持性的內心圖像。這種情形同樣真實地發生在治療歷程本身，許多當事人都有一位「內化的諮商師」，他們可以在想像中對他傾訴，或懷有一段溫暖、鼓舞人心的記憶。當諮商師外出度假，或當事人遇到嚴重問

題之時，建議當事人獨處片刻，想像自己與諮商師進行會談，寫信給諮商師（這封信可能要在下次見面時才能傳遞），由治療室中獲得一個「過渡性」客體（transitional object），或給予他們具有鼓勵性或肯定性的一段話來協助記憶，從而度過這段時間。在面臨壓力或分離的時刻，這種想像的同伴可能成為一種重要的支持力量。

> **♥建議** 在生活中，你感覺到誰愛你並支持你？誰是你學習的榜樣，甚至是精神導師？思考一下他（她）的為人，以及他們身上你所需要或羨慕的特質。現在，再次返回上一次練習中你記得的困境，想像當時你支持性的同伴與你在一起，他（她）會對你說些什麼？

## 因應策略

當當事人面臨困境，並擔憂自己將不堪重負，或自我支持系統瀕臨崩潰邊緣時，讓當事人回想以前遭遇類似情境時自己應對的策略，探討自己如何因應來迎接接續而來的危機，將會大有助益。

### ～⌘ 實例 ⌘～

蓋瑞克一想到自己即將要在朋友婚禮中發表演說，就感到忐忑不安。諮商師要求他回想，當他在工作中不得不在同事與管理團隊前發表談話時，自己是如何有效應對的。他的方法是將圖表與綱要列在紙上，並使用電腦投影作為輔助工具，他覺得這種方法使公眾演講變得從容不迫。即使這些要點他已經背得滾瓜爛熟，蓋瑞克還是決定將演講的要點製作

成「小紙卡」，他還選擇其他一些「小道具」來潤色他的演講。在隨後的治療會談中，他描述了這種策略是多麼成功，以及他如何成功地處理了賓客的回應，簡直讓人難以置信。

 回想一件你發現很難處理，或目前讓你感到緊張不安的事情。過去你曾經處理過類似的事情嗎？你是如何成功應對的？你有哪些支持——有人在你身邊嗎？你感覺如何？你對自己說了什麼？你為一些特別狀況而精疲力竭嗎？你特別準備些什麼嗎？你從中學到什麼使得日後能未雨綢繆呢？

# 發展環境支持

## 場地之支持

在這最簡單的層次，諮商師可以鼓勵當事人想想他是如何利用場地中現有的支持，例如，伴侶、家人或朋友。如果治療歷程激起困難的情緒，他能夠尋求這些人的支持嗎？他是否知道周遭社區中還有哪些資源？這些全都是豐富的訊息資源，反映出當事人對他身處的世界，及與他人關係間相聯繫的潛在信念。他可能不習慣尋求幫助與支持，這整個議題需要在會談中進行探索，他可能還有許多認為自己不該或不容許得到支持的內攝觀點或信念（這在大男人主義文化中尤為普遍）。

建議　在一張紙上繪製出你的社會支持網絡圖（你也可以建議當事人進行這項練習）。你把自己放在中間，然後寫出或畫出生活中滋養你的人或事件。把那些最可靠的支持性因素畫在內圈，然後將支持性因素依據重要性大小依次放在不同的外圈。接下來畫一張生活派形圖，標示出每週獨處、工作，與朋友、家人相處或活動的時間比例。這個比例適合你嗎？你可以做哪些改變來增加你對環境資源的利用率？

## 將治療師當作環境支持的來源

### ● 將治療師當作支持性的臨在

最顯而易見的環境支持之一當然是諮商師！在某種程度上，本書討論的所有內容，都直接或間接地圍繞著如何加強當事人的支持。這在第一章與第四章尤為突出，我們討論了由治療界限、工作同盟與治療師對話式態度所提供的支持。在某種意義上，所有治療介入都應具有支持性。

### ● 挑戰的角色

然而，支持絕不是一味地安慰。有時，治療師需要以面質或挑戰固著的完形來提供支持。對初診的當事人而言，毫無助益地使用治療性環境之情形屢見不鮮——例如，當事人對治療師過度依賴或過度尋求建議。在這些情境下，有些治療師可能直接拒絕這些不適當的要求，而這樣做事實上可能阻礙了當事人對自己的自我支持。何時提供支持與協助，或何時進行面質、挑戰，這個進退兩難的困境貫穿了完形治療大多數的歷程中。

以下是面質前的一些注意事項：

◆ 使用恰當的措辭，使當事人不把它當作批判或攻擊。

◆ 工作同盟夠穩固了嗎？

◆ 根據當事人的過往經歷，他容易產生羞愧反應嗎？

◆ 時機恰當嗎？

## 實例

　　治療師注意到貝佛麗對所有的建議都欣然接受，但是當要探索她目前性虐待問題時，她開始渾身發抖、坐立不安。治療師理解到，治療很重要的是不能讓貝佛麗感覺像是重新經驗到受虐的狀況，於是停止探索。治療師慢慢引導她說出此時此刻的感受，貝佛麗能說出她並不想談論這個事件，但她並不喜歡這樣直接表明自己的態度。當治療師與貝佛麗談話時，貝佛麗逐漸意識到自己一貫委曲求全的行為模式。治療師提議貝佛麗進行一項輕鬆愉快的實驗：首先他指著牆上一幅畫說他喜歡這幅畫，貝佛麗表示同意。然後，他讓貝佛麗指出房間裡她不喜歡的東西，貝佛麗選了一張笨重的椅子，治療師說他喜歡這張椅子，貝佛麗立刻顯得有點不安。治療師讓貝佛麗嘗試不贊同別人的觀點，對所有治療師喜歡的東西都說不喜歡。他們在房間裡來回走動，治療師指出一幅畫、一件裝飾品或一件家具，說自己對它們越來越愛不釋手。貝佛麗起初是嘗試性的，不久就開始喜歡這種遊戲，並嘗試用不同方式來清晰地表達不贊成或不喜歡的態度：「我絕對不同意……」、「我的感受與你截然不同……」、「不，我不喜歡那樣……」、「不，我不會想要坐在那

裡」，她開始笑了，坐姿又挺拔了，聲音也變得異於以往地有力量了。最後，她說：「我有一種茅塞頓開的感覺，今後我將為自己辯護。」沉默了一會兒，接著她又顯得驚奇地對治療師說：「你知道嗎？我想這是有生以來第一次我真實地表達自己的看法。」

## 處理脆弱的自我

一些當事人嚴重地缺乏自我支持，以至於經常感到喪失自我界限感。他們感到脆弱——甚至感到支離破碎或虛弱無能，而不僅僅只是一些不適的體驗。處於嚴重或慢性壓力、人格疾患及某種精神疾病的當事人統統屬於這種類型。

一旦治療師在治療過程中出現下列情況：對當事人些微的失望或不同意、聽來有些批判的評論、誤解或缺乏同情等等，都有可能使這類當事人體驗到無能、羞愧或被遺棄感。許多當事人描述，當時感覺彷彿自己的存在受到威脅，只有當他們的自我支持更趨穩固與堅定之後，他們才可能對自己的存在模式做出重大改變或調整。因此，將這部分內容放在「場地支持」，而不是「自我支持」之後，就顯得有些突兀。我們之所以有這樣的安排，是因為考慮到有些當事人藉由上述的自我支持技術，並不足以達到良好程度。嚴格地說，只有環境才能包含當事人需要的基本支持，或者至少在自我支持形成之初，當事人需要經由場地支持來協助治療的進行。

我們認為，「支持性自我」的感覺在兒童早期關係中就逐漸形成，如果環境對他的反應是充分而穩定的愛與關懷，以及協調一致的肯定，那麼，他就會在後來的活動中發展出整體的自我感與自信心。這些早年的場地條件將被整合到當事人的背景中，以支持往後所有不斷呈現的新圖像與新的需求。然而，當早期的關係環境不能可靠地回

應兒童時，自我支持模式很難建立，並形成脆弱的自我。如果兒童的自我支持系統遭遇嚴重的損害，那麼，僅僅透過提高覺察、探索新的行為，甚至此時此刻的對話式關係，並不足以使其自我支持得到修復。核心信念、固著的完形和人際關係模式，常常被用來保護脆弱的自我，免受更大的創傷與破壞，它們是「為了保全生存和完整性而對自然成長過程所做的一種妥協」（Kepner, 1995: 2）。因此，只有當個人建立了基本的自我支持之後，這些問題才會隨之得到改變。正如人際關係問題，也只有透過一段時間新的人際關係後，才能得以修補。

通常，早年關係的動力會在諮商關係中重新浮現，並且，當事人還能體驗到最初的情感強度與痛苦。首先，諮商師需要在一段時間內，提供一種敏感而和諧的對話式關係，在期間，當事人與諮商師建立一種親密而信任的同盟，這種同盟能夠為當事人提供一種對自我與他人的全新體驗。治療師溫和地用自己的臨在，且不試圖去面質，為當事人提供早年場地中非常缺乏的肯定與涵容，一步步逐漸提高當事人的覺察與對自我深層的理解。治療師促進當事人對輔助場地的全新感受，然後，這種輔助場地帶來的感受就能被當事人吸收整合〔此類實例可參考Beaumont（1993）、Greenberg（1989）、Harris（1992）、Yontef（1993）之著作〕。

### ● 羞愧感

脆弱的自我過程之一個特別典型與羞愧感密切相關。支持與羞愧感可被視為一條連續譜的兩極，兩者都是調節人際接觸的方式，在被需要與被拒絕之間進前或退縮。儘管人們常認為支持是好的，羞愧感是不好的，但在特定的場地條件下，過多的支持可能導致個體能力的喪失，而過少的羞愧感也可能毫無助益。從積極的意義而言，羞愧感

能使人避免或迴避那些不利的環境，有時甚至還能迴避危險情境（Lee & Wheeler, 1996）。

Jacobs（1996）勾勒出諮商師與當事人之間的關係場地中，羞愧感所造成的特定危害。不對等的權力關係、移情的可能性、當事人相對的弱點、治療師為保護自己的羞愧感而產生的無意識之防衛反應，這些都極可能激起當事人的羞愧體驗。我們也注意到，治療師常會在休假問題上出現掩飾羞愧感的防衛現象。

### ⊰⊱ 實例 ⊰⊱

當本書作者即將出外度暑期長假時，他的當事人克麗絲感到特別脆弱。在會談中，克麗絲因此而引起的受傷與失落，理應引起諮商師的同理與探究，然而，諮商師體會到的卻是憤慨，並逐漸產生一股壓力急著解釋休假的必要性與合理性。治療師由於自己內心的反應而未對此多說什麼，就讓這件事過去了。但是，在隨後的督導中，治療師逐漸領悟到，克麗絲激起治療師內心深處因拋棄脆弱的當事人而產生的羞愧感，治療師進而產生防衛性反應來保護自己。

對某些當事人而言，羞愧感是如此根深柢固，以至於在治療關係中反覆呈現出羞愧體驗。這一現象源於 Mackewn（1997）所謂的「羞愧情結」（shame-bind），這種情結形成於人們最早期的關係中。當兒童積極地表達出一種需求，或興奮地向環境探索時，照顧者卻表現出冷漠、嘲笑或攻擊性反應。這種拒絕，能量的壓制，被兒童體驗為一種羞愧的感覺。如果類似事件反覆發生，羞愧的感覺就會與最初感受到的需求之間產生緊密的聯繫。正如 Mackewn 所說：

羞愧感與無法接受的需求之間產生永久的連結，結果因此而喪失對需求的覺察，也就是需求喪失了發言權。與羞愧感連結的需求並沒有因此而消失。為了繼續把需求體驗為「非我的」，為了繼續同那個不支持需求的環境和諧共處，每當需求無意識地出現時，個體都會體驗到羞愧感。（1997: 247）

## ● 解決羞愧感的建議

在前面的討論中我們談到，羞愧感可以是個體應對環境時缺乏足夠支持的記號，對治療師而言，羞愧感同樣是當事人在治療系統中缺乏足夠支持的一項記號。永遠不要迫使當事人繼續朝向激起羞愧感的治療方向挺進。

**設法由當事人的角度理解問題**　每個人都知道羞愧的感覺，那種極度孤立的感覺就像在聚光燈下無處藏身一般，這種情況下，完形介入強調諮商師的分離技術（separateness）──提高覺察、觀察當事人的身體姿勢、注意當事人的不適感，這些都將使備感羞愧感的當事人能提高自身的存在感覺。此時諮商師需要聚焦在融入（inclusion）的過程，站在當事人角度，設身處地去想像當事人有何感受與渴望。這時諮商師需要發現當事人的頻率與情感，好能伴隨他左右，成為一個敏感的同伴，而非一個旁觀者。治療師不是冷眼旁觀，而是能共同分享體驗，這樣可能更具有強大的影響力。

### ❀ 實例 ❀

衛斯理想起他父親的行為與自己的拒絕時，重新體驗到當時的羞愧情緒，並開始呈現出退縮行為。諮商師用充滿同

情的語氣說：「要面對那種情形確實很困難，不是嗎？」

**辨識情緒的本質** 羞愧感的本質是一種無意識的過程。通常僅僅是某一情境的人際關係破裂，就可能被認為與所有人的關係都變得一無是處，或認為他們完全無價值或糟透了。治療的部分任務是幫助當事人辨識出，他所體驗的這種被稱為羞愧的特定感覺，認識到羞愧感僅僅是自己的一部分（見上述有關認同自己體驗的部分）。這也向當事人表明，羞愧感是一種可以被容忍、接受和與他人共同分享的情感。正如 Kepner 所說：這些情感「……至少需要引起注意，並被清晰地表達，以便使它們成為語言表達的一部分，而不是成為難言之隱」（1995: 42）。這樣，羞愧感就能在人際互動中得到治癒。

**接受投射** 當事人部分的羞愧反應，與畏縮的表現不同，前者可能是對諮商師的憤怒或挑剔，因為諮商師的評論或介入激起當事人的羞愧反應。儘管許多諮商師對此都感到難以忍受，但是，某個程度而言，對於當事人，這正是個體感到威脅後一種比較健康的反應。對此，危險在於當事人的批評或憤怒可能激起諮商師自己的羞愧感，諮商師需要努力承受或容忍這些攻擊，避免產生任何可能合情合理的防衛性或愧疚性的反應。這樣，你在與當事人的對話式關係中，將處於更有利的位置上，這將有益於澄清目前治療中發生的情形，並由共同創造的經驗中找出自己投入的部分與責任。

**結合非語言線索** 治療師提高對當事人羞愧反應啟動記號之敏感度至關重要。許多羞愧反應源於幼年，當事人太年輕以致無法清晰地表達或了解羞愧的過程，只能以非語言方式來表達。當事人可能出現侷促不安、身體蜷縮的反應、臉色變化、緘默不語，以及自己彷彿是個隱形人的感受。這些非語言線索都能促使你迅速做出反應，防止事態進一步惡化。

## 實例

在諮商師批評茉莉模稜兩可的行為之後，茉莉精神委靡、低著頭，顯得不舒服。諮商師說：「我想你可能不喜歡我剛才所說的話，感覺好像我在『指責你』，是嗎？」茉莉回答：「我只是感到自己很愚蠢」，她抬起頭看著諮商師，似乎對諮商師的自我責難有點驚訝。諮商師讓她說出如何理解對她的評論，從中，她清晰地發現，她的確感到被批評與羞辱。然後諮商師說：「我現在真正能理解你聽到這些話的感受。我想我是有些笨拙，同時看到你因被誤解而受傷的情形，我感到很難過。」

（注意：治療師希望完成四件事情：第一，承認對茉莉的不舒服自己應該負起的責任，並在共同建構的治療關係中確認這一點；第二，澄清來訪者的感覺，並加以同理；第三，提高茉莉的覺察能力，使她意識到諮商師的錯誤，如何影響她的自我支持；第四，向當事人示範接納自己的錯誤，並保持自我支持的適應模式。）

**以接受當事人自我意象（self image）為起點**　當事人對自己過於苛責時，諮商師通常不自覺地試圖將當事人引向相反方向，試圖讓當事人走出羞愧的困境——尤其是當事人明顯犯錯時。治療師會盡力說服當事人，讓他們相信不能「全怪他們」、「不是家裡最愚蠢的人」、「不是一點都不可愛的人」。而實際上，諮商師這樣做恰恰扮演了另一個認為他們不夠好或指責他們犯錯的人。

## ◎ 實例 ◎

　　露長期以來有著飲食方面的問題，對此她一直守口如瓶。當她越來越信任治療師時，她逐漸揭露消極的自我意象，她認為自己醜陋、肥胖與愚蠢。治療師有著良好的支持，能維持創造性漠然與好奇心，他要求露描述更多的細節，包括症狀的嚴重程度。當露表達更多對自己的看法時，她越來越放鬆了。她甚至停下來表示，這是第一次有人專心聆聽，而不試圖讓她相信自己並不愚蠢、肥胖與醜陋。能被治療師理解，使她感到被人接納而如釋重負。在隨後的幾次會談中，她報告這種被理解的感覺仍然使自己感到釋放，縱使她還是相信這些對自我的判斷，但它們已不像先前一樣令人心煩意亂了。

## 維持諮商師的自我支持

　　如果你想成為一位有效、稱職的諮商師，你需要關注你自己的工作狀態、工作滿意度與自我支持。我們提出以下建議：

- ◆ 進行定期的督導。
- ◆ 了解自己何時需要接受個別治療。
- ◆ 以同儕支持團體等形式與同事進行定期交流，尤其當你在私人診所等孤立的環境中工作時。
- ◆ 保持持續的專業發展，例如，參加研討會、工作坊或討論團體。

◆ 維持數量適當而具足夠挑戰性的個案量，使自己在避免耗竭下持續發展。

◆ 保持個案紀錄，並定期回顧每一個案例，以檢查自己工作的效率與滿意度。

◆ 在治療領域之外，尋求支持性的活動與興趣嗜好。

除此之外，你可能需要考慮怎樣在舉步維艱與令人沮喪的會談後支持自己，尤其在工作繁忙時。遇到這種情況時，諮商師應該打電話給同事或督導、外出散步、進行覺察定心練習、冥想練習，或回想自己過去的出色表現。另一些諮商師或者會燃起薰香或蠟燭，打開窗戶透氣、改變氣氛，或打掃一番。無論如何，你對自己支持的責任，實際上，也是自我準備好以接待下一位當事人應具備的責任。

---

**建議** 詢問自己下列問題：

◆ 什麼是我理想的接案人數，與我目前的接案數量差別多大？

◆ 我希望理想的工作時間是每週多少小時（須考慮經濟狀況）？

◆ 有沒有讓我感到效率差或進入膠著、而不願意回想的當事人？

◆ 工作一週後，我覺得如何？精力充沛？疲倦但滿足？還是精疲力竭？

◆ 如果我能隨意地調整治療工作，我想要有何變化？

現在花點時間試著回答上述問題，有令你感到驚訝的回答嗎？看看你現在是否需要採取一些行動，或同你的督導探討相關議題。

---

能了解自己作為一名治療師的工作效能是非常重要的。這並不是說，（尤其是作為完形治療師）我們建議你變成結果導向，而是我們

認為有必要向治療師提供一些引導，以避免灰心喪氣、自欺欺人與徒勞無功。以下建議可能對你回顧特定的案例有所助益。你應該對當事人在治療過程中的各方面情形有一總體的掌握，而非僅僅關注一些細微末節，因為對大部分的治療而言，諮商師與當事人兩者解決一個具挑戰性的議題時，毫無疑問都必會經歷困難、迷惑與失望的時刻。

## 治療進展檢核表

◆ 當事人對治療進展感到滿意。

◆ 你同意（你的督導也同意）。

◆ 你滿足了由最近一次共同回顧中確認出的當事人需要。

◆ 你的反移情對於治療情境而言是適當的。

◆ 當事人由他的朋友、家人與工作中得到的回饋，支持了他自己的自我評估。

◆ 他的功能水準持續提升，並表現出越來越多的自我支持與自我增能的情形。

◆ 他變得更樂於與人交往，並與你有更好的互動。

◆ 他能吸收所學，並開始變得較少墨守成規。

 總結

在治療中，被支持的感覺源於個體與他自身的力量、資源和外界環境間的關係。儘管從場地的角度而言，它們是緊密相關、不可分割的，但是，為了便於讀者更有效理解支持的不同面向，我們選擇使用Perls（1969）自我支持與環境支持的分類方法。此外，我們還描述了諮商師的角色，作為支持性環境的一部分。最後，我們深入探討諮商師關注自我支持的需要。

 推薦書目

Gillie, M. (2000) 'Shame and Bulimia', *British Gestalt Journal*, 9 (2): 98–104.

Greenberg, E. (1995) 'Gestalt therapy and the narcissistically vulnerable client', Paper for the Association for the Advancement of Gestalt therapy Conference (**available on request from the author**).

Korb, M.P., Gorrell, J. and Van De Riet, V. (1989) *Gestalt Therapy: Practice and Theory.* (**see Chapter 3**) (2nd Edn) New York: Pergamon Press.

Lee, R.G. and Wheeler, G. (1996) *The Voice of Shame.* San Francisco: Jossey-Bass for the Gestalt Institute of Cleveland.

Mackewn, J. (1997) *Developing Gestalt Counselling.* (**see Chapter 25 and Chapter 27**) London: Sage.

Perls, L.P. (1992) *Living at the Boundary.* Highland, NY: Gestalt Journal Press.

Tobin, S.A. (1982) 'Self disorders, Gestalt therapy and self psychology', *Gestalt Journal*, 5 (2): 3–44.

Yontef, G. (1993) *Awareness, Dialogue and Process: Essays on Gestalt Therapy.* (**see Chapters 14 and 15**) Highland, NY: Gestalt Journal Press.

# 第 8 章

# 實 驗

　　正如第一章所言，創造力是完形治療師所需的四種基本特徵之一。治療師透過設計及與當事人共同建構實驗，提供當事人嘗試新的行為模式與新的存在方式。當事人當前的問題是固著的完形，或創造性調適對當事人不再適切時，實驗則是最有用的介入方式了。實驗是解開、消退這些固著過程，增大選擇機會與可能性的一種方式。最近研究結果證明，在心理諮商與治療中，嘗試新的存在方式是主要療效因子之一（參考 Shmukler, 1999）。

　　實驗主要用於：

◆ 探索新的存在方式與行為模式。

◆ 提高覺察。

◆ 增加自我支持的能量。

◆ 表達那些未曾表達或處於意識邊緣的體驗。

◆ 重新承認擁有那些被否認的自我部分。

◆ 完成未竟事務。

◆ 嘗試、排練新行為。

　　治療師與當事人的共同參與，自然能產生良好的實驗。一個未曾探索的主題浮現時，一個反覆出現的僵局顯現出來，或一名當事人看

似無法由一個問題中得出新的選擇，在這種膠著的時候，當事人似乎有興趣尋找新的可能性或尋求幫助。治療師貢獻她的創造力、想像力與直覺，為探索提供新的契機。

 實驗的順序

實驗可被分為一系列相互重疊的階段，這些階段可以任何順序出現，但是，通常會按照下列順序進行：

◆ 辨識正在浮現的圖像；

◆ 建議一種實驗；

◆ 評估實驗的「風險」與挑戰；

◆ 展開實驗；

◆ 完成實驗工作；

◆ 吸收與整合實驗所得到的學習。

## 辨識正在浮現的主題或圖像

當與當事人談話時，你可能就開始發現一些主題或圖像的浮現，尤其是談到未竟事務、有問題的、反覆產生或膠著的那些主題或圖像。主題也可能是一些不引人注意的細節。例如，每次他談到特定主題時就全身緊張；或每回他記起某個人時，就顯得委靡不振；或也可能是一個總以相同方式結束的故事。

◦◦◦ 實例 ◦◦◦

貝佛麗正談論著自己生活處處不盡如意，她感到絕望無助，似乎她所有的能力都喪失殆盡。當貝佛麗講述這個故事

時，她反覆提到丈夫對她所做的事橫加指責，而事實上，這些事本該由丈夫負責，在這個故事中充斥著「我無能為力」的訊息。

在這個場景中，你可以看到有一個主題正在浮現——這個案例中，貝佛麗對她與丈夫的關係十分不滿，她敘述的情節都襯托出「看來你先生老是貶低你」這個主題。另一個選擇是，治療師可以給予更為強烈的反應、意象或幻想。例如，你也許可以和她分享一個意象：「我對你有這樣一個圖像，你因為不被人接受而感到非常無助。」在這案例中，你向當事人描繪出正在浮現的圖像。根據當事人反應出的強度或興趣，你可以核對出你在強調或發現對當事人來說重要而有意義的事情上，有多少準確性。

## 建議實驗

對於何時適合向當事人建議實驗，這難以訂出一個指導準則。一方面，實驗可用於接續本已中斷的過程，或者引導當事人朝向新的方向；另一方面，實驗也可用以緩衝直接進入行動而引發的不適，或作為在治療師與當事人間產生關係不協調時的一種掩飾手段。大多數的完形治療師好像都很相信自己的直覺，他們常常憑直覺引用實驗，而為治療注入新意。通常，一個簡單提高覺察的實驗就足以轉移當事人的能量，從而使她自然而然地轉向新的自我意識與存在方式。然而有時候，儘管當事人知道自己希望有所改變，仍然故步自封；儘管獲得新的覺察與洞見，她依然固著於自己舊有的思維、情感與行為模式。

然而，為了做出改變，當事人必須面對新而不確定的探索所帶來的焦慮。Perls 等人（1989/1951）曾提及，治療是一次「安全的應急事件」（safe emergency），即當事人在面臨變化帶來的風險時，

需要有足夠的支持與安全感。第一步是詢問當事人是否已準備好要嘗試新的事物，當你第一次建議實驗時，最好與當事人有一個明確的口頭契約，例如：

> 「你和丈夫的關係看來對你非常重要，也存在許多的困難。如何能以新的角度來探索這個問題，我有個建議，我可能要求你試著想像或做一些以前從未嘗試過的事情，你願意試試嗎？」

治療師在建議實驗同時，要讓當事人知道，她有權力拒絕你的建議，這點是非常重要的。如果當事人勉為其難，只為順應治療師的建議，那麼這實驗不僅僅注定失敗，也會重複與再次強化當事人先前固著的完形與自我限制的模式。當事人拒絕的權力應該清晰明確地表明：「你是可以拒絕的」，此時，治療師還應對當事人的身體訊號與其他適應性跡象仔細觀察。這並不是說當事人必須完全承諾，要麼完全贊同，不然就徹底否定，但毫無疑問，當事人的焦慮至少要能夠被其自身的動力與興致所平衡（見下文「風險評估」的內容）。

對於那些對實驗較熟悉的當事人，我們可能只需要簡單的契約即可，例如，「我有個建議，你感興趣嗎？」「你想要實驗一下嗎？」儘管這不必太正式，但是，讓當事人知道他確實有權利拒絕進行實驗依然相當重要（甚至當你對自己聰穎的實驗設計充滿熱誠之時）。

## 風險評估

下一步是發現最具成效的挑戰程度。對某位當事人舉步維艱的實驗，對另一位當事人可能輕而易舉。任務是發現風險的程度，以創造安全的應急事件，使當事人雖竭盡全力，仍足以勝任安排的實驗。過

高的風險往往使當事人再次體驗到受創經驗或無望感，過低的風險則使當事人毫無所獲。每個當事人都有不同的敏感度與風險閾值，而且，不同的實驗對於不同的當事人而言，所具有的挑戰性也不盡相同。有些當事人發現身體行動的實驗極其困難，例如，從椅子上站起來；而有些當事人則發現，表達情感或大聲交談更為困難。這些都很容易引起某些當事人的羞愧感，治療師須對這些情況特別留意。甚至開始建議：「我想建議你進行一個實驗，以對這個困境進行一些探索」，這樣的建議也可能引起當事人產生不必要的壓力與羞愧感。當事人對你最初建議產生的言語反應與身體反應，都向你提示他們對風險知覺強弱的記號。

> 「我建議你同你丈夫就指責一事談一談，請你想像他現在與我們在一起，正坐在對面的那把椅子上。」貝佛麗對這個建議顯得緊張，然而她卻說：「我想我可以做做看，雖然我感到害怕，但我還是準備嘗試一下。」

如果貝佛麗發現這個建議過於困難，我們可能需要與她協商出另一個具有類似過程的實驗。例如，我們可以讓她回憶一個丈夫指責她的真實情景，然後想像在那情境中如何回應丈夫。在實驗實施的過程中，你需要隨時隨地監控風險，根據當事人自我支持的改變，隨時多多少少地調整風險強度。

當你向當事人提出建議時，有幾種不同風險調節方式可供選擇——從最小的挑戰開始進行，如思考和談論一種新的行為模式，到將這些新的行為應用在諮商外的情境。例如，下面的實驗是根據貝佛麗的情況，由易到難逐漸增加挑戰的設計：

◆ 談論在這種處境下，她可能會有的與以往不同的新行為。

◆ 請她在想像中，觀看實驗的進行。

◆ 大聲告訴治療師，在她想像中有何異於以往的行為。

◆ 在治療室中嘗試練習這些新的行為。

◆ 全心全意地體會在實驗中的體驗。

◆ 離開治療室後，在現實情境中練習新行為。

另外，在實驗實施過程中，也有幾種不同的風險調節方式：

◆ 讓她暫停片刻以調整呼吸。

◆ 建議她暫停片刻，並注意自己當時的體驗。

◆ 提醒她，你一直在旁支持她。

◆ 坐得離她近一點或遠一點。

◆ 改變情境，例如，治療師可以說：「我要你想像一下，你丈夫停止說話，只專心聽你說話。」

◆ 建議她想像有人正在支持她──「你想像有一個強壯的人正站在你旁邊。」

上述原則中最重要的是，你對實驗應傳遞一種非批判性態度，以避免對治療方向有引導之嫌。對實驗的進行應隨時準備終止、改變方向或放棄重來。沒有絕對**正確的**實驗結果。確切地說，一個**實驗**主要是觀察能浮現出什麼內容，而非預設結果。

## 展開實驗

一個實驗往往始於一個簡單的圖像、意象或主題。當這個實驗展開時，將會浮現更多的形式與結構。這也是最能呈現治療師創造力的階段，隨著實驗的逐漸開展，她需要能對當事人投以同理與直覺，隨時準備在合適時刻提出建議，當她追蹤當事人實際的進展時，願意靈活地變換實驗方向。在評估治療方向與治療師個人涉入程度時，治療

師除了根據當事人的回饋外，還會運用自己的觀察、想像與自身的反移情。

此時，我們將詳細描述完形實驗中最常見的兩種方法。

## ▶ 放大（amplification）與節制（moderation）

一項提高覺察的有效技術是讓當事人誇大他們目前的行為。這項技術的理論依據是：我們的內在體驗常常透過我們的身體語言及行為來表達，因此，任何一個不經意的動作，例如，皺眉或微笑、聳肩或直指的手指，如果加以注意、誇大或重演，都可能是呈現當事人處於意識邊緣之體驗的有力指標。同樣地，不經意的一句話或某種語調，也會揭露一個人可能正在否認或迴避的感受。

### ❀❀ 實例 ❀❀

在一次夫妻治療中，娜塔莎歪著頭，翹著她的下巴說：「我不知道那些事」。治療師要求她將這些姿勢與言詞誇大，她照著做，嘗試用不同的聲調重做一次。當她的下巴更向前翹出，並提高音量時，此時，她的話裡呈現一股盛氣凌人的語氣，她覺察到自己在表達「不知道」時是多麼強硬。最後，她的話語中充滿反抗：「你不能控制我！」娜塔莎的丈夫哈瑞也被要求進行誇大練習，反覆大聲地說：「我覺得很惱火」，直到他感到能與內部自我有所連結。藉由誇大練習，他們才了解兩人長久以來一直迴避正視彼此的憤怒。

也有另一種情況，你可能發現完全不必使用誇大技術來引導當事人溝通，因為你的當事人正使用誇大或快速說話來逃避自己的體驗。

他們使用快速流利的言談與極端的言詞，給人留下善於表達的印象，但實際上，恰恰可逃避對自己真實情感與思想的接觸。一位當事人訴說她感到困惑：「我簡直忍無可忍，我的頭一陣天旋地轉，我快要爆炸了。」治療師建議她進行實驗，平緩地呼吸，並聚焦於自己身上的緊張感。當她平靜下來時，她開始哭泣，她說：「我實在嚇壞了，也覺得很生氣。」

### ▶ 空椅技術

在所有實驗中，「空椅技術」（empty chair）可說是最著名的完形技術。這項技術是用來放大處於意識邊緣的體驗，探索極性、投射與內攝。它不僅為當事人提供表達體驗的機會，並且是一種認出及重新擁有原被忽視特質的方法。此外，空椅技術對於探索人際動力、嘗試新行為具有成效，由於空椅技術的廣為人知與實用，我們將對其進行詳細探討。

顧名思義，「空椅技術」是指在諮商室中使用另一把椅子——平常時候，治療師或當事人並不使用這把椅子。空椅技術最簡單的形式是，邀請當事人想像他目前或過去生活中的一個人，正坐在對面的椅子上。然後，當事人不假思索地與那人進行交談，這是一種使情境的所有層面浮現出來的好方法，並使它們進入當事人的意識層面。空椅技術也能使體驗變得更直接，而且可以使體驗的所有部分都能表達出來。

### ❋❋ 實例 ❋❋

西卡諾以一種平淡、沮喪的語調，談論著晚上約會因故被取消的事，治療師問他對此感覺如何？剛開始他支支吾

吾、面有慍色地說：「哦！我猜她是不得已的。」治療師聽了覺得話中好像還有些什麼值得探索，她邀他全心全意地再說一遍「她是不得已的」，他照著做了，並逐漸增加能量。治療師建議他移到諮商室裡的另一張椅子上，並盡情表達，他變得越來越生氣。隨著練習的進行，西卡諾在三種情況下徘徊不定：他同情朋友因生病而不得不取消晚上約會；同時，他因計畫被破壞而對她惱火；然後，他因自己生她的氣反倒有些內疚與歉意。很快地，他開始辨認出這是他一貫的反應模式，而且，每次事情結束時，他常常表現得更為沉悶與壓抑。

　　空椅技術也是探索與放大「優勝者─劣敗者」衝突（topdog-underdog conflict）（在內攝與抗拒內攝之間典型內在衝突的比喻）中僵局的傳統方法。強者的「應該與必須」（oughts and shoulds）藉由一把椅子來表達，而弱者的願望與需要透過另一把椅子來表達。在治療師的支持下，「膽怯」的弱者受到鼓勵而獲得力量，並勇敢地與內攝之強者的恐嚇威脅進行抗衡。一種令人滿意的結果是，雙方互相妥協──彼此承認對方的價值，以這種方式，當事人可以發現、承認及協調自己在體驗中互相衝突的部分。

　　治療開始時，當事人對這類想像性的治療技術並不熟悉，花點時間來建立場景，使當事人精神集中、激發興趣，顯得特別重要。無論如何，一旦確定實驗後，例如，讓當事人角色扮演，同另一個想像中的角色進行對話，要允許當事人盡可能地進行想像。下面是一段典型的想像引導語。

## ❧◎ 實例 ◎❧

「如果讓你想像你的丈夫在這個房間裡，那麼他會在哪個位置？是站著還是坐著？離你有多遠？」（註：這有利於創造一個「真實的」場景——例如，一個疏遠冷漠而缺乏愛心的父親，不可能與他的兒子、治療師一同親密地坐在三個人的圈子裡。對他而言，最好是坐在房間裡最遠的那個角落，側著身，讀著報紙。這樣的想像也讓當事人直接對與具有威脅性的人在一起所面臨的風險進行評估。）

「現在閉上你的眼睛，想像他的穿著、他的臉部表情、他坐著或站著的樣子。」（註：這可以了解當事人與對方關係中最重要的層面。）「慢慢地睜開眼睛，看著他，你覺得如何？你在想些什麼？他正在對你說些什麼？你想要對他說些什麼？」（註：這種情況下，你通常會了解到當事人處在這種情境下的困難。例如，「他正在批評我」或「我不敢正視他的臉」。）

你可能需要重複實驗的契約，並重新評估實驗的風險。「你有興趣去找出一種面對丈夫而不感到崩潰的方式嗎？」「告訴他住嘴將會有多大的危險呢？」空椅技術很容易對實驗進行分級，從非常簡單的此時此刻，到複雜而主動地探索自我。例如，對於一個初診的當事人，治療師可以這樣說：

治療師：如果他此刻就在這裡，而你不必顧忌自己所說的話，那麼你想對他說些什麼？

貝佛麗：我想告訴他，對他的不斷指責，我實在煩透了。
　　　　（這可能就足夠了，治療師可以和當事人繼續討論
　　　　當事人與丈夫相處的困難，探索她在此時此地的感
　　　　受，一個級別稍「高」的風險可能是……）

治療師：那麼，想像一下他此刻就在這裡——你願意直接告
　　　　訴他嗎？

貝佛麗：呃……是的，你的意思是……？

治療師：有時將衝突直接帶到諮商室中處理，對你會有所幫
　　　　助的。

貝佛麗：好的，我明白了！

治療師：如果此刻他正和我們在這個諮商室裡，你想他會在
　　　　哪裡？

貝佛麗：哦！那很簡單——在桌子後面——他的桌子比我們
　　　　的這張桌子大多了，椅子也比我們的高。

治療師：繼續想像他坐在那張桌子後面——他看起來怎樣
　　　　（等等）……你想對他說什麼？

貝佛麗：你這個可惡的傢伙（她大聲叫罵），你是十足的混
　　　　帳，你以為你是什麼東西？你以為我是誰？

治療師：告訴他你是貝佛麗。

貝佛麗：我是……我是貝佛麗……我是貝佛麗……我不是你
　　　　的……（貝佛麗聲音減弱，並轉向治療師）我只是
　　　　想說：「我不是你專用的小傭人」。我突然有了新
　　　　發現，你知道他讓我想起誰嗎？

治療師：（假裝不知道）誰？

在這個案例中，空椅技術被用來提高貝佛麗的覺察——她怎樣把

她繼父的形象強加在她那有點控制與壓抑的伴侶身上。另一個風險評估是，讓當事人對想像的對象表達她最脆弱的感受與願望。空椅技術另一個方式是轉換椅子，由對方立場說話，或進行身體表達，例如，情緒宣洩或身體動作的實驗。

## ◎ 忠告

　　儘管空椅技術（或任何這種性質的實驗）的應用日益普遍，治療師仍須慎重考慮。當事人與自我各部分進行對話獲益較大，還是與治療師在此時此刻進行接觸更具療效？在治療師同理的臨在中，和他人接觸良好的當事人，通常更能由多層面的自我探索中獲益，當這樣的當事人談著兩難處境，或與人相處的困難時，談論整個圖像的能量持續擴增與深入，清晰得使人突然感覺到房間裡好像還有第三個人存在似的，此刻，再讓當事人轉向第三者，或同自我的一部分進行對話，就再自然也不過了。然而，對於有些當事人（例如，那些社會孤立或非常退縮的當事人），與其他人建立真實的社會交往極其重要。事實上，這也是他們治療的關鍵目標。對於這些人來說，與他們的自我進行對話，會進一步促使他們迴避與「真實的他人」進行接觸。治療師會注意到實驗很快就變成索然無味，治療師自己會覺得在治療中好像只需要充當一名聽眾，而覺得一切與自己毫無關係。在這些情況下，透過治療師與當事人的持續保持接觸、敘述自己的故事、努力向治療師表達自身的經驗、觀察與體會治療師反應，及對此做出回應等等方式，幫助當事人以更真實的方式與其內在自我保持接觸。

　　對實驗多種選擇進行探討之前，我們還想提出一個忠告。如果當事人的自我非常脆弱（例如，具有分裂性、邊緣性或精神病傾向），原則上最好避免讓這樣的當事人與其自我的不同部分進行雙椅對話（two-chair dialogue）。這些當事人需要將治療關係的穩定性作為實

驗的界限（boundary）和容器（container）。如果他們過於沉溺在自己內部的衝突中，那麼衝突的兩極可能會更趨極端，並使整合的可能性變小。對這樣的當事人，空椅對話基本上只限於用來探索他們與現實生活中某個真實人物此時此刻的人際互動，目的在練習新的溝通方式，或改善自我管理策略。

## ● 實驗的焦點

如前所述，理想上，實驗應由諮商師與當事人共同建構，而不是單憑諮商師預先決定的形式。然而，我們在此將列出一系列可以激發想像力的建議，它們都是同一個實驗的不同手段。有些當事人會發覺視覺實驗比較容易，另一些當事人則發現觸覺或聽覺實驗更為簡易，還有一些當事人則認為身體動作實驗更為可行。治療師要知道（並且要詢問）什麼形式的實驗對當事人較適宜，「你能輕易地想像一個人的具體形象嗎？你能感受到自己身上的能量或情感嗎？」等等。

實驗的種類很多，通常包含以下幾種主要類型。

**停留在僵局中**　建議當事人什麼都不要做，也是一種饒富成效的實驗，通常當事人想藉由不同的方法（例如，調整接觸等）來避免面對困境，建議當事人停留在膠著或無能為力的體驗中，也可能產生深切的覺察（見第三章，我們已提及的改變的矛盾原則）。

**引導或提高覺察**　聚焦於內部體驗：體會不同的身體姿勢、注意身體的知覺與情緒感受，關注正在思考什麼？增加對緊張或放鬆的覺察，所有這些都能提高對身體過程的覺察，並讓當事人注意到他的思考與感受是如何透過身體而得以表現。鼓勵當事人審視自己的內部體驗，並大聲說出這些體驗，如此也能提高當事人的覺察。

引導視覺想像：當事人閉上眼睛，（在諮商師的引導下）探索過去生活的幾個場景，並根據這些想像來改變他的場景，或憧憬未來可

能的場景。當事人要充分利用自己的所有感官，盡其所能地進行想像。

使用藝術媒材：當事人可以使用粉蠟筆、油畫顏料或黏土等，來展現他的內在或外在世界。通常這是在一張很大的白紙上進行，這張白紙為實驗提供了容器與界限。

**逆轉、誇大或削弱慣性反應（或創造一個新反應）** 當當事人呈現一個膠著的情境時，看看你是否能辨識出其中的核心特質與態度，例如，頑固、愧疚或完美主義。然後，想像這項特質處在兩極連續譜中的哪一個位置。例如，這個特質的相對點是什麼——相對應的另一極為何？或這項特質落在兩極連續譜中的中點嗎？當事人是否限制自己只能處在這個連續譜的某一位置？這些都能引導你對當事人拓展其反應目錄之建議提供線索。事實上，實驗提供的選擇有：反其道而行（逆轉）、多做（誇大）或少做（削弱）。

**演出（enactment）** 有兩種類型的演出或角色扮演：一種角色扮演是當事人在想像中，和他過去或目前生活中的真實人物進行互動，這是一個特別有效的實驗，因為它在治療室中直接建構連結外在真實事件的情境。另一種角色扮演是用於當事人表達未能完全覺察到的自我否認，或處於自己意識邊緣的部分時（見前述的「空椅技術」）。這樣，當事人能與這些不同的特質或自我的某些部分進行對話。對兩極進行探索時，經常使用到這種技術。例如，一個當事人對自己習慣性地對人體貼感到筋疲力盡，治療師可以讓他想像自己粗魯的一面，想像它正坐在對面椅子上，試著與它對話。當事人也可以探索他的內在對話，聆聽與表達自己不同的部分，可能是爭執或衝突——為了便於進行，當事人通常需要不斷更換座位來進行對話。總之，重演對完成完形（表達出未被表達的情感或思想）、澄清核心信念或內攝、接受被否認的自我部分，以及練習新的行為，都非常有效。

**團體實驗**　雕塑（sculpts）：當事人運用團體其他成員來呈現自己的家庭成員或工作夥伴，他根據家庭成員或工作夥伴的相互關係來安排這些團體成員的位置。主要是探索自己與其他扮演者在不同位置上的感受，這些角色人物也可以試著移動到其他位置上去體會感受等等。

練習（practising）：一個團體就是一個理想的論壇，成員可從中練習新的人際行為，或與他人相處的方式（例如，學著說「不」或表達情感）。

替身（doubling）：團體其他成員可以扮演當事人正在談論的那個角色。當事人站在這個團體成員背後，將手放在她的肩上，簡潔地描述那個被提到的對象——「我是一個三十歲的已婚婦女，感到筋疲力盡，我希望自己可以不用再工作了。」若當事人願意，當事人也可以由另一位團體成員來扮演。

角色交換（reversal of positions）：團體內兩個成員間的問題，可以藉由兩個人互換座位，並分別以對方的態度來進行互動。

心理劇（psychodrama）：團體演出當事人真實生活的完整版，當事人可以在旁觀看（選另一個成員來扮演自己），也可以加入演出，以練習新的反應方式，或與其他角色進行對話等等。

不要忘了將治療師—當事人之間所有的人際互動列入你的目錄之中，讓當事人探索與你的治療關係。例如，「有沒有什麼事是你沒對我說的？」「我說過或做過一些你不喜歡的事情嗎？」「你能想像對我很憤怒的情況嗎？」

## 實例

　　對於貝佛麗，我們可能會直接建議她面對她丈夫，感受一下身體的哪一部位感到緊張或快要崩潰；我們可以鼓勵她採取不同坐姿，觀察自己有什麼感受，注意這些感受正在告訴自己什麼訊息；或看她是否能連結她勇敢的能量，我們可以建議她想像或扮演完全相反的角色，即支持自我，拒絕自責，並拒絕丈夫的指責。她可以試著告訴他，她感到被他脅迫傷害；或採取另一選擇，誇大自己抱怨或無助的命運。

　　切記實驗的範圍可以簡單地以覺察為目標，例如，從「注意你的呼吸」，到複雜而涉及多個過去人物的角色扮演。在實驗早期階段，治療師可能較主動、鼓勵及建議，並且積極投入。實際上，治療師在治療中使用的**任何**介入都是某種程度的實驗，治療師應該捫心自問：「這個情境少了些什麼？如果改變其中一個元素會有什麼結果？如何能產生顯著的改變？當事人是否存在一些迄今尚未表達的重要特質，能在此刻帶出重大改變嗎？」

　　然而，如果實驗設計適切，當事人會逐漸進入狀況，並開始根據實驗的目的做出自我調整：「不，我還有事情需要對他說」或「我剛剛了解一些以前從未知道的事。」接著，就在實驗似乎開始有它自己的生氣時，治療師可以看見當事人的力量漸增。儘管治療師了解對當事人有利的結果為何，她仍然需要專注在**過程**目標上，例如，讓當事人表達出適當的情感、體驗到良好的支持、完成未竟事務、感受到滿足感、重新承認疏離的部分。然而，治療師在心中不應預設特定的結局或結果，也不應設定**內容**目標，這些應該完全掌握在當事人手中。

治療師需要保持創造性漠然的態度，即任何情況都是可能的，任何事都沒有絕對正確或錯誤的結果。

## 完成實驗

有時候（例如角色扮演），在當事人突然掉出角色外，並且想要終止實驗時，此時你需要提醒他：「你似乎已經從角色中跳出來／終止實驗了」，並檢核他是否想要暫停、終止或移往不同的方向。然而，當實驗似乎已達終點時，通常會出現一個停頓。這種停頓常常發生在當事人呈現完成任務的記號後；也可能產生在當事人跳出角色外，轉而向治療師訴說自己的發現，與某種突然得到的頓悟時；還有可能是他自己能量發生改變，而把注意力轉移到其他地方。此刻治療師很容易被自己認為適當的治療結果所迷惑，而鼓勵當事人繼續進行實驗。為了保持創造性漠然，並讓當事人選擇希望達到的任何目標，治療師需要接受許多專業訓練。

由此可見，不可能說：「這是治療應達到的正確目標」，而只能認為治療到達一個新而有意義的階段。然而，為慎重起見，治療師至少要在會談結束前十分鐘結束實驗，讓當事人有足夠時間與治療師重建連結、總結自己的經驗，並結束會談。有時，治療師可以簡單地提醒當事人，會談已接近尾聲，他需要結束了，或實驗暫時需要告一段落，下次會談再繼續。有時諮商師需要善體人意而有創意地發現一些方法，協助當事人結束實驗，並回到此時此刻的關係中。

### ☙ 實例 ☙

貝佛麗正在扮演與想像中的丈夫激烈的爭吵，她情緒激昂。諮商師發覺到離會談結束只剩下十五分鐘，於是決定中

斷實驗，他告訴貝佛麗，因為時間關係，會談即將結束，她需要終止這場衝突。諮商師建議她告訴丈夫，現在要先告一段落，但事情還沒有結束，會再找機會繼續。她想像把丈夫帶到一個安全的地方，他在那兒等待，直到下次需要時再繼續進行。接著，諮商師要求貝佛麗聚焦於自己的呼吸上，關注自己的接觸功能，使自己重新回到治療室與諮商師的同在之中，並檢核自己在會談結束前是否還需要做些什麼。

## 同化（assimilation）

在實驗完成之後，及時總結經驗往往具有成效。此時，當事人可以就認知層面與實際生活層面進行討論，並總結所發生事情的意義與影響。當當事人觀察到自己的信念系統如何限制自己的機會與可能性時，這也成了一個影響深遠的時刻。治療師需要與當事人一起制定計畫，如何將這些新體驗應用到實際生活中。此時，個人與環境的資源相互依存就變得非常重要了。新的領悟、覺察與更多的選擇，可能需要一段時間才能被充分整合。有時當事人突然發覺存在著不同行為方式的可能性時，會有一種明顯的「啊哈」（aha）經驗。其他時候，實驗將是探索結束困境或固著完形的第一步。

### ～◎ 實例 ◎～

貝佛麗表達她的憤怒之後，她發現更能夠自我支持，並能勇敢面對想像中的丈夫，她意識到自己一直以來常常迴避與繼父的衝突，這使她的治療過程進入一個新的階段。她開始探索目前困境的歷史根源，貝佛麗決定在治療外開始發展

不同的行為方式，並就過去的事件直接面質她的繼父。

如果當事人在中途突然中斷實驗，返回此時此刻的情境中，進行總結經驗仍然相當重要。治療師必須提醒當事人，現在實驗已經中斷，並讓當事人意識是什麼造成此次實驗突然中斷，中斷意味著什麼？中斷後的此刻需要做些什麼，以便使他感受到有足夠的完成感覺。

為了讓你對實驗如何開展有所體驗，你可以親自為自己設計一個實驗，以下是我們向你提供的兩個建議。

> **建議** 考慮一件你自己非常渴望但又似乎根本不可能完成的任務（不是指身體上的不可能），為什麼完成這項任務這麼困難？做這件事（或類似的事），你需要哪些潛能？為了完成這項任務，你將不得不做出哪些改變？逐漸降低這些改變的難度，直到能找到一個朝向目標非常微小但具體可行的步驟。以這步驟進行實驗，並注意你的感受與想法。
>
> 仔細考慮整個介入的安排是諮商工作的常態，是否有一些事你從未嘗試過？是否有一些風險你從未敢承擔？作為一名諮商師，對你而言，什麼事風險最大？設計一個實驗，使你能跨出切實可行的第一步。

推薦書目

Perls, F. (1975) *Legacy from Fritz*. (**see Chapter 2**) Palo Alto, CA: Science and Behavior Books.

Polster, E. and Polster, M. (1973) *Gestalt Therapy Integrated*. (**see Chapter 9**) New York: Vintage Books.

Sills, C., Fish, S. and Lapworth, P. (1995) *Gestalt Counselling*. (**see Chapters 12 and 13**) Oxon: Winslow Press.

Smith, E. (1986) 'Retroflection: the forms of non-enactment', *Gestalt Journal*, 9 (1): 63–4.

Zinker, J. (1978) *Creative Process in Gestalt Psychotherapy*. New York: Vintage Books.

# 第 **9** 章

# 接觸調整模式

　　完形治療師認為，心理健康一部分是指個人能與自我、他人保持良好的接觸。然而，我們**如何**建立這種接觸，則需要根據每個特定場地的條件做出相對應的調整。當特定的條件或優先順序有所改變時，我們需要調適或修正我們的行為，以便適切地適應新環境。例如，若不先察看交通狀況，則須壓制自己想強行穿越馬路的衝動；而在葬禮上，壓制自己想哭的衝動可能就顯得不適宜了。從某種意義而言，健康生活本身就是一種創造性調適過程或持續的調整過程，這種適應或調適，不僅是我們滿足不斷變化的需求與處理事物優先順序的最佳方式，也是滿足自己需求與他人或環境需求之間最佳的平衡點。

　　理想上，調適的過程是持續不斷地隨著場地條件的改變而改變。如果我們將這個過程比喻成一個正在成長的兒童，就能淺顯易懂了。嬰兒在困苦時，有機體自然的表達方式就是大聲哭泣，等待別人的關注照料；他們稍稍長大後，創造性調適的方式可能是去找一個朋友尋求安慰、傾訴痛苦。隨著特定的需求不斷出現與重複，兒童毫無疑問能學會滿足與管理這些需求的方法，使自己足以應付成功，這些處理方式漸漸變成習慣性反應。對兒童而言，這一切都是必要而正常的。然而，當這些習慣沒有隨著新而有變化的場地條件更新時，問題就出

現了，這種問題可能只出現在特定的情境中，也可能在各種場合出現，成為一種普遍的接觸模式（常常超乎意識之外）。這種接觸模式可能遍及個人人際互動的各個層面，個人不能靈活地進行新的選擇與調整，因而重複那些曾經管用的反應（至少在當時看似有效）。有時，在受虐兒童身上會看到這樣的情形，當受虐兒童長大成人後，他逃避所有的親密關係，總是以暴飲暴食來應付壓力。當事人尋求諮商的許多原因，常與自己創造性調適的情況有關，他們的創造性調適曾經一度有效，然而現在卻成了固著的完形。

## 從「阻斷」到「調整」──一段歷史紀錄

在完形治療發展的早期階段，治療師就已經注意到，人們在接觸過程中存在著某些相同的方式，最初這些方式是逃避（avoidance）或轉移偏離（diversion），這些行為「阻斷」了接觸及完成的自然過程。Perls（1974）與 Perls 等人（1989/1951）描述了下列模式：**迴射**（retroflection）、**融合**（confluence）、**低敏感**（desensitization）、**內攝**（introjection）、**投射**（projection）、**自我中心**（egotism）〔Polster 與 Polster 在 1973 年加了**偏離**（deflection）〕。

這些對接觸的干擾即稱為「阻斷」（interruption），最初被認為是對充分有效接觸過程的一種阻礙。很多早期的完形治療師嘗試要解構這種阻斷，以協助當事人恢復到最佳的健康狀態。然而，對接觸阻斷的理解，近年來發生根本性的變化〔例如 Swanson, 1988; Mackewn, 1997; Wheeler, 1991; *Gestalt Journal*, 1988: 11(2)〕。在場地論的術語中，沒有一種「阻斷」被認為是絕對的好或絕對的壞、有所幫助或毫無益處，任何一種阻斷是否適宜，是根據每個獨特情境的意義與需求而定。因此，「接觸調整模式」（modifications to contact）被認為是

描述人們一系列創造性調適過程的最佳方式，這些創造性調適過程可能是適當的，也可能是不適當的。一個健康的人應能根據每個新的情境，在完全迴避接觸、部分接觸與充分接觸的這個連續譜中靈活地選擇。所有這些選擇都可能是健康的，端視當時具體的場地條件與個體自身情況而定。

在 Mackewn（1997）的倡導下，我們將七種被普遍認可的接觸調整方式繪製成一道連續譜。我們將它比作顏料色譜上濃淡不同的色彩，這七種傳統的「阻斷」分別代表連續譜上的一極，每一極有其相對立的另一極，在兩極之間有不同濃淡層次的灰色地帶。有時候，這個連續譜上的每一點都是適切的（例如，靈修退省時的與世隔絕現象；母親與嬰兒之間融合一體的現象）。我們現在描述一下這七種接觸模式，依據情境中不同的需求與變化，這一連續譜上的每一點都可能是健康與適宜的。

在下面方框中，我們列出接觸調整的方式，也列出與之對應的另一極，並將其繪製成一個連續譜。我們對每個連續譜中已成為固著完形的極性，分別提出介入處理的策略。你可以繪製自己的連續譜，或探索特定當事人獨特的極性。

---

迴射（retroflection）…………………… 衝動（impulsiveness）

偏離（deflection）………………………… 接受（reception）

低敏感（desensitization）……………敏感（sensitivity）

融合（confluence）………………………… 退縮（withdrawal）

自我中心（egotism）…………………… 自發性（spontaneity）

投射（projection）………………………… 擁有（ownership）

內攝（introjection）……………………… 拒絕（rejection）

---

治療的一般注意事項

在許多情形下，當事人可能沒有意識到他們正以某種特定的方式進行接觸的調整，或者無法意識到他們還有其他的選擇。此時，治療師的任務是提高當事人的覺察，並了解他們如何進行接觸。你也可能還需要考慮，當事人在任何一個兩極的連續譜上缺少什麼？或者在這連續譜上，當事人還可以選擇哪些位置？以及什麼是存在當事人的意識背景中，而他卻未能覺察到的？例如，當事人可能沒有意識到，他一再地轉換話題來逃避一些難以忍受的情緒，或每次他提到父親時，就渾身緊繃，他可能沒有意識到自己正在做忽略表達自我的選擇。你可以為當事人提供一組假設，讓他去思考，或提出一些你已注意並感到好奇的現象。「我覺察到每次你提到父親時，你就握緊拳頭，你注意到了嗎？」或「你有沒有考慮過對父親表達你的憤怒？」

將接觸的調整理解為迴避痛苦或困難感受的方法，這可能有所幫助。這些方式形成之初，能使個人保持安全，並使他們倖免於難。因此，有時為了理解調整的方式，你需要對當事人原來情境中的痛苦與困境，進行設身處地的想像與同理。你也需要協助當事人發現一種新而更具創造力的方式去應付困境，這困境先前藉由特定的固著完形或接觸調整模式來予以因應。有時，當個人竭盡全力，重新調整他們連結的方式時，調整當事人的接觸方式可能成為治療的核心任務。

現在我們將分別對每一個接觸調整模式的極性進行探討，我們主要將聚焦於習慣性地運用無效調整模式的那些時刻。

迴射……衝動

　　個體的迴射是發生在他壓抑自己的行為衝動（言語、情感表達、行為）的時候，此時能量流被阻斷的話，可能產生多種結果，被阻斷的衝動可能會自然消退。然而，如果這種衝動被壓抑的過程一再重複出現，或者如果這個衝動含有巨大能量時，那麼，對它的壓抑就可能使能量轉向個人的自我內在，這可能導致個人產生身體緊繃、身心疾病、憂鬱，甚至自殘行為。

## 治療介入之建議

◆ 探索與迴射同步發生的信念、內攝與早期決定，特別重要的是，找出當事人對於不壓抑能量可能產生什麼後果的想法。只有當事人與諮商師都確信當事人有足夠的支持，並對適當地管理及釋放衝動有所了解時，迴射才能被消除。

### 實例

　　一個名叫貝蓮娜的當事人，不僅忽視自己表達憤怒時明顯的焦慮不安，而且因有不能表達憤怒的內攝觀念，對自己進而產生的迴射現象視若無睹。她為了確信自己在諮商後已經產生改變，選擇練習去責罵公司主管，反而造成自己被降職的不良後果。當然，這更強化了她需要壓抑憤怒的決定，並使她身上迴射的模式更加固著。

◆ 因為迴射的衝動通常被保留在身體之內，所以要釋放迴射的能

量時，關注身體過程是很有用的。讓當事人覺察身體的哪些部位有能量積蓄其中，你也可以讓他由身體的那一部位說說話，給它一個聲音，從那一部位開始表達自己。在某些情境中，你可以建議當事人使用身體的這一部位「呼吸」，並進行放鬆練習。

◆ 在諮商室內重演迴射。在當事人辨識到處於迴射核心地位的內攝信念（例如，「不要生氣」）時，介入處理特別有效。當事人開始關注自己的身體、加大緊張感、大聲複述內攝的訊息，在治療環境的支持下，當他感到做好準備時，他可以釋放緊張情緒，並把能量引導轉向外在世界（見第八章實驗的論述）。

這個連續譜的另一極是衝動或不受限制的表達（unrestrained expression）——最佳情況下，它是行為與接觸的自發性內在動力；不過，它也可能是不適當情感的表達或衝動行為，為自己或別人帶來傷害，例如，自殘行為、失控，或爆發性暴力行為。

## 實例

李奧納德的挫折容忍度很低。在治療中，他談到如果他的員工忘了做某事，或一個電話未接通，他就會十分惱怒。開始時他只是嘀嘀咕咕、坐立不安，接著怒火快速延燒，他會用拳頭砸門（常常傷到自己），或把電話機摔在地上。

## 治療介入之建議

◆ 如果當事人意識到他需要學會控制自己的衝動，那麼，幫助他對自己體驗循環的各階段建立有意識的覺察習慣，將是十分有

幫助的。他需要對自己的感覺與情緒加以關注，產生興趣去辨
識與承認這些感受及情緒。他可以考慮有哪些行動方案可供選
擇，然後選擇其中之一。至此，如果他已完成這些步驟，他可
以慢慢沉靜下來，與更適切的行為逐漸建立連結。當事人可能
發現，要完成這些過程相當困難，因此，有必要在諮商室中一
次又一次地進行體驗練習。治療師也可以為當事人做些示範，
並經常讓當事人覺察自己的感受，辨識、命名這些情緒感受，
以使當事人對自己的衝動有充分認識。

◆ 前面章節提到的覺察定心練習與技術也非常有效。固著於衝動
的當事人常體會到被自己的情緒所擺布，他們可能會說：「那
一刻，唯一的感受就是憤怒，我感覺自己好像快要爆炸了。」
覺察定心練習和提高對身體界限之覺察，都能使當事人控制衝
動，並恢復平靜。

 ## 偏離……接受

偏離意指個體忽略或轉移來自個人內在或外在環境的刺激，從而
使自己避免對這刺激全然地意識或覺察。偏離以阻擋刺激本身或迴避
及隔離刺激為其特徵。當事人常以滔滔不絕、笑鬧而非認真地談論自
己，或總是關注他人需求，來偏離自己的感受及衝動。對他人影響的
偏離，可以表現在每當提到特定問題時，當事人總是不斷地轉移話
題、對某些事置若罔聞，或對人的所言所行加以曲解或自行解釋等等
行為。偏離是一種主動迴避覺察的過程，意味著當事人也會對與迴避
素材相關的介入策略置之不理。偏離這個過程可以是非常微妙的，通
常唯一的線索是當諮商師正和當事人談論某事時，卻發現自己莫名其
妙地扯到別的話題上了，而對自己為何發生這種情況卻一無所知。

## 治療介入之建議

◆ 諮商師需要向當事人示範如何持續地緊緊圍繞在一個主題上進
行探索，並假設當事人這樣做可能有些困難，「我猜你可能對
談論自己被收養一事難以啟齒，甚至不願去回想這件事，這樣
你會感到好過些！」或者如下列實例：

諮商師：你真的認為她是故意不理你的嗎？

當事人：是的。跟上週一樣，她從我身旁直直走過去，只注
意她手中的文件。

諮商師：而你認為這是故意的？

當事人：對人說「你好」是輕而易舉的事，不是嗎？我只是
想和她打個招呼。

諮商師：我注意到你沒有回答我的問題，我的問題是：「你
是否認為那是**故意的**？」

當事人：（停了一會兒，看起來像是要反駁，接著似乎又放
鬆下來）不……哦……我猜可能不是，我猜不是，
她可能恰好沒注意到我，她正在想著別的事……但
是你知道，如果我對她的無禮無動於衷的話，我會
感覺更糟，她只是恰巧沒看到我，那種感覺更難
受，好像我是個隱形人。

諮商師：對你而言，像個隱形人意味著什麼？

當事人：我是那麼卑微？無足輕重？

諮商師：所以，如果她沒有注意到你，那麼就說明了什麼
……你的價值嗎？

◆ 有時，你需要溫和而果斷地打斷這種偏離的過程。例如，在分享你對他們偏離行為的觀察結果，或你個人對那些偏離行為予以反應之前，你可以這樣說：「我需要打斷你一會兒……」或「我發現每次我們談到這個主題時，你就會轉移話題，你自己注意到了嗎？」或者你也可以說：「我注意到你並沒有回答我的問題，我想知道是否你還沒準備好要談這件事？」從某種意義上說，這樣做是允許當事人擁有不去談這些事的權力，同時，提高他們的覺察及保證他們「保持沉默」的權力，這也是相當重要的。

　　我們把連續譜上相反的另一極稱為「接受」（reception）。在這裡，接受是指個體能充分開放地體驗其周圍完整的世界，接受聽起來像是非常正向的特質，但是，如果使用過度，一樣會產生問題。每天，我們每個人都會面臨大量刺激的「瘋狂轟炸」，而我們的內界與中界是源源不斷的感覺、思想與感受之源頭。與偏離者相反，過度接受者由於接受太多刺激，傾向於花太多注意力關注這些刺激，進而發現在任何時候他要忽略這些刺激，或他要對一些相關刺激做出選擇都是困難的。當他掙扎於所有看似重要的資料時，他可能會表現出鉅細靡遺或優柔寡斷的言談方式。過度接受最嚴重的情形發生在精神疾患身上，他們非常清晰地感知到所有刺激，以至於喪失形成有意義完形的能力。

## 治療介入之建議

◆ 幫助當事人更多接觸自己的內界與中界的感覺及想法，確認自己反應的意義，並對所需採取的行動加以命名。

◆ 幫助當事人為自己的體驗排出優先順序。例如，「對你而言，目前最重要的是什麼？你怎麼知道的？還有什麼是重要的？」

◆ 進行覺察定心練習，提高當事人對自己身體感受的覺察。

◆ 探索與他人相處時相關的內攝信念。溫和地邀請當事人想像下列情形：如果他忽略某些事或某些人，不在意某些細節，可能會有什麼結果。

# 低敏感……敏感

低敏感的過程和偏離的過程相似，它是迴避接觸刺激的另一種方式。然而，偏離主要是阻止刺激進入中界的意識範圍，而低敏感則涉及更廣泛的阻斷形式——將刺激擋在個人內界之外。治療師由自己的現象往往可以發現這方面的線索。在低敏感的當事人面前，治療師經常發現自己昏昏欲睡或沉重不堪；而在面對一個偏離的當事人時，治療師的反應則是活力充沛的（例如，惱怒、挫折感或激動不安）。

## 實例

凱蔻從不注意自己什麼時候餓了，或自己在整個治療會談當中的坐姿，她總是坐在椅子邊緣，毫無覺察地緊繃雙腿；尚‧路克提到自己的弟弟死了，而自己卻一點感覺也沒有；珍妮佛曾遭受嚴重的受虐事件，而她卻以無動於衷的聲音敘述著這段受虐經歷。

## 治療介入之建議

◆ 鼓勵當事人注意自己的呼吸、身體感覺，聚焦於提高身體覺察，增加自己對身體的體驗及能量蓄積部位的覺察。

◆ 要求當事人想像他們對某一情景會有何種感受，或者想像其他人對此一情景可能會有何種反應。

◆ 分享你個人對他們低敏感情形的反應，並徵求他們對你反應的意見，觀察他們對你的反應有多少共鳴。

◆ Kepner（1995）提出一項技術或許很有效。他建議去發現當事人身上一個最有感覺的部位，開始鼓勵當事人將情感與這個身體部位建立強烈連結，使當事人了解如何恢復對這種連結的敏感。然後，逐漸將這連結移向身體上鄰近的其他部位，試著擴展敏感的區域。

　　然而，在當事人恢復敏感的過程中，你可能發現自己進入接觸調整的另一個領域，當低敏感的素材特別具有創傷性時，恢復敏感的過程將使這些創傷事件再度變得真實起來，當你將意識之外的創傷事件帶入意識時，你需要特別小心地關注當事人自我支持的能力，否則他極有可能會再度陷入過去創傷的體驗中而無法自拔。

　　當個人體驗到低敏感的相對特質——敏感，會真切地意識到此時此刻的刺激。他能和自己、周圍世界保持和諧的關係，有時這意味一種良好的適應狀態，及一種不同尋常的共鳴能力。然而，如同過度接受者一樣，他可能因為無法忽略過多的感覺刺激而痛苦不堪，這種人看起來疑神疑鬼，或者坦白地說，他無法對感覺的意義或重要性加以判斷。另一方面，我們在認知和情感方面，也能發現當事人存在著過度敏感的現象。

### 實例

　　　瑞格使用偏離來逃避因自己感到無足輕重而生的羞愧感。當進一步探索時，他對別人實際或想像的冷落顯得十分

敏感，任何不經意的評價或模糊的批評，都被他看作是奇恥大辱，且忍無可忍，對別人的憤恨及苛責，能稍微緩和自己心中強烈的痛苦。他將這種情況連結到他與疏離、挑剔的父親之間的相處經驗。

有些人好像同時具有連續譜上兩極的特性，例如，慮病症患者可能對自己的身體感受高度地敏感，卻渾然不覺自己情緒與情感的連結，因此，這樣的人會注意到一些自己並不能解釋的身體症狀。

### 治療介入之建議

◆ 在許多方面，對於敏感者的建議與對低敏感者的建議非常相似，重要的是，對敏感者的介入過程需要非常緩慢，給予當事人足夠時間連結自己，並了解自己身體的感覺可能代表的意義為何。

◆ 在當事人對實際或想像的批評過度敏感時，探索這些情況下他內在發生了什麼，對治療會有所幫助。他感受如何？他如何看待自己與這個世界？對那些認為自己若不是完美無缺，就是一無是處的當事人而言，學會現實檢驗（reality testing）可能對他們獨具療效，當這學習過程發生在會談時，諮商師願意同當事人一起探索就顯得特別重要了。

 融合……退縮

與這個兩極有關的議題是親近與疏遠。健康的人能沿著融合（表達性愛的時刻）與退縮（為了休憩或沉思）之間的連續譜流暢而適切地移動。一個固著的定位顯示出個體在依附或分離上都有些困難。一

個怕親近別人會帶來威脅（失落、被拒絕、受傷或被遺棄）的人，常藉著與別人融為一體或對別人退避三舍來解決這個問題。

##  實例

娜歐米描述與丈夫相處困難時，雙眼凝視著諮商師，她常常嘆氣，並做出一些令人困惑的評論，讓諮商師費解。其他時候，她常常話只說了一半，讓諮商師接著說下去。當諮商師這樣做時，她會點頭，微笑地鼓勵諮商師繼續提問。

娜歐米：我們過去喜歡在一起，做什麼事都在一起，但現在……（點頭示意）

諮商師：現在事情有了變化嗎？

娜歐米：是啊！現在我們爭吵、打架，你很清楚……過去我們常討論一些事，但是……唉！這種事真令人無法忍受。

諮商師：你是說，你們不再討論你們的差異了嗎？

娜歐米：不是的，我們在重要的事情上，從來沒有什麼不同的意見……哦……或者對小事也從未有任何不同的意見，直到……你知道……

諮商師：所以，你是指你們沒有任何差異之處值得討論。

娜歐米：哦！完全正確，我連想也沒想過。

（諮商師開始覺得自己很難展開工作，他不能確認娜歐米的婚姻出了什麼問題。而談話似乎進行得相當流暢，他開始懷疑這個現象是否類似娜歐米在諮商室外的人際關係模

式——在一種不同情境中,重複出現的人際動力過程。)

　　藉由融合來調整接觸的當事人,往往在人際關係中的表現像是你中有我,或我中有你。融合是缺乏區分人際界限的能力,他人的感受與願望輕易地完全占據著這類融合型的當事人,他感覺別人彷彿就是他自己一樣,當面臨分離或受到威脅時,這類當事人往往變得焦慮不安。

## 治療介入之建議

◆ 鼓勵當事人在陳述時,用「我」來做陳述,而不用「它」或「我們」。當諮商師自己要說「我」的時候,可以清楚地示範這個過程,例如,你可以說:「當**我**聽你說這些事時,我覺得難過,**你**自己有何感受?」「我坐在這把椅子上,你坐在對面,此刻你想對我要求些什麼?」

◆ 尋找並強調相同與相異之處,「聽起來好像你同意/對……有同感,但你又好像並不同意/在……上並不贊同。」

◆ 探索對分離、結束及失落的恐懼,並表達同理。

◆ 當在治療過程中出現選擇時,同當事人分享你的想法,並針對未來提供幾種選擇,當事人最喜歡哪種方法?或他另有其他建議?這樣就強調**兩個**人,而非一個人在面對這個問題!

　　習慣於退縮接觸模式的當事人往往不會前來尋求治療,然而,有時他會前來訴說他看到別人比他過得更快樂,他認為自己是否「缺少些什麼」,他可能用隱喻來形容自己。例如,自己感覺像個外星人,或者說自己困在一個虛幻世界中,或被一面無形的牆所包圍。

## 治療介入之建議

◆ 當你要處理將退縮作為習慣性接觸模式的當事人，你可能很容易感覺到幾個月的治療介入毫無進展，你必須耐心地去建立治療同盟，並採用溫和的對話策略。

◆ 如果在治療會談中，他表現出退縮時，不要催促他，且咄咄逼人地問：「你怎麼了？」這可能會進一步增加他的退縮，你要採取一種創造性漠然的態度，安靜地等待他，但要注意自己不要也陷入與當事人相同的退縮模式，你自己可以靜靜地進行融入練習，保持警醒及興趣。有時，你可以選擇偶爾提出一些邀請。例如，「現在的你看起來好像需要安靜片刻，我可以等待／我可以與你一起安靜一會兒，我只是想說，如果你願意談一下發生了什麼，我將會非常樂於聆聽的。」

◆ 如果當事人和你在互動時出現退縮，這有可能（很可能）是對你的反應，你可以告訴他，你已經注意到他的退縮，並且很想了解，是否因為你說了或做了什麼，使他想要遠離一些。如果他承認他的退縮的確是因你而起，那麼，你要準備好去了解他的體驗，並了解他何以覺得需要保護自己。你可以問他，為能使他與你重新建立治療關係，他需要哪些協助。

## 自我中心……自發性

健康的自我中心是一種自我反省（self-reflection）的能力，自我中心在最好的狀態下可以稱作「自我意識」（self-consciousness）。作為一種習慣性的調整模式，自我中心以過度地全神貫注在自己的思想、感受、行為，及對他人的影響為特性。這種全神貫注可能是正向

的、讚賞的或自鳴得意的，或者是批判性與貶低性的，這兩種傾向都是當事人對現實人際接觸的一種迴避。治療任務是鼓勵當事人從他們的自我監控與自我反省中走出來，轉向到與諮商師、或與外在環境進行更在當下的接觸。

### 實例

凱絲講到這禮拜所發生的不愉快經驗時，常常講不下去而眺望窗外。當諮商師問她發生了什麼事，她說她只是想到自己多麼愚蠢，別人一定認為她很笨，諮商師一定在想為何她總是顛三倒四。

## 治療介入之建議

◆ 在治療室中，要注意當事人如何中斷自己與你的接觸，轉而專注自己內在對話的過程，讓他能與你一起回到此時此刻。對當事人目前擔心自己的體驗、擔心別人的印象，及希望表現出絕對「完美」的需求，諮商師可以表示同理。

◆ 鼓勵當事人練習聚焦於身體過程的覺察定心技術，並加強對外在環境的關注〔「放下理智，朝向感悟」（lose your mind and come to your senses）〕。

這個連續譜的另一極是自發性，適當的自發性能使人充實而豐富地生活在此時此刻，自發性在審慎和思辨的西方文化氛圍中極為罕見。然而，自發性在沒有約束之下，則欠缺必要的自我反思和自我審視；諷刺的是，自發性常是導致諮商師產生不恰當行為、考慮不周的介入策略，以及破壞治療界限等等問題的根源。令人遺憾的是，完形

治療新手在從業的前幾年尤其容易出現這些問題，我們在衝動疾患（impulse disorder）、躁症及反社會行為中，可以發現這種自發性調整模式。

 **實例**

　　三十歲的希雅特是一個非常活潑的婦女，在一次評估性會談中，她透露自己在過去很長一段時間裡，總是頻頻陷入困境或險境。她曾在派對中向陌生人買過毒品，而且有一次還遭到搶劫。另外一次，在外國的一個首都城市狂歡之後，她發現自己身無分文。對於發生在她身上的一連串事件，希雅特從不認為與自己的行為有關。

## 治療介入之建議

◆ 為了避免更加痛苦的內在體驗，過度衝動的當事人可能使用自發性調整模式，這使他好像可藉由付諸行動而將自己從情緒感受中解脫出來。會談時，為當事人提供一個空間，使他能充分訴說自己的故事，一旦他轉而講一個「令人興奮的戲劇性故事」時，則應打斷他，問他一下，他如何理解這些事？對於這些事情，他有何想法、感受？使他暫停片刻、好能釐清自己的感受（包含當時的情感和現在因回憶而喚起的情感）。

◆ 在當事人感到迫切地想做某事之前，幫助他先想想在那些時刻中，曾有什麼想法浮現心頭？問他內在正在發生什麼？有哪些感受（例如，厭煩、恐懼、空虛、枯燥、哀傷），探索是否有

必要迴避那些感受。如果體驗這些感受會產生焦慮不安的話，就要聚焦在建立自我支持與適當的環境支持。

 ## 投射……擁有

關於投射的概念，有時顯得混淆不清，其原因在於投射一詞至少有三種不同的用法與解釋。第一，投射意指我們對那些不存在事物的想像能力、對未來的揣測，及我們的創造能力。如同藝術家將他們的想像投射到畫布、小說和電影中，由這種意義而言，投射是人類功能的重要組成部分（想像力使我們成為獨特的人類）。其次，當被投射的內容與過去有關，且不適切時，則被理解為移情（transference），例如，當事人將諮商師視為自己的母親或父親來對待。第三，投射與個體否認或疏離的自我部分有關，在當事人掙扎是否要接受與自我概念不符的人格特質時，他可能無意識地將這種特質投射到他人身上，這就是我們在此所指的投射。

### 實例

一位努力工作的當事人告訴我們，有一次，當他結束一天繁忙的工作之後，回到家，在門口遇到妻子，他對妻子說：「你看起來很累。」他的妻子聰慧地回應：「你應該躺下來，休息幾小時。」當他醒來後，妻子對他說：「我現在看起來是不是有精神多了？」

# 治療介入之建議

◆ Perls（1969: 72）認為，投射的病理在於當事人只做了「部分投射」（partial projection），藉由鼓勵當事人練習「整體的投射」（total projection），來啟動重新接納自己想法或態度的過程。他建議當事人先誇大自己的投射，然後轉而盡可能地認同這個特質本身。空椅技術是用來進行這類探索的理想方法。

◆ 當當事人認為諮商師是一位挑剔或批判（而你堅信自己並沒有）的人時，這時先要探索這種想像對他的意義與影響為何。「同那些你認為總愛批評你的人在一起，你的感覺是？」以此開始探索他們內在有相似特質的可能性。「你是否感覺自己對**我**也很挑剔？」起初當事人往往予以否認，「沒有，我從來沒有批評過你，你總是盡力做到最好……」，你可能需要循序漸進地開始，例如，「**如果**你對我挑剔的話，你會說的是？」有時，我們可以建議當事人四周環視這個房間，尋找一些不喜歡的物品、顏色或形狀，讓他先練習對治療師所擁有的物品進行批判或挑剔，然後漸漸增加強度，直到他們有勇氣說出不喜歡治療師對待他們的哪些言談舉止（這確實是一個極具可能性的領域）。

◆ 另一種介入方式是調查當事人如何逐漸形成他自己的投射，諮商師可以自問，自己做了什麼或說了什麼，使當事人認為你在批評他們？投射常常是相互建構的，諮商師要在當事人的觀點中尋找「事實根據」，很可能在某種程度上，諮商師促成當事人產生這種體驗；諮商師若願意承認自己對當事人投射現象的影響，反而能正常看待（nomalize）當事人的體驗及被拒絕的態度。

◆ 在整個探索過程中，諮商師要保持創造性漠然的態度，對被否認的特質予以正常看待，及避免當事人產生羞愧反應，這都是極為重要的。

擁有（ownership）這極性常常是完形實務的基石，這是承擔自己各方面責任的一種概念。不過，如果做得太超過，則當事人會接受或承擔那些不屬於自己的責任。在極端情形下，當事人會表現出自責或極端的罪惡感。

## 治療介入之建議

◆ 藉由對當事人的責任感和罪惡感進行同理的探究，能開始過濾哪些責任屬於自己，哪些責任不屬於自己的過程。

◆ 讓當事人對情境進行認知的探索，並使用當事人的中界去澄清事實。詢問當事人如何判斷責任是否歸屬自己，這種方式對於遭受性侵害與突然遭遇喪親者尤其合適。

 ## 內攝……拒絕

內攝是指將外在環境中的觀點、態度或指示，不加質疑地全盤吸收的過程，並認為這樣做是天經地義的。內攝的內容並沒有經過適當的分析、領會或吸收，純粹只是囫圇吞棗。在我們的經驗中，內攝往往是大多數其他固著的調整模式之核心。內攝的明顯實例可見於對兒童的強制性指令，這些指令通常被兒童不加理解地全盤吸收。例如，「不要在河邊玩耍」或「天黑之前要回家」。內攝的其他實例還包括「不要依靠別人」、「你永遠不會成功」。在內攝影響下的個體，內心會體驗到一種須遵守內攝的強大壓力，如果試圖抵抗，必將感到不適。有時，如果當事人關注自己的中界，他會產生彷彿聽到真切指令

一般，如果被問起，甚至能說出是誰把這指令「傳給」他的。然而，內攝也是個人有效適應的基本部分，它能使我們內化重要的社會規範，並與教育體制進行協商。身為治療師，內攝可讓我們暫時採用別人的經驗與策略，直到找到自己的策略為止。例如，實習治療師處理那些有暴力史的當事人時，可能就要遵循下列的內攝：「千萬不要在深夜單獨會見當事人」。

> **♥建議**　回顧你的童年生活，在你的家庭中有哪些訊息或指令？在飲食方面有哪些特別的規條？例如，「不要把手撐在桌面上」、「不要狼吞虎嚥」。關於你的身體、誠實、道德、文化，你曾經接受過哪些訊息？現在反思一下，有多少早年的指令你目前仍在遵行。作為一個成人，你能自由選擇遵從與否嗎？還是有一些指令，你直到今天仍舊毫不懷疑地遵行呢？

當事人前來治療的許多問題都源自這些無意識、不假思索地吸收進來的信念或觀點。治療師的工作就是要協助當事人將這些內攝帶到意識層面來，使當事人能對其做出取捨。治療師一般不該試圖影響當事人的判斷，這是當事人的特權，去決定是否保留或拒絕這些內攝的信念。

## 治療介入之建議

◆ 辨識內攝的全部含意。你可以藉助以現象學方法進行細膩的探索，這樣可將內攝或信念帶到意識層面。

「我注意到你有一個強烈信念，認為自己是不可能把事情做對的！」

「你如何得到這樣的結論，表達自己的情感是懦弱的象徵？」

「你如何會對那個觀念深信不疑？」

「這是真的嗎？你**永遠不可能**把**任何**事做好？！」

「你真的認為表達自己的感情**每次都是錯誤**的嗎？」

◆ 為了理解內攝對當事人目前的限制，在當事人具備足夠支持的前提下，可以請當事人誇大內攝，「用同樣的力道和肯定說服我，（例如）你永遠不會讓自己生氣」。你也可以讓當事人大聲說出，甚至喊出他的信念：「我在**任何**情況下，都**絕不**表現出自己的憤怒！」有時，這本身就能將內攝清晰地帶到意識層面，使當事人逐漸意識到自己如何頑固地堅持自己信念，如何不假思索地將此一信念應用在所有情境。此刻，當事人逐漸開始好奇，甚至疑惑為何自己會如此強烈地執著於這個信念。

◆ 有時，諮商師有必要透過角色扮演或重演，來幫助當事人再次面對產生內攝訊息的人或情境；然後，他需要應用此時此刻所有的資源與理解，對是否拒絕這些訊息或要修改這些訊息，或對給予內攝訊息的特定人士進行辯駁等等，做出新的選擇。

◆ 尋找另一個能與這個內攝信念相抗衡的內攝。尋找當事人認同、敬仰與崇拜的人，而此人恰巧與當事人有相反的信念，這將影響當事人的內攝情況，會是相當有效的策略。

◆ 將內攝當作主要接觸調整模式的當事人，也可能會積極地內攝你的信念，諮商師很容易忽略這一點。若有人願意死心塌地地聽從自己，很少有人會不樂意的。因此，審視整個過程，並讓當事人意識到自己如何不問理由地全盤接受諮商師的觀點，這是非常重要的。每當他表示贊同前，都應鼓勵他稍停片刻，並仔細思量。

內攝的相反一極是拒絕，當一種態度或信念（或者是來自治療師的介入）與當事人價值觀或人格整合相衝突時，拒絕是有益健康的。

然而，有時當事人可能把拒絕當作一種習慣性模式。例如，他可能反對或「唾棄」你的每一項介入，或者他可能拒絕某個特定層面，或涉及某個特定主題的任何事情。有時，當事人不僅排斥別人的某些觀點，甚至拒絕與此相關的任何事物，包括愛與關注。因此，拒絕可被視為是缺乏信任、反抗，或過度自我依恃（self-reliance）的表達。

## 治療介入之建議

◆ 當事人常使用拒絕模式來認定自己，在確認「什麼屬於我」和「什麼不屬於我」的掙扎中，當事人可能發現，根據自己不喜歡和不贊成的事情確認「什麼不屬於我」，要比確認「什麼屬於我」更加容易。諮商師透過讓當事人關注自己的內界與中界，認識自己不同的需要、情感和身體感覺，並將它們用言語表達出來，這對幫助他們開始了解自己是誰，可能有所助益。

◆ 通常，當事人的拒絕模式來自於對被控制或批評的深深恐懼，你將會發現，這樣的當事人往往不願回答問題或拒絕採納建議。此時，你可能需要保持接納和開放態度，而避免提出要求，甚至提出更多問題。你可以「站在當事人這一邊」（象徵意義和實際行動上都確實如此），讓他講一些他感興趣的事，為了避免留給他強人所難的印象，支持他談論自己和本身的興趣，而盡量減少提問。一旦建立良好的治療關係之後，他就可以輕鬆地面對挑戰，使治療過程中產生更多的樂趣與幽默。

## 治療師的調整

有時，治療師也會以限制治療成效或治療選擇的方式來調整自己的接觸。對治療師而言，他不可能在諮商時完全放棄自己習慣性的接

觸模式，也不可能避免與當事人一起建構其調適模式的過程。我們所能要求自己的是，盡可能保持一種現象學觀點與對話式態度，這將減少我們把自己的模式強加在當事人身上，或者與他們的模式共舞的可能性。

**建議** 反省你自己的接觸模式，你最常使用哪一種（些）調整模式？它們怎麼影響你的接觸？這些調整模式如何影響你的治療工作？例如：

◆ 如果你一般的調整模式是迴射，那麼當你同當事人分享你自己的體驗時，你可能會有些不必要的躊躇猶豫或隱瞞。

◆ 如果你常使用的調整模式是投射，在無意中，你最常將誰的樣子套在當事人身上？

◆ 如果你善於表達，你可能有個傾向，在當事人尚未對其處境探索出意義之前，你就急於自我揭露。

◆ 如果你有融合的傾向，那麼你與反對你的當事人坐在一起時，可能感到困難重重。

　　現在想像你的一位當事人和他常使用的接觸調整模式，他的調整模式與你的調整模式如何互動？你們可能共同建構出哪些有效或無效的關係模式？

## 總結

　　完形諮商師核心原則之一是健康的調適機能，包括能與自己、他人進行良好的接觸。然而，即使我們夢寐以求，但要期待我們隨時都能同每一個浮現的圖像或需求進行充分的接觸，那可說是緣木求魚。

每一個情境要求一個獨特的反應，通常是對接觸的一些適應或調整。良好的接觸必須是恰當和相互關聯的。因為我們已經內攝了「助人優先」的訊息，即使我們行色匆匆地趕時間而不願停下來，最後我們仍可能選擇去幫助一位跌倒的路人。我們可能迴射了一個有敵意的評論，而使自己陷入不必要的困難中；我們與愛人在融合時刻裡，彼此融為一體；我們使用投射而能表達同理；我們不去感覺到頭痛，以便能好好地完成重要任務。我們無時無刻都在調整接觸，關鍵是我們要能夠隨機而動，並能充滿各種選擇，這樣我們才能靈活自如地選用連續譜上任何一個接觸模式，並能對每一個新情境持續做出新的調整。

 ## 推薦書目

*The Gestalt Journal* (1988) 'Boundary processes', *Gestalt Journal*, special issue, 11 (2).

Mackewn, J. (1997) *Developing Gestalt Counselling.* (**see Chapter 12**) London: Sage.

Perls, F.S. (1976 [1973]) *The Gestalt Therapy Approach, and Eyewitness to Therapy.* New York: Bantam.

Polster, E. and Polster, M. (1973) *Gestalt therapy Integrated.* (**see Chapter 4**) New York: Vintage Books.

Sills, C., Fish, S. and Lapworth, P. (1995) *Gestalt Counselling.* (**see Chapter 6**) Oxon: Winslow.

Simon, L. (1996) 'The nature of the introject', *The Gestalt Journal*, 19 (2): 101–130.

第 **❿** 章

# 未竟事務

　　在完形治療領域中，最著名的術語之一就是「未竟事務」（unfin-
ished business），同時，它也是本書中多次使用的一個詞彙。這個術
語意指當事人尚未得到圓滿解決或結束的一個過去情景，特別是遭遇
創傷或艱困的情境。在健康情況下，一個需求或圖像的浮現，能量即
被動員起來，接觸發生，而完成完形。然而，如果當事人缺乏資源、
了解或支持來滿意地處理這個情境，那麼，這個情境不是保持懸而未
決、亟需尋求完成，就是被提前而草率地結束，因為當事人會有阻止
完成的內攝或信念，因此需求也往往得不到滿足。當事人可能認為自
己不值得被愛，或是他可能擁有一個內攝或信念：「表達情感是錯誤
的」，如此一來，愛的渴望或情感表達的原始需求就被否認了。而當
事人對此渾然不覺時，或許將否認合理化。例如，「我不需要任何人
的愛」或「我認為情緒只會礙事，應該加以壓抑、避免」，這時能量
流往別處，導致固著的完形或提前而草率地結束，產生令人不能滿意
的結果（因為原先的需求仍未得到滿足）。

　　當然，也可能單單只感到不適或挫折感，有時當事人會報告腦中
出現揮之不去或幻想連連的過去情境，該情境可能涉及某些已經過世
的人，或已經離他遠去的人，或涉及某些感覺被忽略或被虐待的情

境。

通常，能量或掙扎占據了「未竟事務」的核心地位，它們常常會令人渾然未覺，而個人所能覺察到（如果包括所有覺察區域）僅僅是一些看似毫無關聯或神祕莫測的症狀。例如，一個擔心挨打的孩子，其當時反應可能始終繃緊自己的身體，以應付大人的拳頭。成人後，他對此事已全無記憶了，但在面對當前的壓力狀況時，他仍會呈現出僵直的身體姿勢，抱怨全身緊張或缺乏感覺。這種情況下，完成這經驗的自然過程被中斷，大量的能量被用來將未完成情境壓抑在無意識之中，造成其能量資源與自我支持的耗竭。在創傷後壓力症狀中，很容易看到這種症狀表現。例如，當事人會出現瞬間閃現經驗（flash-back）、焦慮及持續的緊張，當事人以一種非常真實的意識，一再地重溫創傷，好像創傷事件還在繼續發生一般，這好似他在無意識中仍在掙扎，想找方法去應付那最初令人難以承受的恐懼。心理諮商的任務是，尋找可以使此人繼續成長的支持、情感表達，或結束這段創傷體驗的過程。

有時，那些無法面對而又揮之不去的情境是可以辨識的。辨識之後，當事人能與諮商師開始進行結束的任務。有時，當事人僅僅需要在足夠的支持下，就能將此情境帶進清晰的意識之中，而促使自己繼續成長。而在其他情況下，當事人看似停滯不前，未完成或未解決事務模糊不清，可能只表現出一些不明原因的慢性緊張與憂鬱；在這種狀態中，當事人內心存在著互相衝突的相對力量，而且這種衝突處於當事人意識之外，卻在僵持中獲得平衡。我們有時將這種狀態稱為僵局（impasse）或膠著點（stuck point）。僵局的一方呈現出想成長、擴充與改變的驅力；同樣強烈的另一方則是抗拒改變，抗拒改變的這一方通常採用一種原始的創造性調適──一種陳舊而習慣性的模式。

造成僵局有許多原因，當事人通常對改變的結果有著許多想法與

恐懼，然而這些都深埋心中，當事人對此只有模糊的意識。藏在僵局之中的也許是強烈的核心信念或內攝。更為常見的是安全而熟悉的舊有模式，儘管這種模式也許令人覺得痛苦或感到不適，然而，在束手無策時，卻也足以使我們的需求得到**足夠的**滿足，且屢試不爽。去應付那些場地條件下的事件與壓力，這些創造性調適無疑是當時所能找到的最佳策略。對當事人而言，放棄這種已經熟練的創造性調適很難，可能有些時候，會感到彷彿要扔掉唯一的救命之繩一般。事實上，在開始面對或審視僵局時，當事人不可避免地會激起個人的焦慮或恐懼，而創造性調適卻能將之加以壓抑。

> 在自我認識的重要改變中，會伴隨著焦慮與憂鬱，確切地說，是因為界限（boundary）的減弱與重新形成，而新的自我尚未完全形成，此時，當事人感到自我存在像瀕臨危境。對當事人而言，這確實是生命攸關之時。隨著當事人界限的擴展與更新，治療師的技巧就可派上用場，用來支持當事人，並「支撐」她，直到她的新自我浮現為止。（Mullen, 1990: 87）

為了描述處理未竟事務、提前而草率的結束及僵局的工作方法，我們將工作分成五大類，有些治療只需要運用其中一類，另一些治療則需要採用全部的工作方法。問題可能僅需一次會談即可處理，或幾個月後得以解決，這取決於場地條件及特定議題的重要性。

## 探索背景

探索背景包括探索未竟事務的起因、歷史淵源、支持未竟事務的

信念、內攝，以及產生圖像的背景。藉由現象學探索與理解的方法，就可以妥善地完成此一任務，以下建議可能有所幫助：

◆ 辨識未完成的情境，只有經過大量的探索，以及使問題或不適感加深之後，未完成情境才有可能浮現出來。

## 實例

　　克麗絲汀曾連續與不同的臨時「繼父」共同生活很長一段時間，他們將她視為累贅。對此，她的創造性調適方式採取了退縮，以及告訴自己，自己並不需要父親，甚至不需要任何男人，一個人也可以自得其樂。然而，在往後的生活中，她尋求諮商，訴說自己在親密關係上的困難。每當她與男友關係中出現挑戰或困難，她就會對對方失去興趣，並覺得他令人厭煩，雙方關係就會變得死氣沉沉，常以男友的離去作為收場。到現在，這情況已發生了好多次，她開始懷疑自己對這種情形應該負起部分責任。原始的創造性調適已成為她未意識到的背景之一部分，她花了幾個月時間才弄清楚過去與此時此刻的關聯，直到這時，她才能了解目前的困難如何與童年經驗中的未竟事務相互連結。

◆ 與當事人共同回溯她感到尚未完成的原始情境或創傷。

　　在諮商師的鼓勵下，克麗絲汀開始回憶起早年生活中「繼父們」來來去去的細節。她能再次體驗不斷遭到忽略與輕視的內心悲傷與痛苦，她記起了最初的挫折感及無助感，那時她總是躲在房裡暗自哭泣。

◆ 找出能量最常出現的地方，例如，受挫的情緒能量、身體的緊張或僵硬，或不斷想像著原本可能或應該發生的事，這些事常常帶有自我批評或自責的意味。

　　克麗絲汀開始意識到，當男友希望進一步發展時，自己變得特別緊張，緊接著變成無精打采。她還意識到那仍是當她身為一個小女孩，和許多新繼父時的記憶，她記起以前一直有個想法，認為一定是自己不好，才不被繼父們喜歡。

◆ 鼓勵當事人提高對其情感、想法、身體感覺及信念充分覺察的能力。

　　經過幾週的療程之後，克麗絲汀又回憶起童年記憶的點點滴滴，意識變得越來越清晰與專注，這種情形特別發生在對自己身體的反應與情緒的覺察上。

◆ 辨識任何阻斷或接觸調整模式。

　　克麗絲汀與諮商師能辨識出她自己的幾種接觸調整模式，她容易迴射自己的情緒，當親密關係即將發生時，她會變成沒有感覺，並將這種冷漠的情形投射到男友身上。

◆ 切記場地論的原則，並確保當事人與你兩個人，對你正在處理的阻斷接觸之特定行為的目的、功能及其相互連結的現象都有深入的了解。討論其對當事人生活的影響，包括對過去與當前處境的後果。如果當事人不這樣做，她的生活會有何不同呢？

這些考量包括須仔細檢核膠著之處所產生的可能效應——它們不但具有限制、約束的作用，但也會產生次級收穫（即它們以某種方式滿足另一種有益的需求）。

很顯然，克麗絲汀與男友在親密關係過程中所表現出的明顯厭倦與不感興趣，與她過去經驗息息相關，而有效地保護她（無意識地）不再受到傷害。克麗絲汀想到自己的行為正在重溫孩童經驗時，她對自己所做的這些連結感到驚愕不已。

在這個探索階段中，有機會將自己過去的故事向一位具有接納特質的諮商師傾訴，這個過程本身有時也會自然地造成事件的完成，或使當事人產生結束的感覺。讓當事人意識到自己處於一種支持性的治療氣氛之中，也許就很足夠了。顯然地，使當事人感到如釋重負或心滿意足，就如同過去記憶之門已經關上，而他們可以向前繼續邁進一般。

# 面對議題或僵局

然而，如果遇到的案例與上述不同時，可能就需要採取更直接的方式。當事人也許會有某種最具挫折感的特定行為、情感或表現。在這種情況下，你有許多不同的選擇，但基本的目標是，設法讓潛抑的部分浮現出來。

◆ 辨識問題的背景後，諮商師可以將工作焦點直接放在這個背景上，指出它如何在此時此刻仍能繼續發揮影響力。同時，也要注意質疑核心信念。有時當事人體驗到治療關係的修補性效應

時，這些信念會因時間而自然地產生變化，也可能由當事人直接表達出來。方法之一是從認知上介入處理，辨識當事人的信念，使其明確地表達出來，檢核這個信念與現實不符之處，然後引出另一種為當事人所能接受的適當信念。

克麗絲汀發現自己相信「沒有男人會關心我，因為我是不值得愛的」，這信念可被分為兩層含意來加以仔細檢驗。且在治療過程中，她也以一種強化其信念的方式來考慮如何調整接觸。當男性諮商師情感連結越近時，她就會對其喪失興趣，並拒絕他的關注，而使諮商師感到被拒於千里之外。此時，諮商師再次發現治療工作困難重重，並意識到自己不時會感到防衛或惱怒。諮商師在接受督導時，他談到自己因被拒絕而感到脆弱，這種感覺也促使他能同理克麗絲汀的退縮情形。最後，克麗絲汀同意考慮以下兩項信念的可能性：「某些男人也許真的關心我」及「我也是值得被愛的」，後來在治療中，她能將後一個句子改成「我是可愛的」。

◆ 有時對當事人而言，哪些部分需要改變可說是非常清晰而卻難以施行。另一些時候，當事人努力往前邁進，但卻停留在僵局之中，一個自己感到徹底膠著或癱瘓之處。他被恐懼與危險感所阻礙，彷彿他的生活受到威脅一般，進一步探索似乎又是不安全或不可能的。這種恐懼常是無以名狀的空虛或混亂，如同自己正處於懸崖的邊緣。這恰巧正是最有可能產生改變與成長之處。Perls 等人（1989/1951）將此刻的治療任務描述成給當事人「創造一個安全的應急事件」（creating a safe emergency）。諮商師對可運用的支持資源與當事人一般情況下能面

對多少挑戰（或緊急事件）的程度，做出臨床判斷。諮商師站在創造性漠然的角度，鼓勵當事人停留在不舒適的膠著之處，使能量逐漸增強，並信任這個過程。諮商師常須忍痛決定，允許當事人的痛苦混亂繼續存在，而不尋找任何輕易的迴避之道（easy avoidance）。

## 實例

另一位當事人娜塔莎，她前來治療的目的，是希望了解自己在親密關係上一直存在著非理性恐懼。當治療工作展開時，她談了許多與男人有關的問題，但卻收效甚微。治療師發現她在談論童年往事時，常常迴避對自己身體感覺的體會，隨著時間的推進，她試著讓自己有更多的感受，但卻陷入莫名的恐懼之中，使得她立即產生畏縮以及被嚇呆的樣子。帶著極大的勇氣（及治療師的強力支持），她決定慢慢面對這個黑暗的角落，在幾個月中不斷地向著黑暗挺進，期間她常常迷失方向，並覺得十分恐懼。治療師也需要竭盡全力地自我支持，以能與當事人的痛苦同在，他在多次督導之後，仍決定去相信當事人自然浮現的過程。最後，娜塔莎記起她所潛抑的一次童年受虐的情景，並能帶著對僵局新的洞察持續地接受治療。

# 利用想像來進行治療

上面幾節重點在於探索並面對未竟事務，以下幾節的重點是將想

像力與創造力帶入處理困境的實驗當中。

◆ 為當事人提供一種到多種的實驗，使他能嘗試不同的表達方式。這一點可藉由想像或在諮商室中（參考關於實驗的第八章）與你進行角色扮演來完成。有些當事人不能產生或想像一個合適的反應模式，在這種情形下，你可以提供一些建議，這些實驗可能小到只是對已故者遺像說聲「我想你」，也可能大到為死亡設計出一場當事人並不在場的葬禮及守靈儀式。

克麗絲汀仍感到有些未釋放的能量，經由再次地敘述自己的故事，她意識到小時候要面對與自己住在一起不同男人的責難與拒絕，自己曾經感到何等軟弱無助。諮商師設計了各式各樣的實驗，期能使克麗絲汀與最具代表性的繼父展開對談。帶著許多支持，克麗絲汀忿忿不平地告訴繼父，自己有多麼憎恨他的侵犯。此後，她變得精力充沛並興奮不已，感覺自己已找回總認為已經喪失殆盡的力量與堅定的自信。

◆ 有時，當事人似乎到了一個地步，不知道自己希望改變的部分能有多少（例如，針對成癮問題時）。此時，討論不同選擇的利弊得失及每一個選擇的可能後果，有時是相當有用的。當事人要清楚變與不變可能帶來的不同結局為何。這意味著如果他選擇改變，他要清楚自己將要放棄什麼（好的部分與壞的部分兼具），同時可能獲得什麼。如果他用固著的完形與舊有模式無法順利預測生活的話，他將需要面對生存的事實。那麼，他就必須面對對此時此刻無法預期或充滿未知的體驗。

◆ 藉由仔細的詢問，可探索出抗拒改變背後的災難式幻想。「如果你一直以目前的方式生活，將會發生什麼？」一直問到這個

主題被充分探索為止。無論如何不要與當事人唱反調，要保持創造性漠然，偶爾問幾個問題，例如，「那會帶來怎樣的危害呢？」這項技術不該運用在極為脆弱的當事人身上，但是對具有足夠自我支持力量的當事人卻深具效力。

## 實例

諮商師：那麼，如果你肯定自己，並要求你的男友，你擔心會發生什麼？

希雅特：他絕對不會喜歡這樣的。

諮商師：那又會發生什麼呢？

希雅特：他可能會離開我。

諮商師：那是什麼意思？

希雅特：那我就變成自己一個人了。

諮商師：那又會發生什麼呢？

希雅特：（停了一會兒）嗯，我有點想說的是，我無法忍受這樣的情況，我活不下去。但我想那不是事實，我可能會非常孤獨，也許我會發瘋。

諮商師：那看起來像是什麼呢？

希雅特：（停了一會兒）哦！我想自己也許不會發瘋。我將會更常去探望朋友（大笑起來）……，事實上有點不可思議——我明白到可能會發生最糟糕的事就是：也許我會受傷。這令我感到如釋重負。

## 利用極性來進行治療

> 每個人都是由一連串數不盡的極性所構成的綜合體。無論何時，只要個體認識自己的某一面，相反的另一面就同時出現。它一直存在那兒如同背景，為當前的經驗提供參考的向度，而且當它累積足夠的力量時，就足以強大地如同浮現的圖像一般，將自己凸顯出來。當這種力量得到支持時，整合就能發展出來。（Polster & Polster, 1974: 61）。

僵局核心中的僵化刻板，也許是來自於一種固著的極性。在所有特質中都存在著兩個極端，人的每個層面都是兩極中的一端，另一端則處於無意識中，並形成襯托那個圖像的背景。有些如同「陽性與陰性」、「強與弱」、「樂與悲」一般清晰可辨；另有些特質則較微妙難辨，在每一個個體上也都呈現出獨一無二的特性。Perls 熱衷地辨識其所謂的「優勝者」（topdog）（「我應該更多運動，吃健康的減肥食品，讀更多完形的書」）及相對的「劣敗者」（underdog）（「當然我會做，但不是現在，或許明天吧！」）這兩種極性或分歧。

我們在第九章討論了接觸調整中具有共同特徵的極性，其他極性的形成則因人而異。健康的機能指的是一種可以隨著情境需要，而在任何兩極中的連續譜上靈活應變的能力。例如，某一名當事人從小就相信極性只有兩種狀態，非強即弱，而且他認為必須一直維持在兩極的優勝者那一端。這意味著他不會輕易示弱，這是他的重要原則。這一點對於他的人際關係非常不利，因為與人要建立親密關係，具有妥協與屈服的能力是不可少的，連續譜上的所有部分都是非常必要的。

例如，為了自我保護，暴力有時是必要的；一個人如果不能欣賞自己身上充分的女性特質，則難以感受到自己身上濃厚的陽剛之氣等等。毫無疑問地，規律皆有例外，過於堅持則可能顯得草率。例如，這世上並不需要肆無忌憚的殘暴行為（對某些當事人而言，將這些完全不想要的特質視為人性扭曲的部分，是很有用的）。考慮到這重要的提醒，我們就能認識到，兩極連續譜上的任何一點都是人生中自然而必需的部分，將極性的一端命名為壞的、弱的或不好的，會使人的觀點固著在僵化的狀態，而這通常會導致這樣的信念——評價多多少少是客觀、真實的。

> ♥建議　辨識一項你從未表達或你相信會令人不悅的一面或特質，一些你明知擁有卻想隱藏的部分，也許是殘暴、挑剔、嫉妒或好爭。讓你自己充分感受這一特質，不論你喜不喜歡它，承認它是你真實的部分之一。看看你是否能找到一個情境，這個特質是情境中必需或有益的部分，你如何由正面來描述它。

完形理論中的一個基本信念就是：主要的不健康過程是疏離（alienation），自己內在各個部分分裂，而難以管理或整合。如同在第九章所描述的，這些分裂的部分常常被投射到別人身上，或被強行壓抑入個人的無意識中，要使它永遠壓抑在無意識中則需要能量，因此，就會減少個體在面對任何緊急狀況下新能量的使用量。發生這種情形的主要途徑之一，就是透過極化（polarization）過程，即當事人為了認同極性的一端而否認另一端。「我永遠不能說謊」或「我永遠不能生氣」、「我永遠不能粗暴地對待我的孩子」。儘管這個過程常常以認知或情緒的方式發生，但也可能以受限或過度表達的身體能量表現出來，治療師的任務就是協助當事人找回靈活而成熟的應對模

式。

◆ 首先，試著辨識當事人所堅守特質之相反面的特質來作為開始。對當事人而言，這是獨一無二的，但自己卻不一定認識得清清楚楚。例如，愛的另一端也許是恨，但也可能是拒絕。儘管你不得不提出建議來協助他們，但應讓當事人試著想像這個特質相反一面的特質為何。

◆ 下一步則是鼓勵當事人想像自己具有相反特質的可能性如何。例如，可以這樣問：「你能想像自己感到……嗎？」通常會激起這樣的反應，「我不可能會有這樣的感覺」、「我無法想像自己有這樣感覺」，或「對我而言，那似乎不太可能」。對持有相反特質可能性的抗拒強度可以為你提供線索，了解在當事人身上，想壓抑而不願讓自己意識到這個特質的能量有多強。

◆ 雙椅技術和角色扮演在此的作用顯而易見，重要的是，雙椅技術能提供當事人辨識相反特質的一些體驗。首先，可能是「好像」（as if），然後如果你的介入是正確的話，當事人將開始關注這個原先被否認的特質，並投入能量。你可以請當事人在對問題相反的兩個態度之間展開一番對話，例如，「我**永遠不會**原諒那個人，因為……」與「我**會**原諒那個人，因為……」，鼓勵當事人全身投入。每次輪流轉換後，在其中一極的位置上都投入強烈的熱誠與能量，輪流地回答另一極的問題，敏銳地捕捉自己的身體反應、感受及應對方式，這種練習在促進新的整合上常有驚人的效力。

◆ 探索為兩極的名稱重新定義。強與弱可重新定義為強或靈活（或敏感、或脆弱、或開放、或慷慨的），看看何者對你的當事人較具有意義。

◆ 重要的是切記，擁有某一極的特定特質，並不表示當事人就會

如此表現出來。承認自己能感受到的部分,例如,凶殘或妒羨的特質,意味著我們認識了自己人性中的各種可能性。

你的目的是協助當事人重建彈性,並沿著兩極間的連續譜移動,使當事人面對固著的完形與新的情境時,能發展出更有彈性與更多可能性的應對模式。兩個極端都能得到肯定,它們之間的任何位置都視為具有潛在的效用,而依個人所處的情境而定。

 # 整合工作

未竟事務的結束也許永遠不會完全達到,我們認為,期待由重大失落、剝奪或受虐所造成的影響中完全康復,是緣木求魚、不切實際的。當事人可能在某特定方面總還是感到脆弱,當新情境引發類似危機時,你可能會一而再、再而三地回到起初的心情狀態。然而,治療的最後階段是吸收整合學習的應對模式,也許還要檢視對此時此刻而言,最恰當的創造性調適模式為何,然後再繼續前進。

> 克麗絲汀決定向她現在的男友分享過去的故事,彼此同意當她感到恐懼和焦慮時,可以一起來面對討論。此後,他們之間的關係變得如同在諮商室中所發生的現象一般,充滿發現與成長的空間。克麗絲汀由未竟事務中破繭而出後,她注意到自己一直用許多方式限制自己對男友的反應,當她遇到須以新的存在方式來應對的新情境時,她為這些挑戰而覺得雀躍不已。

在許多方面,未竟事務均可視為對個體此時此刻健康生活的主要障礙,當治療變得更有成效時,你可以協助當事人更快地辨識出新浮

現之潛在的未竟事務，當事人將學會辨識它們，並立即自行發現適當
的應對方式或實驗，以促使這個未竟事務有可能告一段落。

 推薦書目

Clarkson, P. and Mackewn, J. (1993) *Key Figures in Counselling and Psychotherapy: Fritz Perls*. London: Sage. (**See p. 68–72 and 115–120**)

Korb, M.P., Gorrell, J. and Van De Riet, V. (1989) *Gestalt Therapy: Practice and Theory*. (**See p. 63–64 and 127–129**) (2nd Edn.) New York: Pergamon Press.

Polster, E. and Polster, M. (1973) *Gestalt Therapy Integrated*. (**see Chapter 2**) New York: Vintage Books.

# 第 11 章

# 移情與反移情

> 移情（transference）不被認為是扭曲（distortion），也不被看作是置換（displacement）或退化（regression）等作用，而被當成是當事人組織其場地或理解其經驗之習慣性的表達方式。（Stolorow 等人，引自 Mackewn, 1997: 140）

> 諮商師若不能稱職地處理移情現象，就不能做好心理治療。一個忽略發展性議題的諮商師也難以獲得好的療效。然而，在完形治療中，我們使用對話式關係及現象學觀點來處理這兩個問題。（Yontef, 1991: 18）

 何為移情？

移情這種現象在二十世紀初，由 Freud 首次提出，指的是當事人將過去關係的內容轉移到目前與分析師的治療關係上。當事人似乎將分析師當作過去生活中自己的母親、父親，或某個重要他人來對待。起初，Freud 將移情作為對精神分析的干擾，後來，對移情的詮釋卻

成為 Frued 主要的治療焦點。Perls（1947）極力主張完形治療遠離移情這種觀點，他並不否認移情這一事實，但卻質疑其重要性，他堅持地認為，最重要的治療需求是為獲得一份真實的關係與真誠的接觸。早期完形治療師試圖與精神分析治療分道揚鑣，並常常堅稱自己並不處理移情。事實上，他們的意思是，他們處理移情的方式不同於精神分析師。精神分析師傾向鼓勵及加深移情的發生，完形治療師卻試著在此時此刻來了解與處理移情，移情仍是目前「真實」關係的一部分，也是治療師與當事人相互影響或共同創造的一部分。這與 Freud 學派學者的觀點大相逕庭，Freud 學派認為，移情是由當事人產生而由中立的分析師接收的。Parlett（1991）引用 Beaumont 的話，將移情描述為一個人根據先前的經驗來「編排其心理場地」（constellating the field），直到「場地自己開始決定下一步要發生什麼」（p. 76）。根據這個觀點，諮商師的影響作用對理解移情現象是極為相關的。因此，在完形治療中，將此過程稱為共同移情（co-transference）可能更為貼切。

以下是治療師與當事人共同創造的移情關係（co-created transference）如何發展的範例。

### 實例

　　艾迪絲感覺孤單疏離，她以為全世界都漠視她的感受，長久以來已不習慣於表達自己的心情，因此，她確信自己是不被他人接受的，她漫無目的地訴說著自己的問題。治療師感覺自己無法投入，在不經意中，他開始輕忽她話語的重要性，他漫不經心地聆聽她的故事，不時地看看錶。艾迪絲下意識地捕捉到那些別人不感興趣的熟悉記號，她草草地結束

對枯燥婚姻的描述，最後抱歉地說：「自己可能給治療師帶來太多麻煩了。」會談結束時，他們同意再進行四次會談，但雙方對這個計畫都感到興趣缺缺。

　　幸運的是，在下次會面前，治療師接受了督導，督導時，他坦承自己目前接待一個「相當無趣的當事人」。對那次的會談，他描述得極其枯燥無味且索然無趣。督導感到自己身不由己地被拉入相似的移情過程之中，發現自己幾乎就要相信這個特別的當事人確實令人感到無趣。她及時回過神來，開始詢問艾迪絲的過去，及目前她與治療師正在發展的關係。她提出疑問：「那麼，當中發生了什麼？艾迪絲對此有何反應？她的能量在哪裡？她的身體語言有哪些？」治療師尷尬地意識到，自己並未對這些問題感到好奇而加以探索，漸漸地，他開始意識到他與艾迪絲共同創造了一種疏離而缺乏投入的關係。他探索自己內心的深層感受，並使用雙椅技術來想像他們之間可能產生新的對話之場景。在下一次會談時，他對當事人說：「我一直在思考你的問題，發現我對你了解不多，也不是很清楚當你告訴我某些生活中重要事件時，你感受如何？你願意多告訴我一些嗎？」這次他自始至終保持著臨在與融入的狀態，當艾迪絲對自己感受或反應輕描淡寫時，他會指出她漏掉的部分，並仔細詢問。起初，這使艾迪絲感到迷惑不解，但隨著真誠的互動開始推展，共同創造的場地變得富有活力與生趣。

　　共同創造的移情程度隨每一個情境而有所不同，取決於當事人投射素材的強度與其無意識的深度。毫無疑問地，治療師與當事人在「我—汝」的對話中越投入，發生不適當的移情機會則越少；也就是說，區分治療師與當事人對共同創造之移情現象各有多少促成作用，對理解雙方的移情是大有幫助的。

當事人（任何這樣做的人）將過去的生活素材、記憶或期待投射到此時此刻的過程，是日常生活中必有的過程。當一個老朋友走近我，與我握手之際，我即是用此方式嘗試辨識他的意圖，我的辨識基礎基於我的預期與轉移，即是將過去記憶、我們友誼，或與其他人交往的相似經驗轉移到當下。這種推斷的過程是一種極其重要而不可或缺的功能，它使我們可以根據過往的經驗來了解外界的人與事。正常情況下，這個過程會不斷更新，允許根據當前現實來加以回應，並調整期待。然而，有時我們會自信地認為曾經可靠的，將永遠可靠，而不會嘗試更新我們的參考架構，於是我們形成固著的完形，並因著我們的期待而過濾掉所有新的經驗。如果孩提時，我曾感到父母對我吹毛求疵或漠不關心，那麼我可能會將一生中所有令我想起自己父母的人，都視為吹毛求疵或漠不關心的人（當然，這同樣也適用於正向期待）。如此看來，在完形理論中，移情是一個三部曲的過程。

◆ 首先，它包含將過去關係中的重要人物（或關係中的某些內容）加以內攝。

◆ 其次，個人已內攝的素材被不當地投射到當前的關係中。

◆ 第三，移情在共同創造之關係動力過程中被體驗，然後得以表達或演出，這往往是無意識的，但也常常有可能是部分意識的（尤其是經過多次治療之後）。

**♥建議** 用形容詞或簡要概述迅速地完成下列六個句子。例如，母親是慈祥而體貼的，她照顧你。

母親是……

父親是……

兄弟是……

姊妹是……

男人是……

女人是……

漢姆斯特夫婦是……

　　當一個孩子努力要認識自己所處的世界時，他透過尋找一些存在的模式、發現可預期的事件、建立對因果關係的理解來達成這個目的。為此他需要建立有關這世界的模型或固著的完形，好使自己了解如何與世界互動來滿足自己的需求。這些模型常被用來理解他與周遭重要人物的關係，物質世界與他在其中所處的地位。最早的模型源自於個人與最初照顧者（通常是他的母親或父親）的關係場地，而往往正是這些早年關係為他形成理解所有人際關係的基礎，尤其為最親密的關係奠定了認識、理解的基礎。移情現象明顯地固執不去，往往是由於過去關係中尋求結束的未竟事務浮現所致。

　　例如，如果孩提時，我有一位性情暴虐、不易親近的父親，那麼我對他的適應就形成我有機體自我調節的一部分，每次我看到他，我可能都會預期受到（或轉移）暴虐、傲慢的反應。然而，甚至在我長大離家後，仍預期我所遇到的每個男人都是這種反應，那麼即使這樣的想法可以被理解，但仍是一種不適切與有限的關係連結方式。

　　完形治療理論假設之一是，良好的接觸能為生活與連結增加活力，因此，諮商師的任務是幫助當事人意識，並自由選擇各種連結的新方式，好能在此片刻做出令人滿意（或難以預料）的接觸。而且，諮商師也假設發生在治療室中的移情與接觸調整模式，正是當事人（或他自己）在更廣闊領域中人際關係的寫照。以這種方式，諮商室是當事人現實生活中人際關係的一個縮影。因此，當事人理解自己在此時此刻如何調整人際接觸，將對他外面的生活大有幫助。圖 11-1（Menninger, 1958; Yontef, 1993）標示出過去建立的關係動力，與當

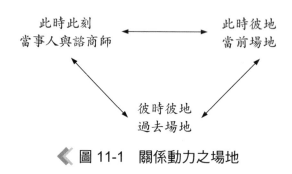

此時此刻
當事人與諮商師

此時彼地
當前場地

彼時彼地
過去場地

**◀ 圖 11-1　關係動力之場地**

前仍保留的關係動力之間的聯繫,包括諮商室內外的關係。

 **如何辨識移情**

　　學習辨識移情現象的特徵,就是在當事人對待你的方式中體驗到不相稱、不協調的感覺。移情是一個**主動**的過程,更正確的用語應該稱為「轉移」(儘管為了清楚起見,我們選擇繼續使用更為普遍的說法)。面對較強烈的移情方式,你可能會有一種感覺,是當事人對待你的方式如此奇怪與不當,使你感到他眼中看到的根本就不是你,你發現很難理解他們對你的反應,似乎你的所言所行只有他們才能了解其真義。例如,有些當事人僅僅經過幾次會談,就將你理想化了,他們告訴你,你是一個完美的諮商師,你所說的一切都極具深度及洞察力,或者只有你才能如此徹底地了解他們。對大多數的諮商師而言,這是難以置信的,尤其當你想與當事人建立足夠良好的關係而費盡心思時。對另一些當事人而言,你的半途休假(早已協商好的)會被視為故意拋棄他們的安排,顯示出你並不在乎他們。經過一番審視,至少在意識層面,他們並無找到支持這一論點的證據,但他們似乎仍對你固守成見。

　　當然,正確地辨識移情(及投射)意味著治療師須具備自我覺察

與清晰的腦力，而這並不容易做到，尤其因為治療師往往也參與在共同創造的移情現象之中，也正因為如此，訓練諮商師全心全意投入治療顯得至關重要。

> **建議**　回顧你自己的生活歷史，尤其是你的人際關係，是否有任何固定或重複的模式真實地遍及你的一生中。例如，選擇的伴侶並不善待你、發現伴侶總是照顧你、發現朋友不是支配你就是順從你。有時在我們的朋友或所愛的人中，可以輕易地看到這些模式。你有這樣的朋友嗎？他似乎老是重複一種特定的人際關係模式，且似乎無法如你與其他旁觀的朋友般，看清楚自己的現象。

移情是原始體驗的再次重現。例如，將治療師視為一個吹毛求疵的父親，或相反地，將其視為溫暖而仁慈的父親，可能反映出當事人將理想父親形象轉移之體驗。以下是四種常見的移情：

◆ 將過去對人的體驗或某些特質，甚至將過去完整的一個人完全投射到治療師身上，當事人也許視治療師是仁慈的、充滿敵意的、吹毛求疵的、將之遺棄的，其實是當事人在過去曾經體驗過的任何一種特質。

◆ 當事人將自己不願正視的層面或特質投射到治療師身上──例如，當事人否認自己憤怒，而感覺是治療師對他憤怒。

◆ 當事人將自己的願望、希望或原始渴望帶入治療關係之中──例如，將治療師理想化或視為自己從來未擁有過的、完美的母親或父親。

◆ 當事人將自己生命腳本中的信念、態度或假設轉移到治療關係中。例如，認為所有男人都是冷漠無情的，或者認為「沒有人

關心我」。

 **建議** 仔細想想，你對以上四種移情的反應為何？你認為最難處理的是哪一種？哪一種特定屬性最令你心神不寧？你可能會被當事人視為侵犯、漠然的諮商師，還是完美、無所不知的諮商師？

　　列出這四種移情之後，我們需要再次強調，移情是取決於場地條件，而經由治療師與當事人共同創造的現象，這意味著你需要以一種不帶防衛及開放的態度來聆聽當事人，並進行探索。通常在你身上有某些部分會刺激或鼓勵當事人產生這種移情，你對當事人的行為、想法及感受，將會影響他們對你的行為、想法與感受。而他們對你的所有反應，也會進一步影響你對他們的反應，如此在關係中發展出共同創造的舞步。

# 如何處理移情

　　顯然地，治療師需要做一個與移情有關的重大抉擇（別忘了，事實上是共同創造的移情），她需要考慮她的策略是否能提高覺察、是否能指出或挑戰移情現象及修補性的反應，或是否允許移情（帶有評論或不帶評論）暫時存在。所有這些選擇適用於治療的不同階段。例如，對非常脆弱或受過創傷的當事人而言，正向移情也許有助於形成治療的同盟，因此不該阻止其發生。同樣地，對於那些遭遇到發展性剝奪的當事人而言，他們也需要移情的暫時支援，以使其能繼續成長。

治療師……願意接受當事人將其視為父母的移情，她直接採取滋養性雙親的姿態，暫且不論別的，只做一個當事人可以依賴的人，一個適當肯定與支持當事人的人……然而，完形治療師總是清清楚楚地知道她一直是*她自己*，並不真的是當事人的父母，只是以關愛的方式不吝惜地對待當事人，她為了協助當事人成長，並不需要使當事人將她與真正的雙親混為一談。（Crocker, 1999: 154，斜體處為原作者強調）。

對於自我支持較強的當事人，你可能希望一旦產生共同創造的移情現象時，就能立刻指出來或面質它。當然，經過一段時間後，移情可能發展或變深，並可能改變或逆轉（正、負向移情互相轉換）。面對一個非常脆弱的當事人（例如，性侵害的倖存者），當你談到一個敏感的主題，想想可能存在的移情動力現象，並思索一下你的說法在當事人眼中有何深意，這是非常重要的。通常，如果當事人真的感覺到自己能，並確實地說出她對你的所有反應，即使看似不合理或令人費解，那也是對她相當有幫助的。你應定期請她回饋對治療的看法。

如果你認為你的當事人也許正在體驗移情的素材，你可以有下列介入處理之選擇。

## 提高覺察

◆ 允許自己不加批判或反對地（或欣賞地）充分體驗移情，這是一項艱難的任務，若有經驗就變得容易多了。透過描述自己所見來提高當事人的覺察，例如，「你似乎不願對我展示你脆弱的一面」。以創造性漠然、同理心與接納來回應當事人的移情表現。

◆ 探索關係中移情的性質——「你對我此刻的想法有何猜測？」或「你似乎期待我此刻挑剔你？」

◆ 猜猜他對此刻的情緒感受，並指認出來。例如，「你是否對我很不耐煩？」重要的是，在指出移情時，千萬不要用批評或反對的口吻，因為那可能引導當事人產生羞愧感，而關閉當事人探索或重新承認強烈或困難情緒的可能性，使當事人探索或重新承認強烈或困難情緒的可能性徹底破壞。如果你看到當事人有這種情形，則讓他停留在這浮現的反應裡（見第七章關於羞愧感之討論），並在稍後回到移情中加以探索。

## 了解相關的誘因

◆ 當事人移情的反應幾乎總是因諮商師的某些特質所引起，這可能是諮商師介入的方式，一個手勢、一種表情或說話的聲調，且常常是在諮商師無意識中顯現出來的。你必須與當事人探索移情是如何發生的。「你剛剛看來似乎突然變得憤怒起來，發生了什麼事？是我做錯了什麼或說錯了什麼嗎？」當事人可能因此對自己的反應有些領悟。諮商師也可以指出自己在那一刻的現象，也許還可能為自己在溝通中的表現或不協調之處表示歉意。

## 探索與其他關係的共鳴

◆ 諮商師可詢問當事人，他對你的感覺是否與他對其他人的感覺一樣。「你是否發現自己在期待生活中的其他人來挑剔你？」這是一種非常有用的方式，開始去強調移情的過程，因為當事人可能從此會明瞭，認為**每個人**會挑剔自己是不太可能發生的。

◆ 雙方討論共同創造場地的可能結果。例如，他可能因為害怕批
　評而從未要求聽取他人的意見，他也許曾成功地使朋友或同事
　們相信他對任何回饋均不感興趣。結果，他從未收到任何好的
　或壞的回饋，也因此無法更新自己在移情上的期待。

◆ 與原始的移情連結起來，探索移情的歷史根源及各種有關因
　素。「你記得以前有過這種感覺嗎？最近一次是誰如此嚴峻地
　批評你？你小時候有人批評過你嗎？」這可能為理解當事人早
　年與重要他人的關係，提供有價值的資源。

## 指認或面質移情，並呈現此時此刻的關係

◆ 當然，這是傳統完形治療師顯然會採用的方法，它拒絕對移情
　視若無睹的處理方式，你可以這樣說：「你似乎把我當成你的
　父親、母親或老師了（等等），從你對我的反應中，我都快不
　認識自己了，你怎麼會這樣看我呢？」或者「你總是不停地要
　我告訴你，如何處理這個問題，好像我說的都是對的一樣，我
　想知道，你怎麼會認為我是無所不知的專家呢？」

◆ 你可以接納當事人的反應是有根據的（儘管可能是移情），並
　真誠地面對、回應，自我揭露你個人的反應或現象。「你認為
　我在批評你，而事實上，我剛剛是關心你」，或如同 Perls 等
　人所說：「他（治療師）會對因意見不合而需要去辯解而生
　氣，有時因致歉而憤怒，或甚至因情境的真相而惱怒。」
　（1989/1951: 249）

◆ 有些當事人很容易將面質當作批評、指責或羞辱，此時，介入
　方式可以使用猜測或假設語氣的方式，並在相互探問的心態下
　進行：「你似乎是……」或「我想知道……」。

## 修通未竟事務

◆ 移情現象是固著的完形，有時包含過去的未竟事務。正因為如此，移情需要解構與修通（見第十章）。

◆ 如果意識到移情，通常你可以有效地提供一個實驗，藉此你可以與移情反應的原始來源建立連結。這可能包括使用角色扮演、演出、雙椅技術，及其他任何實驗而將過去的素材帶到此時此刻之中。

## 提供修復性反應

◆ 最簡單的作法可能是對恐懼的移情反應表示友善或支持，或對當事人向你的移情攻擊表示理解。若要對關係連結與移情性需求的修復性治療反應有詳細了解，可參考 Erskine（1999）相關著作。

◆ 通常，如果當事人真正感到自己能，且確實說出他對你的所有反應，即使看似不合邏輯或令人費解，那也是大有幫助的。遇到一個能提供支持性對話關係的諮商師，其本身就具有修復性。

 # 色情移情

在討論反移情之前，我們將花點時間來討論移情關係中非常特殊的一種情況，當當事人愛上治療師，這種愛情幾乎是一種移情現象，或至少是建立在諮商關係中具強烈職業色彩的親密基礎上。當移情帶有色情或具有性的意味時，往往是最麻煩的。大多數的文化對於公開談論性都有強烈的禁忌，而且它常常與羞愧、不安全與虐待放在一

起，因其來勢洶洶，對於經驗不足的諮商師而言，這是一個潛在的地雷區。然而，我們仍要建議你，設法營造出一種公開談論吸引力與性的氛圍。當事人在這領域的自我揭露與提問，需要給予如同談論其他主題時所得到的尊重、肯定與興趣。此時你常常需要聲明與你職業倫理有關的關係界限，也許可以這樣說：

> 「我想要告訴你關於我們關係的界限，我遵循的職業倫理言明，不允許我與你產生治療之外的關係，那意味著我們絕不會像朋友般地在外面碰面，或者說我們之間僅僅限於治療關係，不會有其他接觸。這也意味著，你和我在任何時候都絕不可能有任何性的接觸，即使在諮商結束之後也不例外。」

儘管需要記住以上的警告提醒，然而，做此聲明後，治療師仍應探索在這領域中所發生的一切。

◆ 研究顯示，發生在當事人與治療師之間的性關係，最後幾乎總是具有傷害性與虐待性質，即使這種關係是在諮商結束後開始。

◆ 討論當事人對自己的愛戀或性的感覺，有時令治療師感到困窘或不舒服。記住以下事實很有幫助，如果治療師對此感到焦慮、退縮，可能使當事人誤以為不該談論性的主題，或者可能引起當事人的羞愧感。

◆ 如果當事人直截了當地問你，是否覺得他（她）有吸引力，首先，你需要抉擇是否回答這個問題，還是要探索內在意義（「我的看法何以對你如此重要？」）。如果你認為給予一個坦率的回答是恰當的，那就得找一個合適的肯定說法：「我認為**你是一個相當有魅力的男人／女人。**」注意以下兩種說法在

意義上的細微差別，如果你說的是「**我發現你很有魅力**」或者「**我被你吸引**」（這種表達具有煽動性，並對治療師界限有潛在的威脅性）。我們發現，想像一個慈祥的父母親會如何回答青少年期的兒女這個問題，對治療師如何回答這個問題是很有參考價值的。

◆ 性常常被誤認為代表喜歡、愛或肯定等的需求，如果當事人在孩提時需要以性誘惑來得到父母的注意，那也許他們對治療師也會如法炮製。

◆ 成人的性與小孩子的性有天壤之別，許多當事人接觸到早年議題時，也許就會像個孩子似的，去發現及實驗他們的性慾及其對他人帶來的影響。此刻，他們需要一個界限清楚的父母反應，是溫暖而接納的，但同時又能為他們設立適當的界限。

◆ 有遭受性虐待歷史的當事人可能會衝撞治療界限，如同她可能在無意識中上演自己過去的受虐經驗一般。他們也許會要求你撫摸他們、擁抱他們，或對於自己是否吸引你過度感到興趣。

◆ 時時警醒自己的性慾或性誘惑，尤其當它處在你無意識之時。

◆ 治療師的色情反移情是正常的，而需要在督導或個人治療時進行討論，那可能是促進自我了解的豐富來源，然而，我們建議你不要向當事人自我揭露這份情感。揭露情感本身很難看到任何治療價值，它也許暗示治療師有一個強烈需要，也可能會嚇壞當事人。

在治療實務中，治療師必須對待那些向他們示愛的病人表示溫柔和善與理解。重要的是，治療師須意識到當事人對他們的愛是「真誠」，即使這種愛情不像治療情境以外發生的愛情那般真實（Storr, 1979: 78）。

 反移情

在早期精神分析的文獻中，反移情被用來指治療師對當事人的**所有反應**。這個定義假設有一個似「空白螢幕」（blank screen）的治療師，這在完形理論中則被認為是不可思議。反移情另一個更普遍的定義是，你對當事人的移情所做出的**反應**。根據我們前面對共同移情的論述，共同反移情的概念變得格外錯綜複雜，而且整個概念在理論上也許是荒謬的。然而我們發現，運用反移情這個觀點對完形諮商師有極大的實務效用。我們認為，你對當事人做出反應通常有三種方式。如果諮商師努力想了解自己對當事人的反應時，可捫心自問以下三個問題：

◆ 首先，自己的反應是對此時此地情境的現實反應嗎？你也許對當事人產生正向的情感，這是因為當事人對你表示友善與溫暖造成嗎？或者你也許感到誠惶誠恐，這是因為當事人很棘手或對你有敵意嗎？你可以把它稱為一種正常的此時此地之反應。

◆ 其次，這是你自己的移情嗎？即這是你自己對此類型人的未竟事務嗎？Clarkson（1992）稱此為「**前攝性**反移情」（proactive counter-transference），例如，如果當事人令你想起你那貧困的母親，你也許會有焦慮反應。此時你可以問自己一個好問題：「這個感覺／想法對我而言很熟悉嗎？」如果答案是「是的」，那麼，最好假設這一反移情至少絕大部分都是你自己個人的移情，因此，你應該留意它，以備將來做進一步的分析探究。若能在督導或治療時加以討論，就再理想不過了。

◆ 第三，它也許是「**反應性**反移情」（reactive counter-transference），這是反移情更為傳統的意義，意指你對當事人的移情

期待做出反應。通常這有兩種形式，治療師不是與當事人有同樣感受，就是採取被期待角色的態度。

第一種形式，Racker（1982）稱為「**一致性**反移情」（concordant counter-transference），在此，當事人也許在反移情的影響下，以為治療師在生氣或對他批評，他為此感到害怕；你也許也感到害怕，而與他們的害怕感受產生共鳴，或者產生另一種迥然不同的情感，例如暴怒，那也許是被當事人所否認的情感。

第二種形式稱為「**互補性**反移情」（complementary counter-transference），當事人將使你（無意識地）進入他們正在轉移的那個角色中，如果他們將一個吹毛求疵的父親轉移到你身上，你可能就會挑剔，並反對他們，好像你就是那個父親。這也可能導致所謂的移情「演出」，此時你實際上積極地參與了當事人過去移情動力現象的運作，你可能發現自己所作所為與當事人的移情期待並無兩樣。由此，更確認了當事人的相對位置。例如，一個當事人也許對你盛氣凌人或吹毛求疵（將一位懦弱無能的父母形象轉移到你身上），於是你也感到防衛，出現保護性的退縮，對當事人表現出無能為力的樣子，進而證實了當事人的預期，而這會導致他更加挑剔等等。此時，你的任務就是當自己行為有不合角色或看似不當行為出現時，自己能時時保持清醒。

> ♥建議　藉由想像一個特殊的當事人，來提高自己對潛在反移情的覺察程度。現在想像你可以毫不顧忌地說任何話、做任何事，而不必擔心任何傷害或報復，你會說什麼呢？你又會隱瞞什麼，或不願向自己承認什麼（也許是某些陰暗面）？這些反應或衝動有多少是你平時就很熟悉的，又有多少是特別針對這個當事人的？

認清你的反移情之後，你的選擇是：

◆ 利用你的反移情作為了解當事人感受的資料，或猜測當事人有何過去經驗也許正在此刻重新上演。尤其面對強烈情感反應時，你也許需要謹慎考慮（可能在督導時），如何將這些情感好好地整合到「此時此刻」的關係中。當事人也許並未準備好聽取你對他的反應，那麼你的任務是將這些情感「保留」一段時間。過早的揭露可能會引起當事人的羞愧或焦慮，以致引起他退出治療的結果。

◆ 此外，如果你「擁有」當事人不承認的感受，那就正好能解釋當事人何以會認為對自己的情感無法駕馭。在這種情況下，你的任務可能是：為他示範出控制與涵容這些情感的方法，由此向他展示如何使情感受到自己的控制管理。要了解更多所謂的投射性認同（projective identification）之治療性運用，可以閱讀 Ogden（1982）的相關著作。

◆ 揭露你的反移情。通常，如果治療重點強調真實關係及雙方相互主觀性的領域，完形治療師的意圖就在設法指認出自己的反移情，使當事人能意識到自己對治療關係的影響。治療師以洞察與憐憫來緩和自己的反應，然後提供給當事人作為暫時性的建議，這些建議也許能幫助當事人理解自己在人際關係上所遇到的某些問題。我們之所以強調這點，因為重要的是，當事人與治療師雙方均應知道治療介入的目的是為了協助當事人，既不是使治療師自覺「高明」，也不是為了讓治療師自己宣洩緊張的情緒。我們建議你閱讀第四章關於自我揭露的章節，以支持你獲得有關這方面的技巧。

## 實例

> 治療師：「我注意到我們之間出現了某些問題，也許正能幫助你更多地了解與老闆／同事／妻子等人的關係。我注意到當你說話時，它對我造成的影響，似乎與你所描述對他（她）所造成的影響相似；我還發現當你談到你的困難時，我感覺不能全神貫注，有點心不在焉。而我想知道你是否願意想想這個問題，看看我們是否能了解正在發生的事。」

在這個實例裡，你可以注意到幾件事。其一，是我們精心選用了一些當事人熟悉、但並非能示範出自我負責的用字遣詞（例如，「它」對我造成的影響），這些語詞將融入當事人的參考架構，而不是使當事人排斥它。在治療室中，如果治療師還不能證明發生在此刻的事情能反應出當事人在外界的模式，那麼，為當事人展示新的溝通模式之時機就尚未成熟。治療師也會根據當事人特定的情況，採取相對應的介入策略。這個實例的另一特點是，治療師似乎是試探性地表達了想探索的願望，這並非是操控或虛偽的謙讓。不管治療師多麼確信自己已找到解決整個問題的線索，如果他不能與當事人的體驗及現象產生共鳴，那也是毫無價值的。因此，治療師提出自己的現象以作為檢視的工具——並非將其當作真理。最後，治療師須與當事人協商，看當事人是否願意探索反移情這個主題，這就將控制整個過程的主導權留給當事人了。

 **建議** 作為一名治療師，當你產生一種令人困惑，或你認為不可能屬於你自己的情感時，試著想像當事人某一個早年

生活的情境，那會使你理解這些情感的意義。例如，在當事人生活中，有誰可能感受到你現在正體會到的感受？當事人幼年時，什麼情況下會與你有相同的感受？

　　在結束本章之前，我們需要強調的是：所有治療師都會犯錯（與所有人並無兩樣）！有時你會發現自己產生了某種反移情的反應，或在一次會談（或幾次會談）後，當你回想其中發生的一切時，你會發現，你的態度深深地根植於共同創造的移情場地之中，此時接納自己是極為重要的。治療師很少會做出任何造成長久傷害的事情。以我們的經驗而言，大多數當事人的自我支持都足以使他們忽略那些毫無助益的部分。在下一次會談時，開誠布公地探索發生的事，接受並同理當事人對你的反應，承認你的錯誤，甚至為此道歉，所有這一切往往能為當事人提供一塊探索與會心的沃土。你願意探索，並與當事人分擔創造真實相會任務的意願，這會讓你與當事人都感到充實。

## 實例

　　治療師意識到自己花了最後十五分鐘，試圖說服當事人相信事情並不像表面那樣糟糕。她說：「我剛剛意識到，我一直試圖告訴你，事情沒有那麼糟，而我想這對現在的你並無幫助（當事人點點頭，看來輕鬆多了）。我想我是不希望你情緒如此低落，但那正是你想告訴我的──你真的感到失望，且看起來似乎已經走投無路了，我非常抱歉，忽略你的感受。」當事人深深地嘆了一口氣，沉默許久，然後說：此次會談中，她第一次感到被了解，因此也感到如釋重負。

**總結**

移情是人際關係中不可避免的成分，因此，它一如往常地變成大多數諮商關係的一部分，不管是否被承認。由於移情反應了當事人建構其關係場地的方式，因此為諮商師提供了大量重要的訊息。與精神分析師不同的是，我們並不把重點放在移情的詮釋上，我們重視的是，當事人身上**仍積極影響**當前生活的過去經驗，及其與諮商師在此時此刻互動的模式。

最後，我們以兩條經驗法則作為本章的結束。首先，你應了解自己的移情和弱點，熟悉你自己關係模式的期待，使你自己能做出預測或有所準備。其次，把信任你與當事人之間互動過程的意願，與偶爾對人際關係動力的質疑相互結合，覺察此時此刻的治療關係中是否包含著移情及未被認出的反移情。

 **推薦書目**

Clarkson, P. and Mackewn, J. (1993) *Key Figures in Counselling and Psychotherapy: Fritz Perls*. London: Sage. (**see pp. 132–134 and 177**)

Erskine, R. (1999) *Beyond Empathy*. (**see Chapter 6**) London: Brunner Mazel.

Mackewn, J. (1997) *Developing Gestalt Counselling*. (**see Chapter 10**) London: Sage.

Ogden, T. (1982) *Projective Identification and Psychotherapeutic Technique*. London: Jason Aronson.

# 第12章

# 身體過程與退化

## 身體過程

　　身體語言是個體未表達之內心世界的外在表現。當事人的舉止動靜，舉手投足都可能流露出她的感受、需求、創造性調適模式與信念。在許多文化中，這些身體訊息好像是支離破碎的、被忽略的、視而不見、被譴責，甚至是被責難的。對諮商師而言，了解在不同文化下身體表達與接觸的不同方式與意義，顯得格外重要。由於文化背景的差異，同樣情境中相似的身體接觸，可能被視為是侵犯，或者被視為是社會交往必要的手段之一。對許多當事人而言，重要的一步是逐漸能覺察自己刻意迴避或置若罔聞的感受為何，並將其重新連結到身體過程中的能量、活力與智慧之中。修復這些自然過程，將是治癒與重建「全人」（whole person）功能運作的關鍵因素。

　　在考慮治療情境中的身體工作之前，我們必須立即將兩種截然不同的身體工作加以區分。第一種身體工作是指諮商師對當事人的身體語言表示關注與興趣，同時，它也意味著實際的介入策略——諮商師藉由接觸當事人的身體來作為介入策略。第二種身體工作則屬於日常

社交接觸的範疇。例如握手，或以更有意義的方式接觸當事人身體，舉例來說，在當事人悲傷憂慮時緊握其雙手。

#  無身體接觸的身體過程

> 身體過程（body process）通常被視為能有效地反映出被否認的自我部分存在的訊息。諮商師面對的任務是協助當事人理解身體的訊息。（Kepner, 1987: 69）

在我們考慮如何運用身體過程之前，應先了解一般運用的原則。首先，保持整體觀，個體的各個層面是相互關聯的，不要只是空泛地「評論」或「注意」單一的身體動作，特別對初診的當事人而言，易引起令人不快的感受。最好這樣說：「當你提起你對老闆的憤怒時，你的雙手一直動個不停，你注意到了嗎？你想它正在表達些什麼？」其次，練習融入技術，感知自己的身體有何反應，或設身處地想像自己的身體會有何感覺。第三，牢記當身體知覺變成更清晰的圖像後，情感也會變得更為強烈，尤其像羞愧這樣的感覺。

## 治療建議

◆ 提高身體的覺察能力：第一步是使你自己對當事人的身體過程保持敏感，開始觀察他們的動作、緊張度，及身體的活動。尋找呈現與未呈現的部分，他們的呼吸是淺或深沉，他們的坐姿是否具有特別姿態，感到壓抑或是表達無礙？有任何重複的行為或活動發生嗎？當你做這些時，有些特徵或圖像就會浮現出來。讓當事人提高對自己身體的覺察能力，她感到身體哪個部位緊張？此時此刻保持這樣的身體姿勢有何感覺？

◆ **覺察你對當事人產生的身體反應**：你可能發現自己對當事人產生的身體共鳴或反應，可提供有價值的訊息。

◆ **把語言中的「它」改變成「我」**：為了提高當事人對自己身體反應的覺察，並發展與自己身體的關係，你可以建議當事人改變用來連結身體而具有否認意味的用字遣詞。例如，「它受傷了」改為「我受傷了」，「我的脖子好累」改為「我感到脖子緊繃」。

◆ **關注呼吸**：Perls 等人（1989/1951: 128-9）把焦慮形容為當興奮被壓抑和氧氣被剝奪後出現的體驗，呼吸對所有的體驗都非常重要，改變我們呼吸的方式將對我們的身體過程和情感的體驗造成影響。有時，對一個當事人而言，簡單地關注呼吸即可有轉化之效。呼吸也是人們自我支持不可或缺的部分。當人們恐慌、震驚之餘，他們的呼吸往往變得急促。而當事人開始陳述一些特別的情境或感受時，你往往可以發現她的呼吸產生變化。在這些時候，顯而易見的是，她的呼吸無法支持她的體驗。有時讓當事人關注自己呼吸節奏的變化，可以協助她重建健康而具有支持性的呼吸。其他時候，你可能需要建議她重新關注自己的呼吸，並逐漸使它更為規律，甚至形成一套模式。如果一名當事人透過迴射或拒絕環境的支持而看似摒住呼吸，那麼治療師應鼓勵她用力**呼出**氣來，而非只是單純呼吸而已，這樣可以釋放緊張，並為自然流動的吸氣（靈感）預留空間。

◆ **激發能量之工作**（enlivening work）：幫助當事人提升能量的技術各式各樣，常用的技術包括：建議當事人提高說話音量；在房間裡走來走去；反覆做一些與情感有關的動作（例如，用一隻手拍打另一隻手）；視覺想像能量的流動，且引導它流動的方向；使用繪畫或其他藝術媒材。

5s

1ms

2ms

1ms

1ms

◆ **鼓勵當事人對自己的身體產生信心**：這可能需要透過一些運動、按摩、武術、瑜伽、步行及游泳等方式（雖然不能同時進行）。

◆ **調整身體姿勢**：經由實驗催化當事人注意自己內界與中界的關係有多密切。例如，坐直且頭擺正，相對於癱坐陷於椅子內，或站起身來以表示自我肯定等等。

◆ **覺察定心練習**：我們已發現聚焦於「我—此時—此地」的冥想或覺察練習特別有效，練習的簡易版是「覺察你的腳正踏在地板上」。

◆ **宣洩**（catharsis）：緊張和情緒都儲存在我們的身體內。大聲喊、擊打抱枕、尖叫、唱歌、跳舞，都是宣洩的途徑。治療師可運用雙椅技術、提升和激發能量之技術，及許多其他的實驗去催化這種釋放。然而，對任何一種結果，諮商師須保持創造性漠然的態度，必須牢記，每一位當事人有其各自的表達方式，每一次的釋放都是獨特的，過早或缺乏支持的釋放都是無益的，甚至可能是危險的。另一個提醒是，宣洩過程中由於體內天然鴉片（natural opiates）的分泌，當事人會產生一種欣慰感，這種正向的情感體驗，可能讓人誤以為宣洩就可以解決問題。然而，如果宣洩的表達只是簡單地重播一些過去的痛苦，即使這份介入能使當事人體驗到暫時快感，但終將強化當事人先前固著的完形。只有當先前壓抑的情緒得到釋放，並促使個體產生新的同化後，宣洩才可能具有療效——這可能要歸功於諮商師支持與同理的同在，或者是當事人能以一種新的方式來處理或理解以往的體驗所致。

◆ **詮釋來自身體的訊息**：一個眾所皆知與有效的技術是，讓當事人由身體的不同部位來「發言」（speak）。這樣做的效用是

協助當事人去承認並整合自己所有複雜的體驗，這同時也表明我們的身體能貼切地表達我們的想法、感受與態度。這項技術可以有效地增加當事人意識到身體被忽略及漠視的許多方式。如果當事人有些身體症狀，她能用這樣的角度來探索這些症狀。如老子所言：「今日我們選擇的問題，是因為其內藏有送給我們的禮物。」如果以正向觀點看待這個症狀，那麼症狀可能提供什麼功能呢？有任何次級收穫嗎？例如，疾病是否使人免於操勞過度呢？或者讓人無須離家去參加社交活動呢？生病是否意味著能得到他人的照顧呢？以這種方式，你可能開始對身體在面對不同困境時的訊息或創造性調適有所了解。

◆ **教育**：最後，重要的是切記，有些高智商或博學之人往往忽略他們身體的訊息，給予這類當事人簡單易懂的訊息。例如，身體壓力症狀、焦慮及恐慌反應、創傷後壓力症狀的反應、放鬆技術等等，將使他們獲益匪淺。

所有這些建議，強調的均是須由創造性漠然的角度來實施實驗。當然，你會有預感、直覺、想法及建議，可引導當事人朝向不同方向。但你須切記，對當事人而言，自己身體能量的連結方式並無對錯之分。身體過程的行動、宣洩及表達，並沒有所謂的最佳方式，每一個當事人是獨一無二的，也有其獨特的表達、接觸與解決的程度。

> **建議**　以下是聚焦技術（focussing technique）（Kelly, 1998），你可用以促進當事人體驗的整合。

**步驟一**：提高對身體感覺的覺察能力

關注你的身體自我，並覺察現在你意識到的身體感覺（例如，我覺得胃在翻騰、下巴僵硬、雙腳沉重等等）。在進行下一個步驟之前，允許當事人有足夠時間來發展對自己身體感覺充分

的覺察之能力。

**步驟二：辨識感受或情緒**

沉浸在自己的身體覺知裡，不用擔心時間長短，看看這個身體感覺歸屬於哪種情緒（例如，哀傷、恐懼、生氣、憤怒、喜悅等等）。在進行下一個步驟之前，允許當事人沉浸在這個情緒感受中，以及停留在這種情緒感受與身體感覺間的聯繫之中（因兩者是一體兩面、互為表裡）。

**步驟三：認知或想像**

當你沉浸在身體感覺與感受之時，留意什麼想法、意象或記憶浮現心頭（例如，「過去當我聽到父母爭吵的時候，常有類似的感覺」、「這使我想起每當我不得不站在一群人面前演講的景象」等等）。

有時當事人一開始就直接進入步驟三（首先談到一些回憶），對於這樣的案例，你可請他們返回步驟一與步驟二。例如，「當你告訴我，你在法庭上的經驗時，注意一下你現在覺察到的身體感覺。」如果當事人首先談到的是情緒，你同樣可以要求他重回步驟一，即聚焦於自己的身體感覺。例如，「你怎麼知道自己感到悲傷？你的身體有什麼感覺？當你聚焦於自己身體時，檢查一下『悲傷』二字是否是描述此刻體驗的最適當字眼，或是還有其他更恰當的說法。」

這項聚焦技術對於鼓勵當事人將被否認的自我部分加以整合非常有效，但它並不是一個必須完全遵循的公式。為當事人進行治療時，你有任何意象浮現，或感覺到對當事人有更合適的介入時，則可以跳出這個框架。顯然，在這探索的過程，任何問題沒有絕對正確或錯誤的答案，關於這一點，在治療的某些階段，你可能也需要提醒當事人。

**身體接觸的議題**

> 如果我們認為身體代表著自我，那麼當我們接觸另一個
> 人的身體時，我們所接觸的就不是一個「身體」，而是用我
> 們的自我去接觸這個人的自我。（Kepner, 1987: 75）

與其他身體治療技術，如按摩、亞力山大技術（Alexander technique）或指壓按摩（shiatsu）相比較，身體接觸在完形治療中扮演著一種截然不同的角色，因此很重要的是，不能將之與不同治療法混為一談（除非你接受過整合性心理治療，與直接以身體介入為主的專業訓練）。我們主張為了有效、安全地使用身體接觸，實務工作者需要接受這一領域的專業訓練。這一章將提出一些一般的建議，首先，我們提出使用身體接觸技術時需要特別注意的一些事項作為開始：

◆ 由當事人提出與性相關的倫理之投訴有日益增加的趨勢，使得許多實務工作者決定絕對不與當事人有任何身體接觸，因為任何身體接觸都有可能被誤解。事實上，在西方國家中，身體接觸更容易發生在家庭成員和親密伴侶之間。由此可知，身體接觸具有豐富的意義，往往可能被認為具有母性、父性或性方面的含意。因此，在許多方面，人們傾向於避免任何身體接觸，儘管這樣做可能失去許多良機。在治療中，除非治療關係已經建立得很好，並且你能清楚釐清身體接觸對當事人的特定意義，尤其是了解他們早年生活情景之基礎，否則在任何情況下都最好不要與當事人有任何的身體接觸。對一些當事人，在你進行一個即使很細微的身體接觸，例如，與她握手之前，甚至都希望你再確認一下：「我想跟你握握手，你覺得如何？」

◆ 你通常可以由當事人的身體獲知一些非語言訊息，這些訊息將告訴你，她對身體親近或接觸的恐懼或抗拒程度。一種常見的兩難處境是，在會談結束時，當事人要求與諮商師有些身體接觸或擁抱。這時最好暫停一下，問問當事人，這種接觸對她的意義為何？對她的影響為何？如果你不是很確定，最好開誠布公地告訴當事人：「此刻這樣做，我覺得不安，我想我們可以在下次晤談時討論這件事。」當然，你需要針對當事人在請求受挫後所體驗到的被拒絕或困擾的情緒表達同理。

◆ 當事人與身體有關的議題及困難常是前語言（pre-verbal）、非語言（non-verbal）的，或無所覺察的。在他們還不能清晰表達或理解自己所經歷事件的年紀時，他們可能已經遭受身體虐待或侵犯了。遭受性侵害的當事人也常常被教導要忘記或否認自己受虐的事實，當事人可能不了解自己對身體接觸的敏感程度，甚至在無意識層面，渴望再次體驗這種受虐的感受，因此諮商師謹慎行事特別重要。如果對於為何要使用身體接觸，沒有一個深思熟慮的理由，那麼，你最好避免使用，你的衝動很可能來自一般人的熱情，然而，這可能變成一個毫無助益之移情性誘惑的反應。

◆ 除非你已經確認身體某個部位對當事人的意義或重要性，否則永遠不要接觸當事人身體的任何部位。「這樣的接觸……（例如，輕輕搭在當事人肩上／一個擁抱／握住你的手）對你的意義是？」在任何情況下，都不要接觸當事人的胸部、臀部或生殖器的部位（Hunter & Struve, 1998）。

◆ 如果你打算與當事人有身體接觸，那麼，你還需要考慮身體接觸在平等關係上的可能含意。你是在邀請當事人來觸摸你嗎？她可以在悲傷時，緊緊地握著你的手，帶著情感觸摸你的臂膀

與臉頰嗎？治療師重要的是須清楚身體接觸蘊涵的含意，與身體接觸在這份關係中所呈現的訊息。

 **建議**　看看你是否能記起家中與身體接觸有關的一些訊息。關於身體的接觸、愛撫、裸著身體及性行為方面有何規則、習慣呢？當你變成青少年之後，家裡的人與你身體接觸的方式是否有一些改變？你與當事人共同討論這些問題，也是非常有幫助的。

在列舉所有這些注意事項之後，你可能開始對使用任何身體接觸都望而生畏，深覺難以應付。如果這樣，我們深感抱歉，將身體接觸作為對身體過程的一種介入有許多有效的方式，例如，將雙手穩穩地輕壓在當事人的胸部或下背，來加深呼吸及促進宣洩。我們主張，治療師若想以身體接觸作為治療介入方式，那麼，他們須接受專業訓練與督導。當然，有些形式的身體接觸可能屬於普通人際交往、同理之自然延伸的部分，而這些身體接觸是建立治療關係的重要部分，在其中有雙方的坦誠相遇。

## 將身體接觸作為人際交往自然連結的一般性看法

在人類彼此問候及道別的時刻，有許多形式的身體接觸，大部分是儀式性的，包括握握手、親親臉頰、一個擁抱。一方面，對於許多當事人而言，一個正式的問候可能是治療結構中的重要部分，鋪陳出我一汝相遇的特定基調。另一方面，有些新的當事人迫於社會壓力才進行這些儀式動作，當然，治療師在初次會面時不會拒絕握手。重要的是，治療師須營造出一種氛圍，如此可使每次情境、每一週顯得獨

特，而讓當事人能夠做出不同反應。若不加以討論，治療師易與當事人在動作儀式上沆瀣一氣。讓當事人對這些儀式動作加以覺察通常非常有用，「我發現每次我們會面／結束時，你都會伸出手來，希望擁抱一下，或拍拍我的背，這些動作對你而言，意味著什麼？它要告訴你些什麼？有沒有你並不想這樣做的時候？」

治療期間，治療師在安慰當事人時，用手輕觸她的臂膀，在她悲傷時握住她的雙手，支持時將手臂環繞她的肩頭，在治療接近尾聲時給予熱情擁抱，練習如何面對恐懼時，把手放在她的後背表示支持，所有這些方式，治療師都可用來進行直接、立即而豐富的接觸。甚至，所有這些行為都有可能是一般人際關係中表達同情的基本技巧。身體接觸可用來表達情感與感激，同時還能表達面對悲傷情感時的支持、安慰或表達同理。身體接觸在實驗中可以幫助你探索當事人身體上不敏感的部位。它能夠在渙散的狀態中，協助當事人體驗自己的存在，安撫激動的情緒，並傳遞接納與連結。

## 退化與退化過程

> 退化……可以理解為個體返回先前的發展階段，並且在某一段時間內，放棄了較後面的發展階段。（Staemmler, 1997: 52）

使用「退化」這個字眼（或更正確地說是退化過程）當作本節標題時，我們必須先澄清退化這個字的含意。我們正像在討論如時光倒流的過程。在許多治療旅程中，當事人會反反覆覆地出現退化現象，有時是她回憶起童年經驗之時，有時則是在承受強烈情感壓力之時。在這些情況下，當事人的行為、想法與情感表現如同一個年幼的孩子

一般，你甚至能確認出她正在重演自己生命中的哪個發展階段。這個時候，她交談時往往會使用更孩子氣的語言、更簡單的句子結構、兒童般的聲調。你還可以注意到，會出現對父母強烈的反移情現象。在多數情況下，這種反移情自然流露，尤其是當事人尚有未完成的童年創傷或浮現強烈的移情時。由於這種親子之間強烈不平衡的效應也運作在治療關係上，所以，我們不建議在尚未達成一些協議或治療契約前，以這種方式進行治療。因此，我們建議當當事人出現第一次退化時，治療師須將當事人帶回成人關係之中，在此過程中，須小心避免使她產生羞愧感。藉由讓她回顧自己剛剛的體驗，治療師可以逐漸將她帶回到此時此刻，例如，你可以說：「我注意到談論那個問題似乎觸及到你很真切的一些記憶，你知道那可能意味著什麼嗎？」然後，你可以運用現象學探索來繼續進行治療介入。

## 一些臨床問題

如果你認為，當事人的退化情形表明他確實存在一個未被滿足的需求，那你仍需要做一些重要的決定。首先，你是否應該實際或象徵性地嘗試滿足當事人的這個需求，而讓當事人的「兒童部分」能重新經歷修復的經驗？這可能包括擁抱當事人、撫慰，或提供修復性的情感經驗。近年來，神經心理學研究（Schore, 2000）支持這樣的觀點，即兒童唯有從具有自我調節功能的成人那裡，得到具有包容與反應的對待時，他才能學會自我調節（一種撫慰自己、管理自己情緒和回應的能力）。這一點引出另一個問題，兒童原始需求或傷害是否一定要（或甚至可能）在退化性的演出歷程中才能得到滿足、處理，或治療師是否能在此時此刻提供治療介入，而大可不必經由退化歷程來設計治療策略？治療師與當事人連結如同她還是當初年幼的孩童，自己嘗

試提供給退化的當事人幼年失去的撫育經驗，可能因此陷入與當事人共謀，而使當事人否認現實。世上沒有聖誕老人！無論我們年幼時發生什麼、經歷了什麼，那是真實的經驗（因為它影響著此時此刻的當事人），這需要去面對、哀悼，並加以整合。此時此刻的當事人可能採取過去學到而目前仍在使用的生存方式，你可能認為有意願了解、分享當事人生活的衝擊，協助她理解並修通她的體驗是一個治療師的工作職責，我們卻認為這只是治療師必備的反應而已。然而，許多治療師強烈地覺得這兩者並不相互排斥，也就是說，他們認為面對現實，同時偶爾滿足當事人兒童部分的需求，能創造出新的內化經驗，這能變成當事人未來自我支持的一部分。作為治療師，你必須抉擇哪一種方式適合你的個人風格、哲學與信念。

重要的是切記，當事人並非能因退化過程而**真的**變得更年輕，而是表現出當事人整體存在的一個向度。這說起來簡單易懂，但實際上容易忽略的是，處在退化狀態中的當事人往往也具有一個並沒有退化的自我部分，這個自我部分具有一定程度的理解力與意識程度（並不像真正的兒童）。退化可以被視為是與此時此刻接觸連續面的一部分。

無法接觸 …… 部分接觸 ………充分接觸
（缺乏成人資源）……（一些支持）……（成熟的自我與其他支持）

這一觀點對於處理退化過程的深度效應與身體界限具有重要的影響。因此，你面對看似孩子的當事人必須謹慎以對，意識到在孩子形象背後有一個具有健全功能的成人，這個成人對於治療師的所言所行可能懷有各種不同的情緒感受、反應和態度。事實上，這個表面的「孩子」所言所行正受著這個成人的影響，如同此時此刻眼前所見的

這個成人正受著童年經驗影響一般。

### ⚜ 實例 ⚜

　　維妮是一位四十五歲婦女，一直以來被其表面冷淡、內心善良的母親所忽略。她記得小時候，當妹妹車禍去世之後，很長的一段時間，她常常獨自飲泣，而媽媽從沒有安慰過她，這也是她前來治療的目的之一，希望能從這種剝奪感中走出來。她和諮商師討論並訂定契約，她希望在治療過程獲得一種修復性經驗。在治療中，她退化到六歲光景，當她哭泣時，諮商師給予身體的安撫支持。起初她很放鬆，後來她突然變得僵硬起來，推開諮商師並說：「謝謝！這樣已經足夠了。」她看起來困窘不安，當諮商師進一步探索時，才發現當事人的身體體驗受到一個「早年」的內攝所干擾，這個內攝告訴她，她不應表現自己的需求與脆弱。這是一個很好的實例，說明在進行這類介入時，有可能大大地強化了固著的完形，而不是同化它。

## 對退化過程的反應

◆ 反移情的力量可能非常大，而使治療師產生想保護、安慰，或支持當事人的強烈慾望與衝動（有時是控制或甚至是迫害當事人的強烈慾望）。治療師容易捲入當事人早年關係（正向或負向）的重演之中。這正是你特別需要時時牢記診斷與治療的注意事項，並充分利用督導支持的時候。

◆ 如果當事人自然地退化，你可能有想提供身體安慰的強烈渴

望，尤其是當事人看起來像個悲傷痛苦的孩子之時。然而，在尚未探索當事人背景之前，對當事人進行身體接觸純屬不智之舉，你可能在無意中啟動了當事人早年受虐或依賴的經驗。身體接觸對兒童而言是一種強而有力的介入策略，只有在你已得知身體接觸對這個兒童所代表的全部意義之後，你才能接觸當事人的身體。例如，遭受性虐待的兒童在被性侵害前常被擁抱或撫摸，在你看來是安慰性質的身體觸摸，很可能激起當事人的創傷性記憶。

◆ 有時，擁抱或觸摸對安慰當事人，協助其面對不可避免的痛苦並無任何幫助。儘管我們不否定身體接觸強而有力的療癒效果，但在一般情況下，以溫和的語調、伴隨著你對當事人的同理，更能有效地幫助當事人處理尚未整合的早年經驗。

◆ 切記，雖然你沒有（並且不能）滿足當事人早年的需求（例如，得到父母的愛），但因治療師**此時此刻**的同在，使得當事人的內在需求有機會被聆聽、肯定及同理──進而表達感受，並做出回應。

◆ 在會談結束前，要留出時間與當事人一起回顧與處理她會談中的體驗（至少在會談結束前十五分鐘）。

在處理當事人當前的困難或過去的問題，或兩者兼具時，完形治療師所使用的方法、技術與創意都同樣有效。然而，由於兒童擁有較少的個人與環境資源（較少的體驗、理解、權力感或選擇），因而兒童往往更加依賴她的父母或照顧者。如果想對兒童的治療工作有更多的了解，我們建議閱讀 Kohut（1977）、Erskine 與 Trautmann（1996）的著作，他們特別針對兒童期人際需求的治療有詳盡的論述。

# 如何將當事人帶回到此時此刻

　　偶爾會發生當事人退化到較深、解離，或與現實完全隔絕的情況中，這時她可能需要重新獲得她的自我支持。以下是如何協助當事人完全回到此時此刻，而能以成人狀態離開諮商室，並重新連結上外在世界（例如，安然地開車回家）的一些建議。

　　你應該在會談結束前，至少留下十至十五分鐘實施以下建議，雖然僅是簡單地這樣說就夠了：「你現在需要回到這裡，好讓我們在你離開前，有個機會談談剛剛發生了什麼？」除此之外，你可能需要參考以下建議的部分或所有建議（並不一定遵照此一順序）：

◆ 讓當事人盡可能運用所有的感官功能。「你在這個房間裡看到什麼？什麼顏色、形狀？你能聽見小鳥、時鐘或外面的車聲嗎？聽一會兒，你能分辨出多少種不同的聲音？」

◆ 簡單地詢問一些此時此刻的問題。「此刻你感覺如何？在這個房間裡你注意到什麼？你注意到我正坐在你面前嗎？你知道現在是幾點嗎？」

◆ 以從容不迫、和緩而堅定的語氣說話。

◆ 重新使當事人對其身體覺察更加靈敏。「現在我希望你注意你身體的感覺，注意你的呼吸，你身體在椅子上的重量，地板上的腳，注意你正坐著的椅子，感覺整個身體，注意有沒有緊張或放鬆的地方。」

◆ 溫和果斷地要求當事人與自己一起回到這個房間裡。「現在停止繼續回憶過去的情景，和我一起回到這個房間裡，聽我的聲音。」

◆ 提醒她現在所在的地方。「你現在同我一起在這個房間裡。」

◆ 用確定的方式表達：「現在可以離開那個情境了，你可以在別的時間再回到那裡，但現在你必須停下來，回到這兒，並把注意力放在我身上。」

◆ 詢問治療結束之後她準備做什麼，引發她的想法與期待。「治療結束後，你打算做些什麼？今天下午或今天晚上呢？」

◆ 若看來有其必要或合適的話，諮商師可以請當事人一起進行一些日常活動，例如，請她與你一起在房間裡走一走，或喝喝水，甚至一起喝杯茶。

◆ 分享剛才發生了什麼。談談剛才自己所見所聞，並請當事人分享她剛才的經歷，使用言語與描述常能使當事人遠離自己的內在體驗。確認當事人離開諮商室前，已回到能充分自我支持的狀態中。詢問她要如何回家，她要如何照顧自己，緊急情況下如何與你聯繫（所有這些回答都需要運用「成人」的意識與計畫）。

 ## 有關身體工作的推薦書目

Clance, P.R., Thompson, M.B., Simerly, D.B. and Weiss, A. (1994) 'The effects of the Gestalt approach on body image', *Gestalt Journal*, 17 (1): 95–114.

Crocker, S. (1984) 'Gestalt and deep relaxation', *Gestalt Journal*, 7 (2): 5–30.

Hunter, M. and Struve, J. (1998) *The Ethical Use of Touch in Psychotherapy*. London: Sage.

Kepner, J. (1995) *Healing Tasks*. San Francisco: Jossey-Bass for the Gestalt Institute of Cleveland Publications.

Kepner, J. (1987) *Body Process: A Gestalt Approach to Working with the Body in Gestalt Therapy*. New York: Gardner.

Smith, E., Clance, P. and Imes, S. (1998) *Touch in Psychotherapy*. New York: Guilford Press.

Stevens, B. (1975) *Bodywork*. In J.O. Stevens (ed.) *Gestalt Is*. Moab, UT: Real People Press.

## 有關退化的推薦書目

Philippson, P. (1993) 'Gestalt and regression', *British Gestalt Journal*, 2 (2): 121–124.

Staemmler, F. (1997) 'Towards a theory of regressive process in Gestalt therapy', *Gestalt Journal*, 20 (1): 49–120.

Tobin, S. (1982) 'Self disorders, Gestalt therapy and self psychology', *Gestalt Journal*, 5 (2): 3–44.

## 第13章

# 實務議題

## 發展你的個人風格

隨著治療師在完形諮商與心理治療技術上不斷地加深自己的理論知識與經驗後,他會逐漸清楚在完形治療架構內存在著各式各樣的治療風格。最令人興奮的任務之一,是找到適合自己人格特質和哲學取向的完形治療類型。你想要成為哪一類型的完形治療師呢?例如,你是偏好實驗活動,並深諳其中樂趣?還是喜歡以現象學方法進行探索?你喜歡單刀直入式地進行工作?還是小心翼翼、從容不迫地對當事人亦步亦趨?你相信此時此刻的對話或關係中蘊含著最重要的療癒元素嗎?你對當事人採取更多的支持技術,還是傾向運用更多的面質技術?你是自然地關注當事人生活及存在議題中的「宏觀圖像」(big picture)?還是你更喜歡關注當事人在接觸調整模式中的細微末節,小到一個手勢或一個字眼的使用。Polster(1998)描述了他兩位老師的治療風格,在治療之內容/過程連續譜上呈現出相對的兩極,「Paul Goodman 幾乎完全以內容為導向,他反覆探究病人生活中的故事情節……(然而)……Paul Weisz 恰恰走向另一個極端,他總能

敏銳而詳實地與當事人每一刻的體驗同在……」（p. 267）

我們在此提供一些練習，目的是幫助你發現並發展你個人的治療風格。

> **建議** 在你自己的個人治療旅程中，哪一種風格及治療取向對你最有效？哪些對你而言毫無用處？為什麼？你認為大多數人與你有同樣的反應嗎？
>
> 你認為一名優秀完美的治療師需要具備哪些素質？在治療師同業身上，你看到哪些令你讚賞的素質？你自己已經具備這些素質了嗎？你怎樣發展這些素質？
>
> 作為一名治療師，你的當事人是如何描述你的？你喜歡那些描述嗎？有哪些是你想要改變的？
>
> 在你個人生活中，有哪些層面或特質從未在你擔任治療師的專業生涯中發揮？為什麼不呢？
>
> 你發現哪一類的當事人或議題最令你感到棘手？而哪些對你是輕而易舉的？
>
> 你最常使用什麼技巧或技術，哪些技巧或技術是你從未敢嘗試的？而哪些又是最得心應手的？

無論對當事人還是對你自己來說，每次的治療工作都可能是一次成長的機會。作為治療師，你可能會嘗試許多新的治療方法，好拓展自己作為治療師的自我疆域。久而久之，我們的個人風格經歷了許多不同演變，其中有的轉變渾然天成，有些轉變則深具挑戰性。切記，治療風格的轉變（就像所有的變化一樣）往往伴隨著暫時的疑惑及不確定感。

## 限時諮商

　　目前越來越多的完形諮商師在限定會談次數的場所執業，這些機構也確認了可觀察的治療結果（通常是行為方面的結果）。接受短期諮商的當事人一方面希望獲得理解、支持或成長，但一方面在腦海中還可能出現特定的目標和結果，例如，「我想要擺脫丈夫的虐待、換一份工作、不再感到憂鬱、不再感到恐慌」。這樣的要求無疑使完形諮商師陷入兩難的處境，即如何協調改變的矛盾原理，與當事人迫切需要達到之特定結果間的關係。換句話說，短期治療**需要**更聚焦在某個具體目標上呢？還是簡單地縮短治療時間？有關具體的治療目標或結果是否要成為完形治療認定的一部分，在完形文獻上有諸多爭議。當然，完形諮商**的確**有其目標的設定，但通常是**過程**目標（process goals），例如，提高覺察能力、發展令人滿意的接觸模式、真誠的人際關係，以及完成未竟事務等。

　　當當事人要求得到一個具體結果時，例如，「不再感到憂鬱」，諮商師就會毫不猶豫地將此作為治療關注的焦點。她也會支持當事人按自己意願做出任何改變，然而，她通常不會同意當事人所提出的那些可能限制自己作為完形治療師行動的提議。我們認為，問題不在諮商師是否同意當事人的目的或意圖，而在於諮商師與當事人是否背離了完形治療的精神。諮商師是否保持鼓勵、澄清、理解或解釋「**是什麼**」的意圖？很多當事人將樂於接受這種表達方式。

當事人：我跟別人的關係最後總是不歡而散，我想要有所改
　　　　變，你能幫助我嗎？
諮商師：我並不能向你保證一定能達到某個具體結果，但我

可以幫助你去了解，你與他人的關係中究竟出了什
麼問題，以及在其中你可能扮演了什麼角色。

　　有些時候，你可能需要向當事人說明：「我不提供這種諮商（例
如，僅僅關注行為改變）」，並建議當事人轉介到更合適的諮商師那
兒。無論如何，讀過前面章節的讀者會發現，我們一直堅信：完形諮
商師能夠提供真正符合現象學原理、對話式關係與場地論等目標明確
的諮商。我們也認為，互相尊重的協調性評估及契約，與完形治療取
向之間是兼容並蓄的。事實上，這種協調性評估與契約對於確保治療
的規範性及有效性都是不可或缺的，並且與短程治療的主題緊緊相
扣。

　　在心理治療領域中，關於長期治療是否較適合臨床治療，而短期
治療是否能有重大療效，向來爭議不斷。對某些當事人而言，短期治
療的契約不僅可以使當事人避免「疾病」、「病態」的標籤，或產生
依賴心理，還更為經濟實惠、可以激發當事人的治療動機，更明顯地
呈現療效（或正好相反）。我們發現，當事人在相當短的時間後就能
取得相當戲劇化的改變。然而，我們也發現，有時候一些重要訊息需
要在建立信任關係後幾個月，甚至幾年後才能顯露出來（尤其是性虐
待與羞愧感的議題）。至於在短時間內是否能有深邃的洞察力或觀點
的轉變，我們還不敢妄下定論。

建議　回顧你在治療中的實驗與專業訓練中所造成的重要改
變，有哪些是在六到十二次會談之間獲致的？有哪些改
變並未發生？其原因何在？
　　想像你最近遇到或者以前遇到過的問題（可能是一種習慣或
人格特質、抽菸、喝酒、遲到或拖延現象），想像向一位你喜歡

的治療師求助，並聽到他們說你只能進行六次會談時，你會有什麼反應？

　　我們相信，短期治療會是一種富有活力與行之有效的介入方法。理想上，短期治療不應該有「時間限制」，而是要有「時間意識」（time-conscious）（Elton Wilson, 1996）。憑著這個時間意識，治療師與當事人之間保持協調同在，並注意到當事人的需求與情況，然後協調出一次、四次，然後也許十二次的會談次數之治療契約。如果必要的話，也可以協調出一種不限時（open-ended）的治療契約。值得注意的是，有些機構規定整個療程為十二次會談，而事實上縱使六次會談已經足夠，人們還是會堅持參加完全程──十二次會談。視諮商是一種「時間意識」而非限定的次數，這意味著諮商需要關注當事人的需求，而非關注所設定的架構。

　　然而，心理衛生機構、實施員工援助方案之機構（EAPs）與初級保健機構等等，確實在治療時間上有所設限且必須遵守。完形治療師需要熟悉充分運用時間的方法，如果你在這類機構工作，我們建議你找一位不僅在短期治療上有豐富經驗，而且非常欣賞短期治療的督導。這可確保你不致落入認為短期治療比不上長期治療的觀點之中，而向當事人抱怨時間受限的影響（例如，我**只能**提供給你六次治療），而是能將短期契約視為一種正向積極的治療機會。

## 決定誰適合短期治療

　　有很多不同因素是短期治療適用於當事人的指標，觀察當事人是否有下列特徵：

◆ 有能力迅速與他人建立親和與信任的關係。即，當事人的個人風格是不需要長期治療關係，即能坦露自己目前的問題。

◆ 有心理學思維（psychologically mind）的運作方式，當事人能認識到自己當前的處境，與自己個人態度及主觀理解之間有著密切的關係。

◆ 有能力與你一起確認及聚焦於那些在限時會談中需要處理的問題，縱使這些問題實際上只是更深層問題的冰山一角。

◆ 有意願接受在困境中個人須承擔的責任。

◆ 接受自己在改變過程中須積極主動的事實。

◆ 有足夠的自我支持與環境支持。

◆ 有足夠的治療動機面對深入問題時可能產生的焦慮及挑戰。

## 機構方面的注意事項

◆ 有些機構允許諮商師會談次數維持在二至四次（某些 EAP 機構）或六到十二週（許多開業醫師的門診），或有一定的接案量。因此，諮商師需要評估如何決定一個切實可行的治療契約或轉介協議。

◆ 例如，當開業醫師或雇主轉介一名當事人來時，重要的是諮商師需要先探究轉介者的動機、期待，及他們對被轉介者所抱持的預期目標。這些可藉由下列的探問來評估：「對於前來與諮商師會談一事，他們是如何告訴你的？」「醫生有無提到諮商對你的幫助會是什麼？你自己對諮商的期待又是什麼呢？」

◆ 關於治療紀錄，重要的是，你要事先與機構商量。如果有必要的話，你準備向機構相關人員透露多少訊息，在何種情況下你將打破保密性規則，例如，當事人處於自殺危險情況下。在初次會談時，你就該告知當事人保密性規則的限制條件。

◆ 在一個機構中，你有眾多不同的關係有待考慮與協調。切記，簽訂多重契約（和你所在的治療機構、當事人、督導、專業機

構、督導與機構之間等等）可能對你有所幫助（參見 Tudor, 1997）。

## 與當事人簽訂治療契約

我們在第一章已就治療契約進行詳細論述。有些諮商師會在會談之前先發一份問卷，以調查當事人的個人史與治療動機，並為了有效利用時間，在問卷背後還可能附上一頁說明書，用以解釋諮商歷程。在初次會談時，可分別就這些問題與當事人進行討論，理想的開場白是：

◆ 「這次是初次會談，我們先看看諮商是否對你有所幫助。」這樣在會談接近尾聲時，你就更容易告知當事人，你能否幫助他，或者你是否打算進行轉介。

此時也是你需向當事人澄清相關議題，並就雙方在時間內可完成的治療任務達成協議。如果當事人仍感到困惑或應接不暇，有時你可能需要另外簽訂一個附屬小契約（Elton Wilson, 1996）。這附屬小契約的目的在於確認待解決的議題或諮商的方向。另外，這份附屬契約可能還包括需要解決之問題的輕重緩急或優先順序，有時不顧其他而集中處理一、兩個議題也是必要的（儘管這種作法會使諮商師更具指導性，而缺乏雙方的對話）。通常在評估結束時，可向當事人詢問：「這一個小時下來，你印象最深的是什麼？到目前為止，你對這諮商過程的理解如何？與我談話感受如何？對你有幫助嗎？」澄清這些問題非常重要，因為你能從中發現初次會談的影響與效果，並清楚你在今後治療中可能需要做出的調整。

## 診斷

一般蒐集當事人個人史的時間較簡短，但出於安全的考量，我們

強烈地敦促你詢問任何可能的危險因素（例如，先前的自我傷害史、精神疾病史）。當然，個人史對於形成完形診斷並不特別重要，諮商師可從雙方已達成協議之焦點問題的相關資料開始，然後逐漸形成一個根據背景擴充之更大範圍的評估。我們發現，了解當事人的經驗，諸如改變怎樣才能發生、為什麼此刻才來尋求諮商、過去當事人遇到類似危機時是如何處理等等，這些對當事人的了解皆能幫助諮商師做出深具效力的完形診斷。

## 實務上的建議

如所有完形諮商一般，一開始你可以與當事人建立對話式關係，縱使在短期諮商中，根據改變的矛盾理論，採取現象學的方法就足以解決當事人問題。然而在此之前，你需要確認治療同盟已迅速建立妥當，以下建議可能對你深具價值：

◆ 強調對情境的不同理解如何影響行為（也就是在生活中，態度是如何影響結果），可閱讀 Whines 文中實用的論述（Whines, 1999: 10）。

◆ 盡可能蒐集進展到下一步所需要的足夠資料。

◆ 找出具體可操作的圖像（例如，「變得更肯定」則需找到某個**特定的**場景，當事人在其中顯得舉棋不定、缺乏果斷性），為這個圖像找出相關情景（當時你有哪些感受？其他人的反應又如何？你何時感到憤怒？等等）。

◆ 密切注意所呈現的相關素材或圖像，使圖像更為清晰明顯，記得 Igwe（引自 Sills, 1997）說過：「最重要的是，讓核心議題成為工作的重點！」

◆ 提供實驗來澄清或擴展正在浮現出的圖像（而**不是**尋求問題解決之道），例如，「當你想像那種情境的時候，試著感受你正

　　踏在地板上的雙腳。」

◆ 藉由指認命名（naming）或面質來減少移情現象。

◆ 嚴格遵守治療的操作流程（Polster, 1991, 1995），這對縮小或
　放大關注焦點都是一項非常實用的概念與技巧。

◆ 過去或目前的危機，例如，失業或親人的失落，都可能變成一
　個圖像。此時你可能需要暫時中斷目前正在進行的主題，而根
　據目前的覺察能力去了解這個新浮現危機的含意。

◆ 「家庭作業」對治療也大有幫助，即當事人同意在兩次會談之
　間完成一些任務──也許是練習一項新行為，或是做焦慮反應
　之紀錄。

◆ 重要的是，在每一次會談時，都要對會談次數「倒數計時」。
　例如，「我們已進行第五次的會談了，還剩下三次」，也可以
　穿插一些「你感覺如何？」之類的話。

　　找到運用督導使你的工作產生最大效益的方法，發展開放的態
度，迎接任何可能的學習機會。諮商師簡潔地呈現自己的治療工作之
後，可與督導簽訂一份契約（如你與當事人一般）說明主要的圖像為
何，並持續聚焦於這個圖像的工作。大多數的諮商師需要訓練自己接
納自己已做了該做的部分，而不去期盼有更多的會談次數（當事人有
時也有這樣的想法），你們倆人可能會為在約定次數內無法獲得的效
果感到遺憾、失落，並須承受隨之而來的挫敗感、憤怒或悲傷。

## 小結

　　採用短期諮商或長期諮商，除了出於機構對會談次數的限制之
外，絕大多數取決於諮商師個人的偏好。短期諮商的缺點在於，對於
那些需要長時間治療的問題，尤其是人格疾患、發展性議題、兒童期
創傷，及那些需要深度信任之治療關係的問題，短期治療並不適合，

其療效也是有限的。但是，短期治療的優點是靈活彈性、效力高、經濟實惠，且足夠有效地幫助當事人，還可以給當事人一個諮商歷程好的體驗，而為未來進一步的短期或長期諮商奠立基礎。

 **團體工作**

完形團體工作是一個格外令人興奮的治療方法。完形團體工作結合實驗的使用特別有效，它為團體成員提供獨一無二的機會，去發現與表達自己的感受與反應，練習與人交往的新方式，為自己治療歷程付出或獲得支持。他們還可以練習表達自己及嘗試新的生活方式與行為，以不同於與諮商師的互動方式，在團體成員之間彼此付出與接受回饋。他們還能體驗到自己是如何陷入以往僵化的人際連結模式，及他們如何將自己對他人的期待（來自他們原生家庭或學校人際關係的移情），帶到此時此刻的團體互動中。團體治療最大的優勢之一是，成員間彼此可以相互給予回饋，團體成員有相等的地位，他們之間通常有一個彼此須坦誠相待的契約。能由其他同儕之間獲得真實回饋，了解自己對他人產生的影響，常常會使成員產生非常有力的影響。

為了建立一個安全而具挑戰性的團體環境，團體治療師需要考慮許多因素：團體成員的選擇、團體發展階段、團體契約的訂定、團體規範的建立、團體成員的角色和「角色鎖定」（role-lock）、團體動力，與許多其他因素。限於篇幅，我們不在此一一展開討論，幸運的是，與團體有關的文獻相當豐富，在本書最後將提供一些有關團體治療的推薦書目。在此為了讓你「細細品嚐」（taste）一下完形治療的運作過程，我們將由治療師作為團體催化者的角度，簡單描述最常見的幾種完形團體治療師的領導類型。

## 權威型團體帶領者

　　團體領導的第一種類型，權威型（authoritative）團體帶領者可能是完形團體中最傳統的一種類型——使人回憶起 Perls 及其他早期完形諮商師。在此，團體帶領者被視為「專家」，並將自己與團體成員區分開來，這種團體常被稱為「熱椅」（hot-seat）完形。顧名思義，團體成員被挑選後，坐在熱椅上，成為焦點，說出自己特別的議題。團體帶領者採用有效的個別治療方式，與這個被選出的成員做連結，其他的團體成員則在一旁觀望、鼓勵與支持，當然也會參與實驗進行。團體成員也將受到該成員主要問題與情感的影響，他們將透過描述自己產生的心理衝擊，及被激起的議題等等來作為回應。這樣可能引出下一個主動選擇「熱椅」的人。藉由這種方式，隨著特定主題的浮現與開展，團體治療就在此時此刻隨著動力往前邁進。

### ✺ 實例 ✺

　　　珍妮絲說她想解決這個難題，她對同事缺乏決斷力，治療中事情很快變得明朗。珍妮絲有一個核心信念，即她認為自己不該反對別人意見，這個信念源自於內攝了母親從小所灌輸的禮貌觀念。在實驗中，她同意與其他團體成員連結，並說出她自己不贊同或不喜歡的事。剛開始，她猶豫不決，然後在其他成員支持下，她變得大膽起來，她開始在團體中走來走去，對這個人說，她不喜歡他的襪子，對另一個人說，她不贊同她對婚姻的觀點。當她結束時，成員湯姆說，他欽佩她的勇氣，而當珍妮絲給出回饋時，湯姆卻覺察到自己有些害怕，因為他擔心自己的話可能會引起一場可怕的爭

論，這使湯姆想起童年時，親眼目睹父母親激烈爭吵的恐怖情景。接著，維爾卻說，當他聽到別人是多麼害怕衝突時，自己總是感到洋洋得意。此時，他才逐漸覺察到，當他與別人發生衝突時，他總是感到自己是最有自信與最強而有力的人。維爾被邀請對這新的覺察進一步探索，團體帶領者請他審視一下他們兩人之間的關係，這促使維爾發現到，自己是多麼害怕一旦自己表現得「軟弱」，就會讓另一個人「占上風」。

## 過程催化型帶領者

為了提高團體成員對自己及他人體驗的覺察，檢驗團體成員的期望、表達他們的感受與思想，過程催化型帶領者（process facilitator）最主要的任務是，幫助團體成員在此時此刻建立連結。她向團體成員提出的問題是：「此刻，你在團體中的體驗有哪些？」團體關注的焦點常常是團體內的積極動力（關係、移情……等等）。而團體契約可能包括諸如「從參與團體過程中來了解我們自己」之類的目的。團體成員藉由團體過程可以認識他們如何在治療室中共同建構彼此的現實世界。當然，也有機會共同建立另一個截然不同的新世界。

過程催化型帶領者有二種方式來與團體進行互動，第一種是使自己獨立於團體成員間公開的人際互動網絡之外，僅僅在需要進一步激勵團體成員展開開放式溝通時才有所介入。

## 實例

　　珍妮絲談到她與同事之間相處的困難場面，團體領導者並無介入，反倒是等待其他團體成員對她做出回應。團體成員可能有諸多不同反應，有的會詳細詢問更多細節，有的人會訴說自己在面對人際衝突時也有類似的恐懼感。維爾則認為，珍妮絲應該告訴她的同事「滾開」，當維爾說這句話時，珍妮絲看似相當不安，並沉默了片刻。

團體帶領者：珍妮絲，請注意你現在的感受，看起來維爾的
　　　　　　建議似乎喚起你心中的某些東西。

珍妮絲：我認為維爾並不了解這樣的處境對我來說有多麼困
　　　　難。（此時，現場出奇地安靜）

團體帶領者：我建議你告訴維爾，當他說這句話時，你有什
　　　　　　麼感受？

珍妮絲：哎！維爾，我認為你不了解我，我怎麼能對同事說
　　　　那樣的話呢？這是不可能的——真是荒謬。

團體帶領者：告訴他當你認為他的建議是荒謬時，你有哪些
　　　　　　感受？

珍妮絲（猶豫片刻）：維爾，我覺得……我覺得有點……有
　　　　　　　　　　點生你的氣。

維　爾（嘻皮笑臉）：隨你的便，那是你的問題。（珍妮絲
　　　　　　　　　　低頭不語）

團體帶領者：繼續告訴他你的感受。

珍妮絲（再次看著維爾）：我希望你對我能認真一點，這對

　　我很重要，而且我很在乎你的看法。

維　爾（看起來有點吃驚）：我很抱歉，這可能只是由於我
　　　　向來都不把人際衝突當作一回事吧！當我聽到我的
　　　　意見對你很重要時，我很高興。

裘　迪：珍妮絲，你意識到了嗎？你剛才告訴別人你不喜歡
　　　　某些事時，你做得棒極了！你知道我發現在這團體
　　　　中，我們之間並不經常互相質疑，我也察覺到，之
　　　　前我傾向讓維爾來幫你解決問題，因為他做這樣的
　　　　事得心應手。現在，我也要試著將自己內心的想法
　　　　大聲講出來。

湯　姆：裘迪，我想當我們今晚來的時候，你生我的氣，現
　　　　在你還生氣嗎？

裘　迪：不，我並沒有生你的氣，不過既然你問了，我認為
　　　　自己確實要給你一些回饋……

　　第二種過程催化型帶領者之特點是，團體催化者更積極主動地參
與團體動力之中。她被視為是團體召集人，然而事實上，團體召集人
與權威型帶領者角色並無多大差異，選擇這種領導類型的帶領者與其
他團體成員一樣分享自己的觀點與反應，這種參與性催化者的角色扮
演往往不易掌握。治療初期，團體帶領者需要學會保持自制，不做過
多介入，以避免被那些一開始就期望她能給出指導的人視為權威角
色。只有在隨後，當成員在團體治療性互動中獲得足夠信心時，帶領
者才能放心大膽地介入。此類帶領者在團體中往往傾向採用對話式關
係與現象學方法、自我揭露、融合技術，並向當事人示範良好的接觸
模式，同時結合使用相關的現象學探索方法。

## 實例

　　珍妮絲談到她與同事之間相處的困難場面，團體領導者
並無介入，反倒是等待其他團體成員對她做出回應。團體成
員可能有諸多不同反應，有的會詳細詢問更多細節，有的人
會訴說自己在面對人際衝突時，也有類似的恐懼感。維爾則
認為，珍妮絲應該告訴她的同事「滾開」，當維爾說這句話
時，珍妮絲看起來十分洩氣，並一直沉默不語。

團體帶領者：珍妮絲，聽了維爾的話，我感到很不舒服，我
　　　　　　想知道你有什麼感受？

珍妮絲：我想，維爾並不了解這樣的處境對我來說有多麼困
　　　　難。

湯　姆：我同意，我認為珍妮絲不可能對她的同事說「滾
　　　　開」的。

維　爾：哎，也許，這些話是重了點，但是珍妮絲可以告訴
　　　　同事「別來煩我」。

蘿　拉：維爾，這對你輕而易舉，但對我來說卻是很為難。

維　爾：你們所有人都將珍妮絲當作溫室裡的花朵了。

湯　姆：不，我們沒有，維爾，你似乎故意找碴兒？

團體帶領者：這很有意思，我發現我迫切地想參與討論，究
　　　　　　竟怎麼做才對珍妮絲最有利。珍妮絲，你自己的看
　　　　　　法呢？

珍妮絲：事實上，這種感覺我相當熟悉，過去我們家常會就
　　　　我的事情展開激烈的爭論，那一刻我感覺自己似乎

消失了，每個人都在幫我決定什麼對我最好。

## 綜合型方式

綜合型帶領者將不同類型的團體領導風格結合起來，而使團體治療能交替使用一些指導性技術及一些「熱椅技術」。然而，團體帶領者需要注意，每次採用熱椅技術時，她無疑地扮演一個專家的角色，而團體成員會做出相應的反應。團體帶領者會不時地被其他成員「拱入」專家治療師的角色中，這樣的團體會在不知不覺中陷入危險，而將所有責任推託給這位帶領者。重要的是，為了保證讓其他成員意識到他們應對自己的治療負責，團體帶領者應減少這類的介入。如果治療師確實決定對治療直接介入引導，她可以採取提供建議的方式。例如，「我有個建議，你願聽聽看嗎？」藉由這種方式，團體成員就會漸漸學習到，團體帶領者僅僅經由與當事人公開的協商而擔任專家角色。如果治療團體中有協同帶領者的話，那麼當兩位治療師意見相左時，如何解決爭端就是最好的例證，透過這種方式，向團體成員清楚地示範問題的解決常常有一種以上的解決途徑。

 **夢的工作**

Perls 曾經說過，夢是「通往整合的黃金大道」（royal road to integration）（1969: 71）。他認為，儘管人在作夢時是處在不同的意識狀態裡，夢仍是一種存在的訊息或表達，夢的不同部分反映了個人在清醒狀態下的不同層面。因此，所有的夢包含了作夢者自我投射的不同部分。治療師的任務是，幫助當事人重新承認或獲得那些曾經在夢中投射到人或物體上的自我部分。而 Isadore From 則認為：「夢境不

應被視為是投射，而應被當作是一種迴射。」（Muller, 1996: 72）他建議夢的工作是去了解、並解除清醒狀態下無法表達的迴射。

　　心理治療對夢的工作有多種形式。夢不需是完整的，很有可能處理的是夢的片段，或當事人清醒後所體驗的感受，尤其是那些醒後仍能回想起來的夢，這種夢通常蘊涵著正在浮現的未竟事務。Perls（1969）聲明，精神分析中夢的解析與完形治療中夢的工作不盡相同，他強調夢的含意唯有透過作夢者的探索及實驗才能得知。他相信夢，尤其那些反覆出現的夢境，是在向作夢者預示某些潛在的訊息，這些訊息可能是對作夢者當前生活或正面臨之問題的一種陳述或描繪。反覆出現你被人跟蹤或被人追趕的夢，與你獨自一人在空空的房子裡的夢相比，顯然隱藏著不同的潛在訊息。Perls 還認為，夢可能蘊藏著關於存在本身的本體論訊息（ontological message），例如，死亡或化身等。

　　從完形治療的觀點而言，夢境的每一部分、事件、主題及過程，都代表著當事人與其生活的某些層面。因此，治療師要邀請當事人由每個角度探索夢的含意。下面是當事人在治療時所描述的一個夢境，以及常見的幾種解夢方式。

　　　傑克由於生活陷入困境，而來尋求諮商師的協助。有一天，他栩栩如生地描述了一個夢境的片段，這個夢使他感到心煩意亂、迷惑不解。當他描述夢境時，他的聲音低沉壓抑。

　　　「我正沿著一片荒涼的海灘走著，我感覺到既緊張又恐懼，天色暗沉、烏雲捲起，浪花拍打著海灘。然後我看到一個人從遠方緩緩地走過來，雖然看起來比較年輕，但那是我的母親，她正悲傷地哭泣著，並向我哀求。」

## 探索方法

### ▶ 練習用現象學方法聆聽夢境

你所要關注的僅僅是找到當事人自然的能量與興趣所在，注意這種能量在哪裡被阻斷或迴避。切記，在你與當事人進行治療時，須將注意力聚焦在此時此刻的覺察上。還有非常重要的一點是，在夢中如同現實生活一般，夢中所有的意象、象徵和隱喻對每一個體都有其獨一無二的意義。同一個象徵的意義，對你、對作夢者而言，可能蘊含著迥然不同的含意。因此，在探索場地條件以澄清哪些事件與夢境直接相關時，諮商師的首要之務是詢問當事人，夢境中的物體、措辭、象徵或人物，對他而言，分別意味著什麼，他會聯想到什麼？

> 諮商師問傑克，荒涼的海灘對他而言意味著什麼。「我記得那海灘有些像我父親離家與另一個女人同居後，我與母親度假時看到的那個海灘。」

### ▶ 請當事人使用現在式語態講述夢境

如同夢境正在發生一般，使用第一人稱「我」與現在式語態描述夢境，這將使當事人體驗更為直接、真實。

> 「我正沿著一片荒涼的海灘走著，我感覺到既緊張又恐懼，天色暗沉、烏雲捲起，浪花拍打著海灘。然後我看到一個人從遠方緩緩地走過來，當她走近時，我才知道那是我的母親。她看起來比現在更年輕，她一邊哭泣，一邊大聲呼喊著：你一定要幫幫我啊！我快要死了，只有你才能幫我啊……」

　　當傑克覆述這個夢境時，他的能量產生明顯的變化，他變得充滿感情與活力，不像剛開始描述夢境時的反應遲鈍、疏離的樣子。當他繼續講述夢境時，顯然地，傑克開始對理解夢境含意充滿興趣與好奇心，並開始頗為自然地將夢境與當前問題進行連結。

### ◎ 運用當事人將夢境當成真實故事之體驗進行治療

　　在當事人講述夢境時，你將會發現很多主題與圖像正在浮出，例如，當事人聲調的變化、身體反應、接觸調整模式的變化等等。然後，你可以讓當事人提高對自己的覺察。

　　　傑克的諮商師說：「傑克，我能打斷你一下子嗎？我注意到當你講述夢境的時候，你的身體一動也不動，顯得有些緊張，而說話聲音變得越來越小，看起來你好像很壓抑。」在這個介入後，傑克逐漸意識到自己面對母親時身體的迴射與無助感。

### ◎ 建議當事人用非口語方式來表達夢境

　　這涉及到用身體語言來重新呈現夢境。例如，用不同的身體姿勢、來回走動，或發出聲音來表達夢境。此外，還可藉由黏土或素描方式來呈現夢境。

　　　諮商師建議傑克拿一些紙與彩色筆來畫出夢境，然後退後幾步，從遠處觀看那幅畫，讓他看看圖畫中是否傳遞出什麼訊息。圖畫中還缺少什麼，或者他還想加上些什麼？想像那個沿著海灘而行的人會有什麼感受？她可能會遭遇到什麼事情？

## ◉ 建議當事人以夢中的每一角色或物體的角度來重述夢境

先從當事人最感興趣的夢境部分著手重述,然後逐漸移到最疏離或最困難的部分,這樣做能對當事人有所幫助。因當事人對夢中各個不同角色進行重述時,他通常會產生自發性的現實感、頓悟或認同感。這有助於當事人釐清夢中業已呈現但卻處於意識之外的意義或象徵。

> 「我是傑克正沿著漫步的海灘,我在這兒已經很久了,我綿延數公里,很少有人在我身上走過,我感到既寒冷又孤獨。」當傑克以「孤單的海灘」的角色描述夢境時,他開始顯得有些哀傷,當他說「我這些日子以來感到非常孤單」時,眼淚奪眶而出。

有時當事人會發現,要認同夢境中令人驚嚇、具攻擊性或令人不快的部分並不容易。事實上,當事人常常最難以認同的部分,正是被他們最強烈否認的部分。他們可能需要治療師溫和的鼓勵,才能扮演這些特定的角色。因為許多這樣的投射蘊含著大量的能量與力量,這些能量卻以否認與投射機制來運作。因此,當事人以夢境中的人或物的角色來重述夢境,對治療大有助益。

## ◉ 為夢境中不同的角色或物體之間創造出對話或實驗

傑克被鼓勵進行角色扮演,重新演出夢境中他與母親之間的一段對話。

> 隨著實驗的進展,變得越來越清晰了,傑克(在夢中)啞口無言,他對母親無能為力,更遑論是讓母親滿意,這使

他變得越來越沮喪。直到他突然跳出實驗，轉向治療師說：「這就像我的母親真的就在我面前，她一直都希望我能照顧她、滿足她的需要，我真的受不了！」當傑克與治療師分享此次角色扮演的體驗時，傑克說他從小就體會到母親對他的要求，但以前卻從未接觸到內心對母親憤怒不滿的感受。

## ▶ 試著為夢境創造不同的結局

試著為夢境創造不一樣的結局，這對噩夢特別有效。你可以讓當事人想像他們更強壯、更有力，或想像一個會支持自己的圖像或人物。然後他們就能改寫夢境（也許需要幾次），產生不同結局。

傑克想像他的父親正沿著海灘，向他和他的母親走來。當他走近時，父親將母親擁入懷中，一邊撫慰她，一邊告訴她，會好好照顧好他們母子倆的。傑克漸漸了解到，父親才是那個應該幫助他母親解除痛苦之人。然而，事實上，傑克卻一直背負著罪惡感。接著，他繼續體會到自己對父親是多麼憤怒，因為正是父親多年前拋棄了他們母子兩人。

## ▶ 將夢境視為對自己或治療有關的訊息

從當事人的角度而言，夢在一定程度上是一種迴射現象，是一種難以言傳的現象。Isadore From（引自 Muller, 1996）認為，當事人所有的夢是當事人與治療師之間關於治療的溝通。當你聆聽當事人的夢境時，想像這個夢境對你而言包含了哪些訊息。例如，這個夢是關於被人照顧，令人恐懼或失望，或是關於對神祕陌生人的性吸引力？這個夢是否是當事人就上次會談中所發生的事而對你所做的一種回應？例如，當事人的夢是否正試圖告訴你，他在此時此刻難以承認的一些

事。

> 治療師反思：我回顧了上一次與傑克的治療會談，並試著去回想傑克是否已把我看成滿足他需求的人。我記得曾告訴他，我將出去度假，並想知道他是否會將此看作是我在滿足自己的需要（休息）。或許在即將來臨的分離中，他是否可能會感到困乏與被拋棄，讓他獨自一人去面對目前生活中難以承受的艱難處境？

所有上述處理夢的技術同樣也適用於處理幻想或白日夢，因為幻想與白日夢同樣可能呈現出處於當事人意識邊緣的渴望、衝突與未竟事務。同時，你可能還要留意夢境中缺少了什麼，或正在迴避什麼（例如，相對的感受為何，或夢中缺少了一位家庭成員）。

# 危機情境的評估與處理

## 風險評估

在許多情況下，治療師需要預見對治療師本身或對她當事人的潛在危險與風險。這包括自殺、自我傷害或精神疾病；有些時候，也可能涉及藥物成癮、飲食障礙或人格疾患；其他的危險情境還可能涉及兒童或犯罪行為。這些危險因素有可能在初次會談中便一目了然，但也有可能是在隨後的治療過程中才漸露端倪。無論是哪一種情況，在接受對方作為你的當事人或持續工作之前，你需要檢核你是否已經具備足夠的專業知識，以及是否能得到適當的督導。此外，你還需要了解自己作為治療師所持有的信念系統。例如，你對死亡與責任的

看法。

> **建議**　花點時間回顧你的觀點。例如，你認為一個人擁有濫用藥、酒的權力嗎？你認為一個人擁有絕食或主動結束自己生命的權力嗎？你認為精神疾病是一種有意義的溝通，還是體內化學物質的失衡，或是兩者得兼呢？你不準備處理哪一類的犯罪行為？

　　為超出你經驗或能力程度之外的當事人提供治療，不僅不專業，而且充滿潛在的危險。因此，遇到類似情形時，你可能需要延緩治療，直到自己能得到督導的協助，就案例進行討論後，再決定是否與當事人進行治療歷程。此外，在治療期間一旦發現危險性太高時，你仍需要考慮將當事人轉介給另一位治療師。

## 調查個人歷史中的危險因素

　　在第一章裡，我們已描述完形諮商師可能蒐集個人史作為治療評估的部分內容。有時，個人史的評估可能相當簡潔，且只將評估焦點集中在與當事人目前問題有關之人際連結的過程與方式。然而，有時在蒐集個人史的過程中，會浮現許多重要的危險因素。這時，諮商師為了做出更準確的風險評估，並預測可能的危險所在，需要蒐集更詳細的個人史，並深入調查。

　　下列問題只需稍做調整，即可適用於任何特定障礙之危險因素的調查。例如，飲食疾患、藥物濫用及酗酒問題。

◆ 這個問題最初發生在什麼時候（例如，自殺意念、自我傷害、藥物濫用、厭食或暴食、認為自己快要發瘋了）？

◆ 當時在你的生活中還發生了什麼？

◆ 當時你的家人或朋友有何反應（或你想像他們會如何反應）？

◆ 這個問題多久發生一次？你自己如何看待這個問題？

◆ 這一問題持續多長時間？

◆ 你的家人如何看待這樣的行為？

◆ 什麼時候這個問題最為嚴重？

◆ 對這一問題，你曾尋求過或得到過任何幫助嗎？

◆ 這個問題最後一次發生的時間／或近來最嚴重的一次是在什麼時候？

◆ 你如何處理這個問題，或者你如何幫助自己的？

　　顯然地，在蒐集資料的過程，你要根據特定的問題自然而然引出答案。如果當事人有足夠的自我支持，那麼，他可能在一次會談中即能應付自如地回答這些問題，但是你也可能需要在好幾次會談的療程中，才能蒐集到這些訊息。應切記，當事人談到這些議題時，必然會出現過於敏感與脆弱的情形，有時諮商師囿於缺乏自信，或害怕進一步引起當事人的痛苦，而不敢深入探詢這些特定領域的細節。例如，自殺意念、幻覺或受虐關係。然而很多當事人會感到，能和一個不害怕了解這類痛苦經歷的人分享自己的故事，本身就是一種解脫。事實上，諮商師尊重、開放和接納地聆聽，這本身就能激勵當事人對他自己開啟類似的過程。

　　一旦你確認了幾個特定的危險因素，接著就應尋找專業資料、訊息或專業督導，這可使你避免徒勞無功，並將在治療關係上提供更多支持。例如，針對不同類型精神疾病的危險性、自殺意念最有可能轉成自殺行動的時機，以及不同藥物的毒性等等，僅僅這三個領域就有許多有效的描述性與預測性的資料可供參考。

## 處理自殺風險

　　一旦當事人出現自殺危險，有效處理這危機即成了刻不容緩的任務，即使你懷疑當事人是在操控你，你都需要認真地看待所有自殺的威脅，因為如果你對此不加以重視，就有可能促使對方行為的危險程度不斷升高。很少人是經過深思熟慮才選擇自殺行為的（例如，正遭受末期身體疾病痛苦而想自殺的人），大多數的自殺意念來自一種內心混亂、衝突的思維狀態，可以將這種自殺意念視為當事人在傳遞某種無法公開表達，而轉向自身產生迴射的溝通訊息（常常是對他人的憤怒）。有時這一觀點能使你理解，有自殺意念的當事人實際上正在努力嘗試如何**求生**（雖然以一種扭曲的方式），而並不真的想尋死。

　　一般認為詢問涉及自殺的問題，很可能就引發當事人自殺的行為，這是一種誤解。研究調查結果也不支持這樣的論點。實際上，以一種開放、尊重的態度來談論自殺的可能性，可以讓當事人得到一種釋放與支持感。重要的是，如果當事人對自殺這一話題閃爍其詞，諮商師也不能以害怕、焦慮或非難的態度來回應。若遇到當事人有自殺危險的情況，你的當務之急是，決定是否有必要採取緊急行動來阻止自殺。然後，在制定完形治療策略之前，你需要對危險程度做出清楚詳盡的評估。下列問題是對本章前面所描述之內容的補充，目的在幫助你做出更明確的自殺風險評估。

◆ 當事人過去是否曾有過自殺企圖，如果有，在什麼時候？結果如何？

◆ 有哪些促發因素（例如失戀）導致那次危機事件的發生（這些促發因素目前依然存在，或即將發生）？你可以問這樣的問題：「如果此事（同樣的促發因素）現在發生，你會怎麼做？」

◆ 先前是什麼原因使他活下來？是他人的介入嗎？如果是，是怎樣的介入方式？

◆ 他們是否制定了自殺執行計畫？有沒有確定要如何執行這項計畫？

◆ 探索誰會受到他們目前自殺意念的影響，又有誰會受到他們死亡的影響（以什麼樣的方式）。在當事人的社交圈中，當事人認為誰會對他的死亡最傷心？切記在心，威脅要自殺的舉動可能牽涉當事人的家庭系統或社交網絡的問題。

　　一般而言，如果個人已經有了詳細的自殺計畫，那麼自殺的危險性就大大提高，因此，詳細詢問當事人一些具體問題儘管令人感到不適，但對於自殺危險的評估卻極其關鍵。例如，「你有想過自己如何自殺嗎？」「你實際上會服用哪種藥？在哪裡可買到這些藥？你會在何時、何地服用它們？」一個明確的自殺計畫要比一些模糊的自殺意圖更令人憂慮，詳盡的自殺計畫被視為更具危險性。在緊迫的自殺危險情況下，你可能需要聯繫當事人的家人、開業醫師或社會工作者（更詳細部分請參見下一小節）。不太緊急但仍是高風險的情況下，你可能要更頻繁地與當事人見面或以簡短的電話聯繫，來提供一種支持性的環境。很多治療師倡導與當事人簽訂一份無傷害（no-harm）契約。這種觀念在完形實務中頗具爭議，但不可否認地，無傷害契約有其正面效應（有關這個爭議之其他有趣的討論，請參見 Mothersole，1997）。無傷害契約可能就是讓當事人同意在下一次會談前不要試圖自殺，或在極端情況下準備自殺前打電話與你聯繫。這種協議可算是一種生命的承諾，在這種生命承諾中，你提供的這項契約是找方式幫助當事人繼續活下去，而不是了結自己生命。當事人可將這份契約視為一種包容與支持——證明你對他生命的承諾，而絕非是你想要限制或強加自己意願在他之上的聲明。

　　即使你認為當事人有權決定自己生死，但是作為完形治療師，保護生命是你義不容辭的責任（見第十四章探討倫理的主題）。為了處理這類危機，你可能需要暫時改變你的治療風格。此時，治療師提供支持、包容的同時，必須保持明確的治療界限。除非你對當事人處理危機的能力有絕對的把握，否則要避免使用宣洩、空椅技術或面質技術。有時即使已竭盡全力，當事人最終仍是選擇自殺，此時，你自己會陷入深深的悲傷之中，這時候你需要尋求支持而非自責，並提醒自己，終究我們畢竟不能，也不該去控制當事人自己的選擇。

## 處理急性精神疾病發作

　　在評估或諮商的過程中，不管你有多謹慎，都可能在治療室中遇到當事人精神疾病或解離性症狀發作的情況，即使這種情況發生的機率很小。此時你的當務之急是評估風險的程度（對當事人與對你自己），並設法控制局面。

　　首要任務是，讓他回到此時此刻與你相處的現實場景之中。切記，有嚴重困擾的當事人通常喪失分辨與整合內、外刺激的能力，因此，他們對自己和外在環境的感受支離破碎，難以承接。

◆ 如果你在諮商機構任職，要確信當事人能留在一個安靜的地方，或者帶他到一個安靜的地方。

◆ 以直截了當的方式，檢核當事人對當前現實的定向感程度，他知道自己是誰嗎？今天是幾號？他在哪兒？為何在那兒？

◆ 暫時掌控整個局面。一般而言，完形治療師假定當事人有充分的自主權與自我責任感。然而遇到這種危險情形，就應該如同任何危機介入一樣放棄所有這樣的假設，治療師要隨時準備控制全局，並根據自己最好的判斷來權衡得失，做出選擇。

◆ 使用鎮定果斷的語氣，盡量使情境平息。例如，「我想你確實

有些心煩意亂，我想協助你平靜下來」，如果他想要談論自己的經驗，可鼓勵他講述具體事實而不加以渲染（為了減少強烈情緒效應）。

◆ 如果當事人緘默不語，氣氛顯得相當緊張、壓抑，你可以心平氣和地與他談談「日常瑣事」。例如，天氣如何（如果在英國）、他的週末休閒計畫、新聞上的種種故事……等等。

◆ 確保自己的身體姿勢是開放、友善的，並與當事人之間保持一定的距離，以免他有一種受侵犯或被威脅的感覺。每個人都有不同的界限，你需要以當事人的角度來衡量他的界限所在。

◆ 語言表達簡潔。例如，「我希望你感覺好些，你看起來平靜多了。」不要問一些探究性或盤查性的問題。

◆ 除非絕對需要，不要與當事人有任何身體接觸。

現在有兩種可能結果，第一種結果是當事人恢復到相當正常的功能水平，你認為他可以安全離開諮商室了。

◆ 問他打算怎麼回家，確保他的回答令你滿意，你也可以考慮幫他叫輛車子，送他回家。

◆ 也可考慮問他，是否希望幫他找位親朋好友來診所接他，或在家裡等他。

◆ 最重要的是，當事人能告訴你他打算如何消磨今天剩下的其他時間。在危機過後，有能力設想日常活動是當事人恢復自我支持的一個標記；如果仍處於危機狀態，即使連一個鐘頭後的生活，當事人往往也無法想像與安排。

◆ 你應該檢核當事人在往後幾天中，他將如何為自己爭取支持，這可能包括：到家時或第二天如何與你聯繫，或者也可能是與你再增加一次會談。

如果你認為你的當事人不能如往常一樣地安全返家，有幾種選擇

可供參考：

◆ 允許他在諮商室中多待一段時間（如果下一位當事人的諮商時間立刻就到，你可以攔住他，並簡短地解釋事由，讓下一位當事人待會兒再來，或在另一房間等候片刻）。此時，你可以重複先前的一些介入策略。此外，你還可以給他送上飲料，如果合適的話，可以讓他獨自休息一會兒。這樣，你可用這段時間打電話給督導或同事，以獲得支持。

◆ 你可以徵得當事人同意，打電話通知開業醫師或當事人的親戚。

◆ 你也可以要求當事人離開諮商室後，直接去找開業醫師；理想的話，當事人會接受你的建議。

◆ 然而，根據你對特定情境的憂慮程度，儘管沒徵得當事人同意，你可能仍須堅持讓他去找開業醫師，或打電話給開業醫生。如果當事人是精神疾患或處於極度錯亂時，絕對不要嘗試獨自一人開車把他（她）送到醫院或醫生那裡，你很難做到一面開車，同時一面又要安撫一個精神錯亂的人。即使情況看起來並不那麼急迫，通常你也需要叫一部計程車來護送當事人。

◆ 如果這個選擇行不通，你就得打電話到當地社會服務機構當值而有證照的社會工作者，或當地心理衛生急救小組（每個地區——實際上每個區域——都有其負責聯繫的人，和處理這類緊急情況的程序，治療師在危機升起前就應熟悉這些緊急因應程序）。

◆ 最後一種可採取的手段是，如果你認為當事人無論對他自己、對你或是對他人都存在嚴重的危險時，你就可以直接打電話求助於警察。

所有上述的選擇，都將迫使我們違反保密性原則，及否認當事人

的自我責任。一般情況下，完形諮商師優先重視的是當事人的自主性、自我責任及個人選擇。然而，遇到這種生命攸關的情況時，出於對當事人安全的考量，你可能需要調整治療的倫理規範，將安全性倫理擺在首位。例如，有好幾類精神疾病都以缺乏洞察為其特性，因此也缺乏能力而無法做出可靠的選擇。同樣地，那些極度悲傷與遭遇嚴重創傷的當事人也存在類似的情況。

最後需要補充說明的是，如果諮商師可以透過合適的訓練與督導，針對當事人治療的節奏、自我支持及挑戰與接觸的程度做出適度的調整，那麼，精神疾患或具脆弱自我的當事人也完全有可能獲得良好的療效。Stratford 與 Brallier（1979）把此類治療模式描述為對精神官能症的當事人使用「膠水」，而不是「溶劑」，這意味著幫助當事人為他自己建立具包容性的心靈結構（containing structure），而不是拆卸原來的心靈結構。

 ## 有關短期治療的推薦書目

*British Gestalt Journal* (1999) 8 (1): 4–34 (**several relevant articles**).

Elton Wilson, J. (1996) *Time Conscious Psychological Therapy*. London: Routledge.

Feltham, C. (1997) *Time Limited Counselling*. London: Sage.

Harman, B. (1995) 'Gestalt therapy as brief therapy', *The Gestalt Journal*, 18 (2): 77–86.

Mann, J. (1973) *Time Limited Psychotherapy*. Cambridge: Harvard University Press.

Polster, E. (1991) 'Tight therapeutic sequences', *British Gestalt Journal*, 1 (2): 63–68.

Talmon, M. (1990) *Single Session Therapy*. San Francisco: Jossey-Bass.

有關團體工作的推薦書目

Aveline, M. and Dryden, W. (1997) *Group Therapy in Britain*. Buckingham: Open University Press.

Feder, B. and Ronall, R. (1994) *Beyond the Hot Seat*. Highland, NY: Gestalt Journal Press.

*Gestalt Review* (1998) 2 (4) **Several articles on the 'Gestalt Group'. pp. 275–320.**

Houston, G. (1990) *The Red Book of Groups*. (3rd Edn.) London: Rochester Foundation.

Huckabay, M. (1992) 'An overview of the theory and practice of Gestalt group process', in E. Nevis (ed.) *Gestalt Therapy*. New York: Gardner Press. pp. 303–330.

Philippson, P. and Harris, J. (1992) *Gestalt: Working with Groups*. Manchester: Gestalt Center.

Tudor, K. (1999) *Group Counselling*. London: Sage.

Yalom, I. (1985) *The Theory and Practice of Group Psychotherapy*. New York: Basic Books.

 有關夢的工作的推薦書目

Amram, D. (1991) 'The intruder: a dreamwork session with commentary', *Gestalt Journal*, 14 (1): 61–72.

Bate, D. (1995) 'The oral tradition and a footnote to dreams', *British Gestalt Journal*, 4 (1): 52.

Downing, J. and Marmorsteing, R. (eds) (1973) *Dreams and Nightmares: A Book of Gestalt Therapy Sessions*. New York: Harper and Row.

Fish, S. and Lapworth, P. (1994) *Understand and Use your Dreams*. Bath: Dormouse Press.

Higgins, J. (1994) 'Honouring the dream – an interview with Dolores Bate', *British Gestalt Journal*, 3 (2): 117–124.

Perls, F. (1966) 'Dream Seminars', in J. Fagan and I.L. Shepherd, *Gestalt Therapy Now: Theory, Techniques, Applications*. New York: Science and Behavior Books. pp. 204–33.

Perls, F. (1981) *Gestalt Therapy Verbatim*. (see p. 77–230) Moab, UT: Real People Press.

Perls, F. (1976) *The Gestalt Approach and Eyewitness to Therapy*. New York: Bantam.

#  有關高風險情境的推薦書目

American Psychiatric Association (1994) *DSM–IV*. Washington DC: APA.

Harris, C. (1992) 'Gestalt work with Psychotics', in E.C. Nevis (ed.), *Gestalt Therapy*. New York: Gardner Press. pp. 239–262.

Othmer, E. and Othmer, S. (1994) *The Clinical Interview, Using DSM–IV*. Washington DC: American Psychiatric Press.

# 第14章

# 寬廣的應用場地

 多元文化社會中的諮商

在所有諮商中，當事人的差異與多樣性是不可避免的，除了態度與個性的差異之外，還有種族、文化、民族、性別、年齡、能力、性傾向、階層或母語的差異。我們將主要聚焦在種族與文化差異的議題上，但我們希望提出的觀點能被推廣到其他領域。

隨著社會文化的日益多元，當事人與治療師之間在種族與文化的差異也變得越來越顯著。研究顯示（Beutler et al., 1986）最有效的治療關係產生在擁有相似背景的諮商師與當事人之間，縱使他們持有不同的意見與觀點。如果當事人感到諮商師能理解自己的文化，那麼，當事人就較樂於接受對方對自己的參考體系所提出的挑戰，也較容易信任諮商師所提供的觀點。因此，許多當事人都在尋找與自己相同種族、相同文化背景的諮商師，他們覺得和那些他們認為能真正了解他們的體驗，並能夠成為他們行為榜樣的人在一起，自己就感覺獲得力量。毫無疑問地，當事人的這種感覺有時對於治療相當重要。

然而，我們認為，得出這樣的研究結果，部分說明了多元文化諮

商所面臨的強烈挑戰尚未被徹底解決，也沒有被充分納入治療中加以考量。當事人與諮商師共同的文化背景也可能造成彼此的視野過於狹隘，雙方都被剝奪因學習不同生存方式與新的世界觀所產生的令人不安卻又有所斬獲的體驗。即使自己經過幾年個人的心理治療之後，當意識到自己特定的文化背景是如此限定個人思想與見解時，這對諮商師來說，會是一種遺憾的經驗，同時也是一種使人激動的艱巨挑戰。無論如何，多元文化諮商也同樣出現一些困難，有時甚至是痛苦的觀點，為了成為一位多元文化意識的實踐者，諮商師需要更意識到諮商關係中下列的重要元素。

## 種族認同

Carter（1997）說：「當一個孩子在生理、情感、智能和心理上成熟時，他必然也在種族活動與規範的環境中成熟……種族認同（racial identity）是人格中交織與整合的部分。」當事人對自己與他人的核心信念，他們的創造性調適和固著的完形，都將受到他背景中固有的種族與文化規範所影響。因此，不僅當事人需要對種族認同有充分的認識，而且諮商師也需要去探索，並承認他們自己的種族認同，以及這種種族認同對治療關係的影響。

二十世紀的諮商與心理治療絕大部分是由中產階級的白人諮商師所掌控，認識這一點非常重要，這意味著在他們的理論與實務中所蘊含的價值觀和習慣——包括完形在內，大部分屬於白人與中產階級的。因此，毫無疑問地，接受這種理論培育的諮商師難以意識到本身的偏誤與成見，無論諮商師是黑人或白人（我們在此以黑人這個詞代表所有有色人種），或者是來自不同於目前種族背景的諮商師，都將受到更寬廣場地、自己目前生活所在之社會環境動力的影響。

## 歷史場地

在當事人與治療師的背景中，包含著雙方各自的種族、國籍及文化共同產生的影響，各自與更廣闊世界互相作用的關係，以及這些背景情況與當前進行諮商環境所處之種族、國籍及文化的相互作用與關係。

> **建議** 在文化特徵上，你如何形容你自己（包括你的種族、國籍，及其他任何對你來說重要的因素）？例如，你可能會說你是男人、白人、工人階級、蘇格蘭人。現在花點時間考慮其他所有對你產生影響，並形成現在的你之次文化因素。例如，你如何將自己的父母和祖父母歸類？在你孩提時，你曾搬到一個文化價值觀不同的地方去嗎？在你的童年或青少年時期，是否曾加入任何社會或政治性社團（唱詩班、體育俱樂部、女權運動、共產主義運動等等）？你的專業選擇對你的「文化」有何影響？針對每一種文化因素，思考一下對你目前仍保留的某種價值觀或習慣的影響。

## 社會結構

除了歷史，當事人與諮商師還同時受到目前生活中的社會結構（social struture），與雙方所屬的社會群體間的場地動力所影響。這些動力現象不可避免地呈現在諮商室中。

> **建議** 思考一名當事人，其文化背景與你自身的截然不同（如果你沒有這樣的當事人，則想像一位），你屬於哪一個文化團體？你的當事人又屬於哪一個文化團體？總體而言，在目

前社會中，你所屬的文化團體如何看待當事人的文化團體，以及當事人的文化團體又是如何看待你所屬的文化團體，這些態度將對治療關係產生哪些影響？

## 風俗習慣與價值觀的差異

當事人與治療師在風俗習慣、價值觀、信仰，及日常生活方式方面，也有很多差異存在，正如我們在第五章中提到的，價值觀與態度的差異對心理健康的判斷有著天壤之別。至少這些差異可能導致治療師（在治療關係中擁有最大權力者）有意或無意間將自己的價值觀強加在當事人身上。在此，雖然現象學探究方法可以協助完形治療師迴避這樣強加價值觀的現象，但完形治療師仍能處於主導地位。無論如何，值得警惕的是，許多價值觀如此根深柢固，以至於並不能為治療師所意識，因此比較可靠與尊重的方法是，有意識地鼓勵當事人與你一起分享她認為重要的價值觀。了解當事人已有的文化或民族習俗也會大有幫助，雖然這不盡然能做到（這種不了解可能導致當事人誤以為你對她不尊重）。重要的是，治療師須承認你們之間的差異，並鼓勵當事人告訴你她想讓你了解的情況，那樣的話，她就不會感到這種差異被忽視、否認，或認為為了得到諮商師的照顧，不得不「唯命是從」。你可以這樣說：

> 「由於我是愛爾蘭的白人婦女，而你是印度婦女，我們在許多重要層面存在差異。儘管我對你的文化了解不多，但我很有興趣，並希望能有所了解。這對我們的相互合作相當重要，我可能需要你告訴我，你對我們之間的差異有何看法及感受。」

考慮一下你對金錢、性、工作、情感、愛情及性別的價值觀，這些價值觀中有多少是屬於你父母或祖父母的？這些價值觀在你的學校或社區中受過強化嗎？

回想一種你對它持有負面情感或信念的文化、民族或社會團體，將你的厭惡化為言語，這些負向的情感是否根據的是一些可靠的證據？如果是，這些負向的情感是否來自於一個你不喜歡的風俗或習慣？如果是，為何你不喜歡它（更確切地說，它是否與你本身的某個重要價值觀背道而馳，或者只是單純地讓你感到有些差異、陌生而不舒服）？你所隸屬的社會團體、社群或國家也擁有這樣的負向感受或信念嗎？它有歷史淵源嗎？

## 諮商室裡的差異

所有這些影響因素——歷史的、社會結構的，及「此時此地文化的」——都將被帶入諮商室中，也就是說，所有這些影響因素，將在我們的語言與非語言訊息、我們的用字遣詞、我們對生活所持有的價值觀和偏見，以及在當事人與諮商師之間的移情與反移情關係中清楚地顯示出來。

如果你生長在英國，你可能已經內化了部分種族觀念，這些觀念可能根深柢固，以至於你根本無從意識。如果你生長於這樣一種具有殖民歷史，並希望稱霸世界的文化背景中，你不可避免地會內化英國白人的一些優越感。無論白人或黑人，都會不同程度地內化種族觀念，儘管這種內化對個人的影響是因人而異的。如果你是白人，一種

白人的「優越感」就會深植於你的自我意象中，而認為其他人種則較為次等；如果你是黑人，幾乎可肯定的是，你必然內化了被壓迫感與無力感，而感覺其他人種更強大或者是更有特權。在諮商室裡，這是一個非常重要的場地條件，尤其當諮商師是白人，而當事人是黑人時，這種場地條件特別有意義。治療關係在治療之前可能已經存在權力的不均衡，而這種權力的失衡還受到習以為常的種族歧視予以強化。

## 實例

　　珍德絲的治療師感到很氣餒，因為珍德絲一而再、再而三地將他的話理解為要她表示屈尊就卑的態度。對於自己是否要跟男友（一名年輕白人）分手，以遵從自己嚴格的穆斯林家庭的要求，在這問題上，她一直猶豫不決。治療師自豪地認為，自己已經盡力去了解這個重要文化背景對當事人的意義，治療師除了對她表示同情與支持之外，什麼也沒做。然而，珍德絲對他的批評終於使他開始焦慮不安，他意識到自己一直把珍德絲的反應視為移情（這種移情源自其獨斷的父親，及對白種男人在相異文化上不可避免的刻板印象）。在督導的幫助下，他被挑戰去試著發現自己是怎樣參與其中，而產生現在這種狀態。督導要求他探索他對當事人兩難處境的感受與想法，他意識到自己忽略了珍德絲尊重自己文化的自主決定，而在不知不覺當中替她把問題的嚴重性縮小，並期待她做出在兩者之中選一的決定。在下一次的會談中，治療師問珍德絲是否願花點時間來回顧兩人之間的治療關係，這樣他就可以了解自己是如何表現得高人一等。珍德絲如釋重負，他們一起討論了在治療關係中，治療師在許多

小動作上都顯示著「自己所做的事都是正確的」。

即使治療師與當事人雙方都是白人或都是黑人時，不平等和種族認同仍然是重要的焦點。

## 諮商室裡的其他差異

任何兩個個體之間的相會都注定會存在一些差異，同樣，所有這些差異都可能會出現在治療中。然而，在諮商室裡，其他差異與種族差異一樣，都存在相似的動力現象。這些差異可能源於個體屬於某個曾經或正被壓迫、否定或歧視的團體之一員（蓄意或不經意的）。這些差異包括性別、體能、性傾向、年齡、宗教信仰、社會階層、教育程度或智力等等。所有這些差異和文化差異一般，都需要引起治療師同樣審慎的關注，雙方（包括屬於「目標團體」的人）（Batts, 2000）都需要考慮這一問題對他們的意義，審視這對目標團體或非目標團體意味著什麼──優勢和劣勢，如果諮商師還不能克服對諸如女人、同性戀或殘障者的偏見，那麼他就不應該為這些群體的當事人進行治療，因為他將甘冒否定他們認同或加強當事人對自己負向信念的危險。

> **建議**（引自 Batts, 2000）回想你身為「目標團體」一員的場景，並體驗被當作「次等人」對待的感受（如果你是白人、男性、異性戀者、說英文的、中產階級、體格健全，並且受過良好教育，你可以選擇孩童時的經驗，因為兒童經常不幸地被當作「目標」），那是一種什麼樣的感覺？你當時如何看待自己、他人和整個世界？現在，讓自己去認識成為這個團體成員所具備的一些優勢。

## 小結

　　為了有效地應對種族、文化與差異的議題，諮商師首先要了解他自身文化背景的場地影響力，包括種族偏見在內。正如我們前面所提到的，這可能是一個激起和啟迪的過程，通常這樣做使人們第一次理解並欣賞他們背景中多元文化的複雜性。儘管承認自己持有偏見令人不好受，但卻是了解自己文化背景的重要步驟。同時，諮商師不應由於發現自己持有偏見而變得不知所措。例如，適當的羞愧感和文化困窘應能與你相同程度而引以自豪的文化價值觀與成就感所平衡。白人諮商師不該向當事人低聲下氣的道歉以尋求寬恕，相反地，白人諮商師有時應該甘於充當壓迫社會群體的代表，並且接受當事人針對這個壓迫角色而來的憤怒和譴責。如果諮商師能夠尊重和關注當事人，並且了解自己造成當事人產生這些移情反應的實情，正如所有這類的人都可能有相似的移情反應。那麼，與這樣的諮商師一起處理這些重大議題時，有時本身極具療效。

　　期待我們所有諮商師能放棄一切偏見，及去除兒童時期即已根深柢固的信念，那是自欺欺人和不切實際的。我們需要要求自己的是更心悅誠服地去覺察這些偏見與信念，好好審視它們，並對此提出挑戰。

---

**建議** 參考下列向度，反思你所在的文化／社會的世界觀：

競爭 vs. 合作

情感克制 vs. 情感表達

尋求支持 vs. 自我依賴

直言不諱 vs. 迂迴含蓄

個體獨立 vs. 相互依賴

思維 vs. 感覺／直覺

對時鐘鐘面刻度的時間態度 vs. 對生活事件經驗的時間態度

vs. 對生命輪迴的時間態度

物質 vs. 靈性

作為一名治療師，這些觀點如何影響你的工作？它們又如何反映在完形的理論與實務中（關於世界觀基本結構的詳細內容，請參見 Brown & Landrum-Brown, 1995）。

## 倫理兩難

> 人並沒有努力想成為良善，但是良善卻是人類應該追求的。（Perls et al., 1989/1951: 335）

　　為了深入地探索當事人的現象學，完形治療師通常需要懸擱他們自己的價值觀和道德觀。因此，在某種意義上，完形反對就當事人行為進行任何治療性的道德評估或判斷。Perls 等人（1989/1951）對有機體的自我調節模式進行描述，他主張，健全的功能是一種圖像形成到圖像結束的自發性過程。既然這樣，諮商師對這些行為內容或行為對他人造成的影響就不是那麼在意，也不做任何倫理或道德上的討論。我們認為，這種觀點已經導致許多濫用治療關係的案例發生，並且迫使完形治療面臨嚴重的倫理規範問題。

　　相反地，我們認為，由完形理論中健康的過程模式及對不健康或精神官能症行為的描述中，提煉出特定的價值內涵是有可能的，例如，大多數的完形著作都傾向支持下列兩極中左邊所列的價值觀。

| 自主 | 優於 | 依賴 |
|------|------|------|
| 生命 | 優於 | 死亡 |
| 凝聚 | 優於 | 分裂 |
| 整合 | 優於 | 離散 |
| 團體 | 優於 | 孤立 |
| 坦誠 | 優於 | 操控 |
| 快樂 | 優於 | 絕望 |
| 真實 | 優於 | 虛偽 |

此列表能提示，完形理論自身蘊含著支持完形倫理守則的價值觀基礎（儘管具體的倫理守則如何來自於這些「最基本的原則」已超越本書的探討範圍）。實際上，完形治療的專業團體，在倫理守則一些必要的內容上，能夠驚人地取得較高一致性的共識，我們認為，這應該源自完形理論對健康功能所持之不言而喻的價值觀。

> ♥建議　花點時間反思你自己的道德觀基礎（所有的倫理基礎），你的道德守則和你的父母或照顧者相同嗎？自從你離開原生家庭後，你的道德觀是以什麼方式改變的？你判斷對或錯的根據是什麼——例如，是根據宗教信仰或法律原則？你如何判斷什麼時候需要誠實，什麼時候偷竊是錯誤的？你的價值觀是一成不變的，或者這些價值觀通常要視特定情境而定？

我們曾受 Elton Wilson 影響（1993b，私人通訊），他認為有時治療師所描述的倫理兩難常常並非真是難題。事實上，這常常是治療師（可以被理解地）抗拒去挑戰他人的不當行為所致。例如，面對一個同事的不當行為而無力提出挑戰，這並沒有進退兩難的處境——正確的行動過程是清清楚楚的，但治療師沒有勇氣去做。真正的倫理兩難處境是，完全迷失了前進的方向。Elton Wilson 定義了一系列的參

數，可用以評估和判斷某一情境所需要的道德考量。我們擴展了 Wilson 的觀點，並列出表 14-1。真正的倫理兩難發生在兩個或兩個以上的標準產生衝突的情況下。例如，一個按道德標準來衡量是「正確」的行為卻可能違法，譬如，拒絕給予可能對當事人造成傷害、但被法院視為證據的案例紀錄。或者，倫理兩難可能指的是支持「自主性」但卻「危險」的行為，例如當事人堅持他有權力向他人施暴時。

### ◀ 表 14-1　對倫理兩難及其後果進行分析後的兩極

| | | |
|---|---|---|
| 正確的（道德、倫理或契約的） | 或 | 錯誤的 |
| 合法的 | 或 | 違法的 |
| 安全的 | 或 | 不安全的 |
| ——保護生命的 | | |
| ——保護從業者 | | |
| ——保護當事人 | | |
| ——保護公眾 | | |
| 公正的（自然的公正或公平） | 或 | 不公正 |
| 誠實 | 或 | 不誠實 |
| 富有同情心 | 或 | 殘酷的 |
| 支持自主性 | 或 | 減少自主性 |
| 支持治療 | 或 | 損害治療 |

---

**♥建議**　在倫理議題出現前先未雨綢繆是很有幫助的，下列我們列了一些頗具挑戰性的實例供你參考。

1. 你的一位當事人告訴你，她的朋友正在你的同事那裡接受治療，而且兩人已發生了性關係。她說她的朋友非常陶醉在這樣的狀況中，你的當事人拒絕你想揭露這段話的請求。

2. 一位初次來會談的當事人向你透露，由於害怕被你回絕，他一直隱瞞自己有嚴重精神疾病的實情，他假裝自己是當事人的樣子，因為這是能得到你提供諮商的必要前提。

3. 一位正處於癌症末期、富有的當事人告訴你，為了感謝你所做的良好服務，她已將你的名字列在她的遺囑之中。

4. 一位當事人告訴你，他是愛滋病病毒的帶原者，經常進行頻繁而無任何保護措施的性交，他覺得這樣做並沒有錯，並拒絕採取任何預防措施。

所有這些實例都說明了在倫理兩難中，內在價值觀衝突的複雜性。例如，當事人的權利與他人權利的相對性；保密職責與對法律公開之義務的相對性；尊重當事人此時此刻的願望，與自我保護以免受到當事人指控的需求。所有這些情況都沒有「正確答案」。當諮商師面對這些兩難情境時，需要謹慎地思考這些問題，盡可能找到最適宜的解決之道。下列檢核表（表 14-2）提供了一個參考框架與程序，以協助你處理所有這些重大問題。

### ◀ 表 14-2　倫理兩難的解決方法

1. 概述倫理兩難情形。
2. 辨識其中的倫理議題。
3. 尋找相關的倫理守則條目。
4. 找出互相衝突的價值觀。
5. 核對法律上的限制條款。
6. 以腦力激盪列出各種可能的解決方法。
7. 評估你所做之決定的後果。
8. 選擇損害最少或結局最好的決定。
9. 規劃在這個決定下如何支持自己。
10. 採取適當的行動。

切記，通常不會有一個十全十美的結果，你所尋找的往往只是對付困境最好的折衷方法。在這一過程中，你需要與你的督導或在這一個特定領域有經驗的同事諮詢，你可能還會發現，你的保險公司有提供解決任何法律問題的熱線服務。

 靈性

假如知覺之門潔淨無瑕，萬事都能無限地如實呈現。
（William Blake, The Marriage of Heaven and Hell）

我們將靈性（spirituality）單元納入諮商與心理治療的論著中，這似乎有些怪異。基本上，作為諮商師，我們被訓練是為能處理地球上「塵世的」問題，而不是來滿足當事人的「靈性」需求的。實際上，如果我們以為自己真能做到，那就未免太不切實際了。然而，本書之所以涵蓋靈性此一主題，有三個重要原因：首先，當事人的靈性幽徑（spiritual path）往往與他們的個人生活密不可分地交織纏繞，以無數種方式相互掩蓋或協助支持。其次，對諮商師而言，分辨當事人的問題或需求，屬於靈性的本質，還是屬於心理治療或諮商的範疇，這點相當重要。當然，作為諮商師，向當事人推薦靈性輔導的資源也是我們義不容辭的職責。第三，東方靈修（Eastern spirituality）在完形理論與實務的創立和形成上，從起初即扮演一個重要角色。許多完形原理與靈修輔導實務有異曲同工之妙。東方靈修傳統強調靜定（equanimity）、順從放下（surrender），與更廣大的現實連結（相對於此的西方文化，重視真理、使命、奮發的精神與個人主義）。例如，禪宗強調應生活在現世（此時此刻），並且要做到心神入定（全面地專注覺察自己正在進行的行動）。禪宗也倡導純然地進行覺察而

反對刻意的「思考判斷」（放下理智，朝向感悟）。並採用靜定（創造性漠然）及頓悟（sartori）或細微開導（enlightenments）的經驗（「啊哈」、高峰經驗或我—汝時刻）。

多年來，東方靈修對完形世界之影響時起時落，在早期完形實務中，常是對付世俗流行、個人主義、物質主義的相對勢力。近年來，受對話理論（dialogic theory）的影響，完形重新強調超越性與靈性的重要性。然而，那些沒有靈性連結的人很可能會反對所有這類的經驗，而將這看作只不過是心理紊亂的體驗。無神論者與那些渴望有更深靈性連結的人幾乎沒有共同的背景可言。

> 🌷**建議** 　你認為人類存在最重要目的是什麼？是尋找快樂、政治上的自由、靈性的連結、尋找終身伴侶，還是成為有創意或成功的人？和一位世界觀與你截然不同的當事人相處時，你自己的開放程度如何？

在進行初步評估時，詢問當事人有關靈性或宗教信仰的傾向，可能對你有所幫助，這樣可以使諮商師就當事人靈性、宗教信仰，與她前來治療的原因之間的關聯性進行了解。關於靈性有很多爭議和誤解，尤其是關於宗教信仰（信仰系統、價值觀和儀式）與靈性（通常對於生命之眾多奧祕較少持教條式的質疑態度）之間的區別。開始此類對話的有效方式，是讓當事人回憶其生命中出現靈性體驗的時刻，及她對此的理解與詮釋。

導致當事人尋求諮商的原因很多，其範圍可以從連續譜的一端——他們想要解決（或已經被解決）的問題，到中間區域的自我認識和個人成長，再到連續譜的另一端——靈性實現（spiritual realization）之渴望。

　　問題或症狀……個人成長……靈性實現

　　當然，這三種需求可能同時出現，或者當事人可能隨著治療的進展，而在這三種需求之間移動。諮商師在這連續譜上靈活轉換的能力，取決於他對靈性本質的興趣與受訓的多寡。在許多情況下，諮商師重要的是能意識到當自己到達能力極限時，需要將當事人轉介到靈性導師那裡，以完成當事人的靈修旅程。

## 靈性覺察

　　廣義方面，覺察（awareness）包括普遍性與超越性兩方面的定義，它包括以人類普遍方式，同時也以超凡脫俗的方式，全然地活在此時此刻。這是一種帶有靈性意識的感悟，或像禪宗所描述的頓悟，並且也包含在 Martin Buber 所描述的我—汝相會時所具有的超性特質。這些體驗以引人入勝、神祕難解及難以言喻作為特徵。人們將靈性覺察形容為靈性連結與接觸感、超凡脫俗的感覺、一種面對更巨大事物與存在的敬畏感，和上述感覺的綜合。在這些時刻，個體幾乎不能體驗到「自己存在」或感覺不到自我，而更多的是面對更大存在現實的謙卑感。

　　　一個超越此時此刻覺察的意識境界；一種迴轉到自身的
　　覺察，它吞沒了自己，而融化為一種漫無目的的意識狀態
　　……是對「存在背景」（ground of being）清晰地覺察與認
　　識。（Naranjo, 1981: 9）

　　許多完形技術，例如覺察定心練習、專注呼吸、感官覺察（sensory awareness）與開放性態度，都能引導當事人經由一種簡單的意識

狀態，進入到超性的覺察。事實上，許多靈性修練或冥想練習都始於第一章中所描述的自我準備練習（為隨後的治療預先做一些自身的準備工作）。引導想像、冥想、薩滿教儀式（shamanic rituals）、祈禱、音樂，以及接觸大自然，都是一些可能激發靈性體驗的條件。這些練習沒有一項是專屬完形學派所有，但是如果當事人要求進行這類探索時，那些在這些領域有受訓經驗或有天分的完形諮商師，就能適當地將之整合進自己的治療工作中。

 建議　回顧自己的一生，辨識出你曾感受到強烈的靈性體驗，昇華到更高層次或連結的時刻，當時你是處於怎樣的一種狀態？

順便提出一項忠告，切記在心，靈性危機（spiritual crisis）或者靈性浮現（spiritual emergence）牽涉到非比尋常的體驗和自我界限的迷亂喪失。此時，如果沒有適當的支持，當事人的靈性危機就可能導致精神疾病的急性發作，或被視為精神疾病。例如，靈性絕望（spiritual despair）——靈魂的黑夜——可能被誤以為是憂鬱、靈魂出竅、身體的顫抖、神視異象等等，在某些團體內被接納、歡迎，而視為是靈性記號，卻在另一些團體中被當作精神疾病而加以治療。如果治療師不能由靈性向度之視野來理解問題，他往往將當事人靈性的需求視為需要改變而非存留的部分。因此，你通常需要了解在當事人的文化或信仰體系中，是否有涵蓋這類靈性體驗的背景環境。

## 奧祕與自我

Kennedy（1994）提出靈性體驗之基本奧祕（essential mysteriousness）的論點。他認為，靈性體驗是面對某些更大現實時所體驗的一

種神祕感覺，自我的一般感知並未消逝，而是被提升了。同樣地，高峰經驗或我一汝時刻往往具有超越一般人性的特質，即尋常的自我感或認同感都似乎減少或暫時消失。在與靈性全然接觸的片刻，將失去自我而非比尋常地體驗到全然地活著、連結與興奮不已。這種體驗在佛經中廣為記載（例如 Claxman, 1990），被形容為忘我的境界（用他們的術語來說，是一種虛幻的自我知覺或一種幻影），並無疑是一種啟發靈性的特性。

　　近年來，在完形文獻中呈現一種漸進的趨勢，越來越多的人意識到完形的超越性向度（transcendent dimension），包括Jacob（1989）的「渴望成長」（urge to growth）的成熟過程、Buber（1958）的「我一汝時刻」、Clarkson（1989）的超個人因素（transpersonal elements）、「完形的靈魂」（the soul in gestalt），與 Parlett（1991）對存在的靈性本質（spiritual quality）之描述。

　　靈性的傳統與完形治療兩者都強調有意識地生活在此時此刻，並強調人的體驗超越信念或教條。兩者都要求對生命本身的奧祕與自發性及兩者之間的關係，保持開放的態度，並且找出一種不同於尋常而更精確的體驗。然後，諮商師和當事人都需要對這些體驗賦予深層的意義。

# 有關文化差異的推薦書目

*British Gestalt Journal* (1998) 'Special focus on gay and lesbian issues', special edition, 7 (1).

D'Ardenne, P. and Mahtani, A. (1996) *Transcultural Counselling in Action*. London: Sage.

Davies, D. and Neal, C. (eds) (1996) *Pink Therapy Two: Therapeutic Perspectives on Working with Lesbian, Gay and Bisexual Clients*. Buckingham: Open University Press.

Jacobs, L. (2000) 'For whites only', *British Gestalt Journal*, 9 (1): 3–14.

Kareem, J. and Littlewood, R. (1992) *Intercultural Therapy*. Oxford: Blackwell Scientific publications.

Lichtenberg, P. (1990) *Community and Confluence: Undoing the Clinch of Oppression*. Cleveland: Gestalt Institute of Cleveland.

Ponterotto, J.G., Manual Casas, J., Suzuki, L.A. and Alexander, C.A. (eds) (1995) *The Handbook of Multicultural Counselling*. London: Sage.

Thompson, C.E. and Carter, R.T. (eds) (1997) *Racial Identity Theory*. New Jersey: Lawrence Erlbaum Ass.

# 有關治療倫理的推薦書目

Bond, T. (1993) *Standards and Ethics for Counselling in Action*. London: Sage.

Melnick, J., Nevis, S. and Melnick, N. (1994) 'Therapeutic ethics: a Gestalt approach', *British Gestalt Journal*, 3 (2): 105–13.

Swanson, J. (1980) 'The morality of conscience, valuing from a Gestalt point of view', *The Gestalt Journal*, 3 (2): 71–85.

Wefel, E.R. (1998) *Ethics in Counselling and Psychotherapy*. Brooks-Cole Publishing Company.

Wheeler, G. (1992) 'Gestalt ethics', in E.C. Nevis (ed.), *Gestalt Therapy Perspectives and Applications*. Gestalt Institute of Cleveland Press. New York: Gardner Press. pp. 113–128.

Zinker, J. (1986) 'Gestalt values', *The Gestalt Journal*, 10 (1): 69–89.

有關靈性的推薦書目

Boorstein, M.D. (1997) *Clinical Studies in Transpersonal Psychotherapy*. Albany: State University of New York Press.

Fuhr, R. (1998) 'Gestalt therapy as a transrational approach', *Gestalt Review*, 2 (1): 6–27.

Epstein, M. (1996) *Thoughts without a Thinker: Psychotherapy from a Buddhist Perspective*. New York: Basic Books.

Kennedy, D. (1998) 'Gestalt and spirituality', *British Gestalt Journal*, 7 (2): 88–98.

Mackewn, J. (1997) *Developing Gestalt Counselling*. (**See pages 129–56**) London: Sage.

Moore, T. (1994) *Care of the Soul: A Guide for Cultivating Depth and Sacredness in Everyday Life*. New York: Harper Collins.

Naranjo, C. (1993) *Gestalt Therapy: The Attitude and Practice of an Atheoretical Experientialism*. (**see Book One: Chapter 2. Book Two: Chapters 1 and 6**) California: Gateways.

Schoen, S. (1994) *Presence of Mind: Literary and Philosophical Roots of a Wise Psychotherapy*. Highland, NY: Gestalt Journal Press.

Welwood, J. (ed.) (1983) *Awakening the Heart: East/West Approaches to Psychotherapy*. Shambala. Boston and London: New Science Library.

第 15 章

治 療 旅 程 的 結 束

　　不僅對於治療，而且是關於生命的基本問題，在於如何
使自己生活富有意義，他需要能夠覺察：一方面，自己是一
個獨一無二的個體；另一方面，自己又需要面對必死之命
運。（Perls, 1970b: 128）

　　任何治療歷程的結束都是一次重大的分離，並且有可能激起我們
所有對孤獨、失落及死亡的想法及擔憂。如果當事人與諮商師雙方不
謀而合地迴避這些議題，且不願進到適切的結束階段時，通常是具有
危險的。無論如何，對當事人而言，能選擇在適當的時候，以適當方
式結束會談，也是一個學習機會，她能充分說明分離對自己的意義，
並有結束關係的美好體驗。許多人發現，治療歷程的全然結束，可能
是整個治療過程中最具深遠影響的部分。

 治療結束的模式

　　人們採取各種方式來逃避面對失落或關係結束時所帶來的痛苦與
焦慮。有些當事人藉由「提早離開，不再治療」來迴避這種痛苦。在

臨近治療結束時，他們在心理上撤離，有時甚至是身體上整個撤離，他們在最後一次晤談時不告而別，或者即使參與也心不在焉。另外，有些當事人不能忍受離別之苦時，反而透過發現新的未竟事務或新的治療議題，企圖延緩治療的結束。還有一些常見的情形是，當事人在治療結束階段，重新出現他們原先的問題，似乎退回到先前的功能程度，剛開始治療時的議題或症狀又故態復萌。我們發現，這可能是當事人嘗試重施故技，想確認諮商師不在時，自己是否仍有能力解決問題；然而，這也可以用來向自己及諮商師表明，自己還沒準備好要離開諮商師。

諮商師的工作不僅要幫助當事人順利離開，也要幫助他們在這個過程中盡可能地認識自己。任何結束，特別是像治療結束這樣重大的結束，將會喚起當事人過去所有關係結束的體驗。她可能使自己回到先前尚未表達哀傷的失落事件當中，她可能產生自動化反應模式，這些反應模式被發展作為創造性調適模式，用以處理過去關係結束或分離的事件。諮商師幫助當事人覺察所有與治療結束相關的經驗，並意識到這些經驗的意義。這將是一次契機，使當事人解決所有涉及關係結束之固著的完形，及面對因分離而引起不可避免的問題。

### ～ 實例 ～

貝蓮娜接受心理治療已經兩年半了。有一天她來諮商室，宣稱自己在治療中大有進展，現在準備要結束治療。很顯然，她打算在當天就結束治療，當諮商師建議可能還需要一些時間來做道別，她顯得很驚訝。在探索何以她對結束治療可以持著毫不留戀、乾乾脆脆的態度，貝蓮娜想起每學期坐火車回寄宿學校時，她的母親載她去火車站的情景，她母

親道別時的態度強硬，從沒有回頭看她一眼。貝蓮娜了解
到，這也是她目前處理分離的行為模式。當她回憶起離別的
真實情景時，她覺察到自己是如何壓抑這種痛苦感受，她決
定要改變這種對分離的因應模式，她和諮商師同意繼續進行
五次會談，好讓彼此能相互道別。

 **建議**　花幾分鐘回顧自己過去生活中的種種關係結束時的經
驗，包括那些意義重大與無關緊要的關係結束，你能辨
識出自己處理關係結束的應對方式嗎？

 ## 治療結束的性質

本章稍後，我們將針對大多數心理治療在結束階段所須完成的任
務進行概述。然而，認識治療結束有許多不同類型可能有所幫助，例
如，計畫性或非計畫性的治療結束、可選擇性或被迫性的治療結束，
每一類型的治療結束有其特定的挑戰與機會。

## 計畫性的結束治療

### 沒有期限的治療契約（open-ended contract）

治療的結束本質上取決於諮商師與當事人雙方的協議。當事人通
常會有新的信心或能力來處理先前問題，並能自我支持，有能力面對
未來生活挑戰。在這類型契約下，當事人有機會在充分覺察下，選擇

結束治療，這往往是她意識到自己能繼續獨立面對問題，或實際上能成為自己的諮商師。對諮商師而言，很基本的是要接受「這樣已經夠好了」，而不期待當事人願意解決所有諮商師所指出的議題。

## 限時治療（time-limited therapy）

在機構中，越來越多的心理諮商與治療都有次數限制，治療結束的期限強加於當事人身上而使她不能自由選擇，這可能會帶給當事人無力感或被遺棄感。這種治療結束類型的優點是，能使很多生活事件重現——生活中大多數的關係結束常是突然發生的，而非我們所能控制。最明顯的實例是，我們所有人都會死（儘管不太可能發生在短期治療期間——我們也不知確切時間是何時）。因此，當事人就有機會在全然覺察狀態下經驗此類型的關係結束，關注她特定的反應傾向、注意她對諮商師與治療本身有怎樣的感受，她也不得不面對「我尚未準備就緒」或「永遠不夠」的議題。

對諮商師而言，所面臨的挑戰是在治療結束時，去接納能力所及的部分與力有未逮的部分。不管諮商師提供六次治療，還是提供一整年的治療，一旦治療時間被限定後，因應這結束時間的特定動力現象也就開始運作起來。如果契約包含足夠的治療期限，當事人與諮商師就有時間發展重要而富有意義的關係，這意味著關係的結束（與諮商空間）將成為核心議題。遇到任何限時的治療，諮商師應從整個療程的中間階段，開始著手處理關係結束的議題，以免低估了關係結束的重要意義。

> **建議** 看看你是否能回憶起第一天上學的光景，你能記得上學前，自己有怎樣的感覺？在別人幫助下，你做了哪些準備？通常人們發現此次分離經驗標示出他們未來應對分離變化的

調適模式（如果你沒有早年記憶，那麼，回憶國中開學或前往心理治療或諮商專業訓練機構第一天的情景）。

當你辨識出自己的模式與態度時，思考一下這些模式對你作為一名諮商師產生哪些影響。你很可能不自覺地採取哪些逃避模式？你自己可能想迴避的是什麼？

 非預期性的結束治療

## 當治療師被迫終止治療時

有時治療師自己的生活事件導致須提早結束治療，他可能由於生病、搬家，或為照顧老伴而提早退休等等原因而被迫結束治療。在這情況下，如果當事人先前有被遺棄的議題（而事實上，我們並沒有拋棄他們），那麼當事人以往的這些問題極可能再度捲土重來。因此，非常重要的是，治療師須幫助當事人表達她的感受和想法。如果你不得不提早結束治療，那麼，下列建議可能對你有所幫助。

- ◆ 盡可能提早通知當事人。
- ◆ 允許當事人對你表達憤怒，極為重要的是，允許其他涉及關係結束的未竟事務顯現出來，這是極其關鍵的（如果是由於治療師自己的生活危機，當事人自然而然會表示關懷，而為你感到難過。要謹慎當事人因對你過度的了解與同情，而掩飾了自己的憤怒與失望）。
- ◆ 治療師詳細說明結束治療的原因，向當事人保證，結束治療並非反映治療工作本身的結束。
- ◆ 如果可能，讓當事人自行選擇結束治療的時間。

◆ 如果可能，在你新的執業場所內，為當事人提供一個空間，即使這對他們而言有些不切實際（但這表明你的盡職態度）。
◆ 忠於自己的真實反應（見第四章「自我揭露」的主題）。
◆ 幫助他們找到新的治療師。

## 當當事人「消失不見」時

偶爾，當事人就只是不來會談而突然意外地中斷了治療，不管當事人理由為何——對你的技術感到失望，或對你的治療感到焦慮，她都有權利做出選擇。這類型的治療結束常常發生在治療的初始階段，當事人往往對是否維持治療舉棋不定。我們建議你不要打電話詢問當事人發生了什麼事，因這樣會讓當事人覺得你對她窮追不捨，她會有種被侵犯的感覺。一般而言，適當的方法是寫個短信給她，表達你對她不能前來治療的遺憾，希望她下次如期前來，或請她打電話預約另外的治療時間。如果她置之不理，你可以就此結束，或寫便條告知，你假定她這次已決定放棄治療了，祝福她一切順利，以後如果她改變主意，願意持續治療，你還是很樂意提供協助。

如果你與當事人會談已進行一段時間了，那麼情況可能有些不同，你最好在信中要多交代幾句。然而，很重要的一點是，對於諮商室外所說的話最好經過深思熟慮，即使你對她缺席的原因瞭如指掌，在信中直接提到治療內容，很可能會違反了治療界限（並不僅僅因別人可能會拆讀這封信）。例如，或許你可以這樣寫：你認為彼此的交流已出現中斷，而你希望她能前來與你進一步談談。

此外，切記在心的是，當事人的消失（特別是經過幾次治療之後）可能僅僅是因為她在治療中已得到所希望獲得的東西，並且感覺也有所好轉。如果她不了解治療的領域，因而不熟悉治療中「有始有終」的原則，那麼，她可能只是認為自己不需要更多的諮商而已（這

類似她在看開業醫生一樣，如果治療有效的話，她就不必再次回診了）。無論如何，你可能需要利用督導來修通你自己任何一項未竟事務。

## 當當事人想提早結束治療時

我們完全支持當事人擁有選擇的權力。更甚者，她的選擇可能就是正確的選擇。這表示你和當事人都需要對她的選擇表示信任。然而，事實上，你可能仍擁有權力來爭取那些「潛在的當事人」，那些在你看起來需要進一步成長的當事人。如果你認為當事人因逃避困難而想結束治療，治療師可藉由對話式關係來挑戰當事人想終止治療的渴望。當然，有些當事人因為他們對你感到憤怒或自覺不被了解，但又不能清晰地表達，所以想放棄治療或威脅要中斷治療。你需要開誠布公地與當事人一起討論，她是如何產生放棄治療的想法的，下列的一些問題將對你有所幫助：

◆ 最近在她生活和治療中發生了什麼事？

◆ 她如何看待這些事情？

◆ 她對你或治療本身有任何感到不滿意的地方嗎？

◆ 對何時是結束關係或離開治療的適當時刻，她的看法是什麼？

◆ 如果她打算逃離治療，她對此有何想法？過去她有過類似經驗嗎？

◆ 你可以向當事人揭露你自己對她決定的兩難處境：「一部分的我想支持你想結束治療的決定，這是你的權力；另一部分的我想挽留你，而能繼續我們的工作。」

如果治療師僅僅告訴或暗示當事人，此刻結束治療將使她孤獨而無力地因應目前難題，或無法好好發揮功能等等，這些說法會使治療師顯得傲慢自大、輕蔑無禮，甚至不符合專業倫理。適當的表達可能

是說：「你要結束治療原本無可厚非，但我發現這個決定過程如此倉促，不知道你是否願意去探究背後的原因。」

 ## 結束治療時的任務

根據我們的經驗，大多數的治療結束時，均須完成下列任務（引自 Worden, 1991）。當治療漸進尾聲時，治療可能在這些任務之間來去穿梭。如果是長期治療，這些任務可能需要花費幾週，甚至幾個月來完成。如果當事人試圖逃避這些任務時，你可能需要在會談時，主動提出這些主題。

### 提高對結束治療的覺察

意識到治療即將結束，看似容易卻格外重要。我們所有人都可能以各種方式來否認治療將近尾聲的事實。有時我們同意當事人在他們有需要時，可以回來做追蹤性的會談，這種建議可能確實有效，但也可能只是一種逃避。對我們而言，和一位已經建立重要且親密關係的人道別談何容易。然而，這種否認的態度不僅剝奪了當事人徹底終止治療的機會，也使當事人不能真實體驗治療最後結束階段的重要意義——發現自己能自主地處理關係的結束。如果治療結束的日期已經確定，不管當事人出現任何新的症狀，治療通常都應該如期結束。諮商師可邀請當事人探索哪些症狀可能與關係結束有所關聯。

### 覺察失落的重要意義

諮商師與當事人需要以多種角度來總結治療對當事人生活的重要影響。

◆「這是過去四年裡，每週二下午三點鐘我光顧的地方。」

◆「你是第一位與我談論我母親精神錯亂的人，這讓我覺得你好像對我的一切瞭如指掌，而不僅僅是點頭之交。」

◆「當生活遇到困難時，我已經習慣來到這裡與你討論，而現在開始我必須獨自面對。」

諮商師和當事人雙方也可能簡單地相互表示肯定：

◆「我欣賞你，我將會懷念這段與你一起走過的日子。」

## 實例

　　當諮商師詢問貝蓮娜先前生活的分離經驗時，起初她感到非常驚訝，問她是否有任何重大或困難的分離經驗時，她矢口否認。諮商師溫和地表達自己的困惑：「完全沒有嗎？離婚呢？」貝蓮娜使勁地搖搖頭，回答說：「那是一種解脫，因為婚姻對我來說真是糟透了。」「那麼離開自己的家庭或祖國呢？」貝蓮娜再次予以否認：「哦！在那兒壞透了，我很高興能出來。」每當諮商師提到一些貝蓮娜所經驗的分離事件，貝蓮娜都予以否認，似乎那些失去的人或情形都不值得再燃起哀傷之情。當他們深究這一主題時，貝蓮娜逐漸了解這是她一貫的應對模式。她從小到大，被要求獨立自主及堅強忍耐。當她的國家處於戰亂頻仍時，她被迫提早長大，並把表達哀傷這個幼稚的需求置之腦後。隨後她一直循著這個模式來應對生命中所有的失落。這個覺察使得她能重新審視自己將如何與諮商師道別，以及如何處理自己的離別之痛。

　　對一些當事人而言，與諮商師的關係可能是一生中最重要與最深

入的關係之一。因此，對當事人而言，結束這份關係有著極其重要的影響。同時，這也強調治療界限的明顯特性，儘管你們如此親近，卻可能永遠不再相見了。這對諮商師來說同樣充滿痛苦，以至於有時會打破治療界限。切記，徹底的關係結束是確認及鞏固已經取得之治療效果的**必要**條件。

## 鼓勵當事人充分表達失落經驗

失落經驗可能包含悲傷、生氣、恐懼、解脫感、興奮，或者是混雜著對所有這些情緒的體驗。你可以透過提問來鼓勵當事人表達失落。例如，「這份關係對你意味著什麼？此刻你打算要與我道別時，你覺察到什麼？」此時你可以選擇對當事人揭露一些自己曾有過的失落反應。

失落經驗也可能包括一些常見、負向而習慣性的情緒。例如，憂鬱、怨恨、自憐或是罪惡感等等，當事人可能以自己習慣性的內攝或信念來解釋這些體驗，就像是「所有重要東西老是被拿走」、「如果你是一個出色的諮商師，我就不會有任何痛苦了」。毫無疑問地，當事人對關係結束所產生的痛苦與意義，採取逃避的應對方式已如此根深柢固，以至於妨礙她真實情感的表達。

### ～ 實例 ～

貝蓮娜決定在七月結束治療。在分離議題上，對自我的發現使貝蓮娜深受感動。然而在六月初，她氣沖沖地前來治療，對停車場的管理滿腹牢騷，她說這裡應該有更好的管理系統告知當事人哪裡可停車，她的治療師對於缺乏清楚說明而造成她的不便表示了解與歉意。接著，他隨意開了個小玩

笑：「來這裡真是令人討厭，不是嗎？」貝蓮娜凝視著他，然後顯得失望、沮喪和退縮。治療師意識到自己犯了錯，而向貝蓮娜道歉。貝蓮娜接受了治療師的道歉，人也顯然放鬆下來，並開始哭泣地說：「若沒有你，我不知道自己要如何處理問題。」治療師一方面深受感動，一方面也覺察到自己內心的不捨，並表達出來。他們兩人默默無言地坐了一會兒，共同體驗分離帶給彼此的悲傷。

## 承認並慶賀治療所取得的成果與未完成的部分

回顧你與當事人一起走過的治療歷程——困難與成功的部分，那些已經產生或尚未產生的改變。你可以讓當事人回顧整個治療歷程的各個階段與轉折，哪個階段是最重要或最具轉化性的，什麼時候治療是幾乎沒有進展，或令人感到停滯不前。你可以與當事人分享你對當事人治療歷程與關鍵時刻的洞察，這對當事人可能有所幫助。你的確認及證實可能對當事人更具支持性與肯定感，還可以詢問當事人，她是否需要你的回饋，或她是否想要給你或給她自己一些回饋。

### 實例

當七月逐漸逼近時，貝蓮娜感到有些不安，同時，她還對自己提出「正確的應對」之想法雀躍不已。在倒數第二次治療時，治療師和她回顧了一起走過的治療歷程，貝蓮娜說：「你知道，我真正開始信任你的那天，是當我告訴你我對工作多麼灰心、沮喪時，你居然還記得我一年前告訴過你有關我祖父情況的時候。」當治療師要求她找出從治療開始以來自己有哪些改變時，她意識到自己與剛來的時候相比，

已經判若兩人，她感覺自己的生活比先前更加充滿活力及樂趣。

> 💚建議　此時運用引導想像可能對當事人有所幫助，你可以要求她：「想像自己的治療已經結束六個月了，你對離開治療有什麼感受？如果有遺憾，是什麼呢？有任何事是你想要說、想要做，或想要表達的嗎？」

## 對未來的計畫

在治療結束時，治療師與當事人除一起回顧整個治療歷程之外，還須辨識未來可能出現的問題。例如，有哪些自我支持與環境支持到目前還存在？現在治療即將結束，當事人生活中還有哪些資源可資利用？未來的幾個月裡，她預計會遇到哪些問題或情形？她將如何處理未來的生活危機或困境，尤其再遇到那些類似先前迫使她尋求治療的問題時？

### 實例

治療師建議貝蓮娜思考自己將如何面對未來生活，貝蓮娜對此建議相當慎重，她仔細地考慮著她未來可能會遇到的挑戰，以及自己將如何應對。治療師聽到她的回答後如釋重負，因為在過去，她明顯地缺乏計畫，或缺乏確保自己安全的渴望或能力。當治療師與她分享時，她承認她過去一直認為自己不可能擁有任何美好的未來。當他們將這深切的不安全感，連結到早年生存在戰亂國家中的種種遭遇時，治療師

與當事人都深深為之感動——不僅為她已經歷的艱辛與付出的努力所感動，更為她恢復面對未來生活的自我支持力量而感動。

當然，當事人試圖對未來做出過多的期許往往是不可能的（且可能不得要領），當事人將繼續自己的旅程，令人焦慮及興奮的部分之一，就是未來充滿了未知數。

## 道別

如何道別該由雙方共同決定。雙方可以就此主題一起找出重要的事，或需要加以標明的部分。通常，當事人喜歡設計出一個別出心裁的道別儀式，例如，送給諮商師一些小禮物或象徵性的紀念品。

### ⁓◦ 實例 ◦⁓

貝蓮娜並不打算舉行任何特別的儀式，她說對她而言，一直保持這一關係直到告別之時，本身就極具重要性了。她預測自己在最後一次治療時可能會失聲痛哭。而事實上，當時兩人都笑了——回憶起他們一起分享的點點滴滴，並慶祝一起走過的治療旅程。當貝蓮娜注視著治療師，說出再見兩個字時，禁不住熱淚盈眶。治療師也非常感動，並表達自己對離別的哀傷。當貝蓮娜走出諮商室，逐漸遠去時，她突然回過頭來，站在原地一動也不動，他們彼此溫暖地會心微笑，隨後當治療師關門時，貝蓮娜便轉身離去。治療師意識到，自己這一輩子可能再也不會見到貝蓮娜了，禁不住感慨萬千，沉思著要放下如此一段深厚的關係是多麼困難啊！

## 撤回能量

關係結束的最後任務是從治療關係中撤回能量，以便進入體驗循環中「豐盈的虛空」（fertile void）階段，並為重新投入新的關係與新浮現的圖像（figure）做好準備。這項任務需要諮商師與當事人在最後一次治療結束後的幾天或幾週內獨自完成。

# 附言

最後，我們都意識到我們共同的旅程已接近尾聲——包括本書的作者以及身為讀者的你，不管你是從頭讀到尾，還是隨著衝動跳躍式的瀏覽，我們都希望本書所描述的完形治療技術，對你作為諮商師或治療師的生涯有所幫助。我們真誠地希望你能不時就我們的觀點或建議提出意見，並且在同意或持有異議前，對這些觀點能深入地加以思考。當我們聚在一起討論如何編排此書，及怎樣安排哪些內容時，我們深切體會到作為一名完形治療師，若僅僅停留在閱讀與應用技巧或技能的層面，是遠遠不夠的。他還需要一些治療理念——願以一種特別的方式來接待當事人、願相信覺察的過程、願試著讓每一片刻充滿興奮與挑戰。我們祝福你在這冒險旅程中一路順風。

如果你針對本書中需要刪除、增添或修改的部分，提出你建設性的回饋，我們將不勝感激，你可以寫信到 gestaltskills@metanoia.ac.uk 信箱與我們聯繫。

推薦書目

Kubler-Ross, E. (1973) *On Death and Dying*. London: Tavistock.

Mackewn, J. (1997) *Developing Gestalt Counselling*. London: Sage. (**pp. 209–14**)

Murray Parkes, C. and Sills, C. (1994) 'Psychotherapy with the dying and the bereaved', in P. Clarkson and M. Pokorny, *The Handbook of Psychotherapy*. London: Routledge. pp. 494–514.

Traynor, B. and Clarkson, P. (1992) 'What happens if a psychotherapist dies?', *Counselling*, 3 (1): 23–4.

Tudor, K. (1995) 'What do you say about saying goodbye? Ending Psychotherapy', *Transactional Analysis Journal*, 25 (3): 228–33.

# 參考書目

Batts,·V. (2000) 'Racial awareness in psychotherapy', Workshop Presentation. ITA Conference, Canterbury.

Beaumont, H. (1993) 'Martin Buber's I–Thou and fragile self organisation', *The British Gestalt Journal,* 2 (2): 85–95.

Beisser, A.R. (1970) 'The paradoxical theory of change', in J. Fagan and I. Shepherd (eds), *Gestalt Therapy Now.* Palo Alto, CA: Science and Behaviour.

Beutler, L.E., Crago, M. and Arizmendi, T.G. (1986) 'Therapist variables in psychotherapy process and outcome', in S.L. Garfield and A.E. Bergin (eds), *Handbook of Psychotherapy and Behavior Change* (3rd edn). New York: Wiley.

Blake, W. (1969) *The Complete Writings* G. Keynes (ed.) Oxford: Oxford Paperbacks.

Bordin, E.S. (1994) 'Theory and research in the therapeutic alliance', in O. Horvath and S. Greenberg (eds), *The Working Alliance: Theory, Research and Practice.* New York: Wiley.

Brown, M.T. and Landrum-Brown, J. (1995) 'Counselor supervision: cross-cultural perspectives', in J. Ponterotto, J. Manual Casas, L.A. Suzuki and C.A. Alexander (eds), *The Handbook of Multicultural Counselling.* London: Sage.

Buber, M. (1958/1984) *I and Thou.* Edinburgh: T. and T. Clark.

Buber, M. (1967) *A Believing Humanism.* New York: Simon and Schuster.

Carter, R.T. (1997) 'Race and psychotherapy: the racially inclusive model', in C.E. Thompson and R.T. Carter (eds), *Racial Identity Theory.* New Jersey: Lawrence Erlbaum.

Castaneda, C. (1975) *Journey to Ixtlan.* London: Penguin.

Clarkson, P. (1989) *Gestalt Counselling in Action.* London: Sage.

Clarkson, P. (1992) *Transactional Analysis Psychotherapy: An Integrated Approach.* London: Routledge.

Claxman, G. (1990) *The Heart of Practical Buddhism.* England: Aquarian Press.

Clemmens, M.C. (1997) *Getting Beyond Sobriety.* San Francisco: Jossey-Bass.

Cohn, H. (1997) *Existential Thought and Therapeutic Practice.* London: Sage.

Crocker, S.F. (1999) *A Well Lived Life: Essays in Gestalt Therapy.* Cleveland: Gestalt Institute of Cleveland Press.

Delisle, G. (1999) *Personality Disorders: A Gestalt Therapy Perspective.* Cleveland: Gestalt Institute of Cleveland Press.

Eliot, T.S. (1942) *The Complete Poems and Plays of T.S. Eliot.* London: Faber and Faber.

Elton Wilson, J. (1996) *Time Conscious Psychological Therapy.* London: Routledge.

Elton Wilson, J. (1993a) 'Towards a personal model of counselling', in W. Dryden (ed.), *Questions and Answers in Counselling in Action.* London: Sage: 95–102.

Elton Wilson, J. (1993b) *Ethics in Psychotherapy.* Training Workshop. London: Metanoia.

Erskine, R.G. (1999) *Beyond Empathy.* London: Brunner Mazel.

Erskine, R.G. and Trautmann, R. (1996) 'Methods of an integrative psychotherapy', *Transactional Analysis Journal*, 26 (4): 316–28.

Erskine, R.G., Moursund, J. and Trautman, R.L. (1999) *Beyond Empathy*. New York: Brunner Mazel.

Greenberg, E. (1989) 'Healing the borderline', *The Gestalt Journal*, 12 (2): 11–56.

Harris, C. (1992) 'Gestalt work with psychotics', in E.C. Nevis (ed.), *Gestalt Therapy*. New York: Gardner Press. pp. 239–62.

Hawkins, P. (1991) 'Approaches to the supervision of counsellors', in W. Dryden and B. Thorn (eds), *Training and Supervision for Counsellors in Action*. London: Sage.

Hunter, M. and Struve, J. (1998) *The Ethical Use of Touch in Psychotherapy*. London: Sage.

Husserl, E. (1931) *Ideas: General Introduction to Pure Phenomenology*, vol. 1. New York: Macmillan.

Hycner, R. (1991) *Between Person and Person*. Highland, NY: Gestalt Journal Press.

Hycner, R.A. and Jacobs, L. (1995) *The Healing Relationship in Gestalt Therapy*. Highland, NY: Gestalt Journal Press.

Jacobs, L. (1989) 'Dialogue in Gestalt theory and therapy', *The Gestalt Journal* 12 (1): 25–68.

Jacobs, L. (1996) 'Shame in the therapeutic dialogue', in R.G. Lee and G. Wheeler (eds) *The Voice of Shame*. San Francisco: Jossey-Bass. pp. 297–315.

Kelly, C. (1998) Metanoia Institute Workshop Handout.

Kennedy, D.J. (1994) 'Transcendence, truth and spirituality in the Gestalt way', *The British Gestalt Journal*, 3 (1): 4–10.

Kepner, J. (1987) *Body Process: A Gestalt Approach to Working with the Body in Gestalt Therapy*. New York: Gardner.

Kepner, J.I. (1995) *Healing Tasks in Psychotherapy*. San Francisco: Jossey-Bass.

Kohut, H. (1977) *The Restoration of the Self*. New York: International Universities Press.

Lee, R.G. and Wheeler, G. (eds) (1996) *The Voice of Shame*. San Francisco: Jossey-Bass for The Gestalt Institute of Cleveland.

Lewin, K. (1951) *Field Theory in Social Science*. New York: Harper and Brothers.

Mackewn, J. (1997) *Developing Gestalt Counselling*. London: Sage.

Melnick, J. and Nevis, S. (1997) 'Gestalt diagnosis and DSM–IV', *British Gestalt Journal*, 6 (2): 97–106.

Menninger, K. (1958) *The Theory of Psychoanalytic Technique*. New York: Basic Books.

Mothersole, G. (1997) 'Contracts and harmful behaviour', in C. Sills (ed.), *Contracts in Counselling*. London: Sage. pp. 113–24.

Mullen, P. (1990) 'Gestalt therapy and constructive developmental psychology', *The Gestalt Journal*, 13 (1): 69–90.

Muller, B. (1996) 'Isadore From's contribution', *The Gestalt Journal*, 19 (1): 57–82.

Naranjo, C. (1981) 'Gestalt conference talk', *Gestalt Review* 5 (1): 3–19.

Ogden, T. (1982) *Projective Identification and Psychotherapeutic Technique*. New Jersey: Jason Aronson.

Orlinsky, D.E., Grawe, K. and Parks, B.K. (1994) 'Process and outcome in psychotherapy', in A.E. Bergin and S.L. Garfield (eds), *Handbook of Psychotherapy and Behavior Change*. (4th Edn.) New York: Wiley.

Parlett, M. (1991) 'Reflections on field theory', *British Gestalt Journal*, 1 (2): 76.

Perls, F. (1947) *Ego, Hunger and Aggression*. New York: Vintage Books.

Perls, F. (1979) 'Planned psychotherapy', *Gestalt Journal*, 2 (2): 5–23.

Perls, F., Hefferline, R. and Goodman, P. (1989 [1951]) *Gestalt Therapy: Excitement and Growth in the Human Personality*. London: Pelican Books.

Perls, F.S. (1969) *Gestalt Therapy Verbatim*. Moab, UT: Real People Press.

Perls, F. (1970a) 'Four lectures', in J. Fagan and I. Shepherd (eds), *Gestalt Therapy Now*. Palo Alto, CA: Science and Behavior. pp. 14–38.

Perls, L. (1970b) 'One Gestalt therapist's approach', in J. Fagan and I. Shepherd (eds), *Gestalt Therapy Now*. Palo Alto, CA: Science and Behavior. pp. 125–29.

Polster, E. and Polster, M. (1974) *Gestalt Therapy Integrated*. New York: Vintage Books (First published 1973.)

Polster, E. (1985) 'Imprisoned in the present', *The Gestalt Journal*, 8 (1): 5–22.

Polster, E. (1991) 'Tight therapeutic sequences', *British Gestalt Journal*, 1 (2): 63–8.

Polster, E. (1995) *A Population of Selves*. San Francisco: Jossey-Bass.

Polster, E. (1998) 'Martin Heidegger and Gestalt therapy', *Gestalt Review*, 2 (3): 253–68.

Racker, H. (1982) *Transference and Countertransference*. London: Souvenir Press.

Resnick, R. (1990) 'Gestalt therapy with couples', Workshop. London. Metanoia Institute.

Schore, A. (2000) 'Minds in the Making', Seventh Annual John Bowlby Memorial Award Conference. CAAP. London.

Shmukler, D. (1999) 'Research in psychotherapy', Workshop Presentation. ITA Conference. Edinburgh.

Shub, N. (1992) 'Gestalt therapy over time: integrating difficulty and diagnosis', in E.C. Nevis (ed.), *Gestalt Therapy*. New York: Gardner Press.

Sills, C. (1997) 'Contracts and contract making', in C. Sills (ed.), *Contracts in Counselling*. London: Sage. pp. 11–36.

Staemmler, F. (1997) 'Towards a theory of regressive process in Gestalt therapy', *The Gestalt Journal*, 20 (1): 49–120.

Stern, D.N. (1985) *The Interpersonal World of the Infant*. New York: Basic Books.

Storr, A. (1979) *The Art of Psychotherapy*. London: Heinemann.

Stratford, C.D. and Brallier, L.W. (1979) 'Gestalt therapy with highly disturbed persons', *The Gestalt Journal*, 2 (1): 90–104.

Swanson, J. (1988) 'Boundary processes and boundary states', *The Gestalt Journal*, 11 (2): 5–24.

Tobin, S. (1982) 'Self disorders, Gestalt therapy and self psychology', *The Gestalt Journal*, 5 (2): 3–44.

Tudor, K. (1997) 'A complexity of contracts', in C. Sills (ed.), *Contracts in Counselling*. London: Sage. pp. 157–72.

Wheeler, G. (1991) *Gestalt Reconsidered*. New York: Gardner Press.

Whines, J. (1999) 'The "Symptom-Figure"', *British Gestalt Journal*, 8 (1): 9–14.

Worden, W. (1991) *Grief Counselling and Grief Therapy: A Handbook for the Mental Health Practitioner*. London: Routledge.

Yontef, G. (1993) *Awareness, Dialogue and Process*. Highland, NY: The Gestalt Journal Press.

Yontef, G. (1991) 'Recent trends in Gestalt therapy', *British Gestalt Journal*, I (1): 5–20.

Zinker, J. (1975) 'On loving encounters: a phenomenological view', in F. Stephenson (ed.), *Gestalt Therapy Primer*. Chicago, IL: Charles Thomas.

Zinker, J. (1977) *The Creative Process in Gestalt Therapy*. New York: Random House.

# 索引

## L

## M

## O

## P

## ⬭ T

國家圖書館出版品預行編目資料

完形諮商與心理治療技術／ Phil Joyce、Charlotte Sills
著；張莉莉譯 .-- 初版.-- 臺北市：心理, 2010.03
　　面；　公分.--（心理治療系列；22121）
參考書目：面
含索引
譯自：Skills in Gestalt counselling & psychotherapy
ISBN 978-986-191-340-7（平裝）

1. 完形治療　2. 心理治療

178.8　　　　　　　　　　　　　　　　99001098

心理治療系列 22121

# 完形諮商與心理治療技術

作　　者：Phil Joyce、Charlotte Sills
譯　　者：張莉莉
執行編輯：林汝穎
總 編 輯：林敬堯
發 行 人：洪有義
出 版 者：心理出版社股份有限公司
地　　址：231026 新北市新店區光明街 288 號 7 樓
電　　話：(02) 29150566
傳　　真：(02) 29152928
郵撥帳號：19293172　心理出版社股份有限公司
網　　址：https://www.psy.com.tw
電子信箱：psychoco@ms15.hinet.net
排 版 者：龍虎電腦排版股份有限公司
印 刷 者：竹陞印刷企業有限公司
初版一刷：2010 年 3 月
初版六刷：2023 年 9 月
I S B N：978-986-191-340-7
定　　價：新台幣 350 元